大学体育与健康教程

主编　严海平　孙　芹
　　　穆国华　武善锋

苏 州 大 学 出 版 社

图书在版编目(CIP)数据

大学体育与健康教程／严海平等主编. —苏州：苏州大学出版社，2022.5
ISBN 978-7-5672-3918-0

Ⅰ.①大… Ⅱ.①严… Ⅲ.①体育-高等学校-教材②健康教育-高等学校-教材 Ⅳ.①G807.4②G647.9

中国版本图书馆 CIP 数据核字(2022)第 079985 号

书　　名： 大学体育与健康教程

主　　编： 严海平　孙　芹　穆国华　武善锋

责任编辑： 周建兰

装帧设计： 吴　钰

出版发行： 苏州大学出版社(Soochow University Press)

社　　址： 苏州市十梓街 1 号　**邮编：** 215006

印　　刷： 宜兴市盛世文化印刷有限公司

邮购热线： 0512-67480030

销售热线： 0512-67481020

开　　本： 787 mm×1 092 mm　1/16　**印张：** 17.5　**字数：** 384 千

版　　次： 2022 年 5 月第 1 版

印　　次： 2022 年 5 月第 1 次印刷

书　　号： ISBN 978-7-5672-3918-0

定　　价： 49.00 元

苏州大学出版社营销部　电话：0512-67481020
苏州大学出版社网址　http://www.sudapress.com
苏州大学出版社邮箱　sdcbs@suda.edu.cn

前　言

高等学校的体育课程是大学生的必修课程之一，是高等教育的重要组成部分，是实施素质教育和培养全面发展人才的重要手段。体育课程是大学生学习和掌握体育基本知识和基本技能，学会科学锻炼身体的方法，培养终身体育锻炼良好习惯的主要途径。根据教育部颁布的《学校体育工作条例》《国家学生体质健康标准》《全国普通高等学校体育课程教学指导纲要》，结合学校教学实际，我们编写了《大学体育与健康教程》。

本书努力体现“健康第一”的指导思想，重视学生身体健康、心理健康的指导和社会适应能力的培养，注重学生整体健康水平的提高，以满足不同性别、不同兴趣和爱好的大学生的需要。

本书分体育理论篇和运动实践篇，共二十一章。全书内容丰富，科学实用，融基本体育理论知识和运动实践于一体，并提供了相应的教学资源，读者可下载观看，便于自学与练习。

本书在编写过程中参考了大学的文献资料，在此向有关作者致以衷心的感谢！由于编者水平有限，书中不妥之处在所难免，敬请专家、同行、读者批评指正。

编者

2022 年 1 月

目　录

体育理论篇

运动实践篇

第一章 大学体育概述

第一节 体育的概念及功能

一、体育的起源与发展

（一）体育的起源

体育是随着人类社会的发展而产生的，生产劳动是体育产生的最根本的源泉。早期的祖先在求生存的斗争中，逐步发展了走、跑、跳的生活技能。今天的体育运动项目，多半与走、跑、跳有关，并以此为基础，组成了各项运动。到了原始社会后期，人类为了提高生存能力，除了改进生产工具和狩猎技术外，还要和猎物在速度、力量、灵敏和耐力等方面竞争。生存竞争的需要，使以语言为媒介的技能传授和身体操练，逐渐从单纯的生存手段中分离出来，演变成身体运动的形式，原始的体育开始逐渐形成。随着物质和生存条件的改善，出现了宗教祭祀活动、部落之间因冲突而出现的各种格斗，为治疗疾病、强壮身体而进行的各种保健活动，等等，这些都是体育产生的源泉。

（二）体育的发展

体育是随着社会的发展而发展的。随着生产劳动的复杂化、多样化，人们对自身的认识也随之不断加深、加强，对各种劳动动作进行分类、整理并有计划地安排，进行特定的、有的放矢的身体练习，形成了多功能的有目的的运动，以达到强身健体的目的。

现代科学技术的迅猛发展，使体育在当今社会得到了迅速发展。随着人们体力劳动强度的降低、闲暇时间的增多，现代人为了提高生活质量，兴起了以健身娱乐和休闲为目的的大众体育；随着科技的进步，竞技体育不断向人类极限挑战。在现代社会中，体育已成为人们不可缺少的重要组成部分。

二、体育的概念释义

（一）体育的概念

“体育”是指以身体活动为手段的教育，直译为身体的教育，简称为体育。具体来说，体育是人类在社会发展中，根据生产和生活的需要，遵循人体身心的发展规律，以身体练习为基本手段，达到增强体质，提高运动技术水平，进行思想品德教育，丰富社会文化生活而进行的一种有目的、有意识、有组织的社会活动，是伴随人类社会的发展而逐步建立和发展起来的一个专门的科学领域。体育的概念有广义和狭义之分。广义概念是指以身体练习为基本手段，以增强人的体质，促进人的全面发展，丰富社会文化生活和促进精神文明为目的的一种有意识、有组织的社会活动。它是社会总文化的一部分，其发展受一定社会的政治和经济的制约，并为一定社会的政治和经济服务。从狭义概念而言，体育是一个发展身体，增强体质，传授锻炼身体的知识、技能，培养道德和意志品质的教育过程；是对人体进行培育和塑造的过程；是教育的重要组成部分；是培养全面发展的人的一个重要方面。

由上可知，体育是一种复杂的社会文化现象。现代体育受社会经济、政治发展水平的影响和制约，是文化教育事业中的一个重要组成部分。随着国际交往日益扩大、增多，体育事业发展的规模和水平已是衡量一个国家和社会发展、进步的重要标志之一，也成为国家间政治、外交及文化交流的重要手段。

（二）体育的分类

体育的分类是将体育领域中的各种表现形式，按照一定的标准进行区别并确定其归属的过程。按照不同的标准，体育可以划分为不同的类别。本书依据各种体育实践的基本功能和特征，人们对体育基本类型的认同，以及体育工作的实际情况等综合因素，将体育划分为竞技体育、社会体育和学校体育三种基本类型。

1. 竞技体育

竞技体育也称竞技运动，是指为了战胜对手，取得优异运动成绩，最大限度地发挥和提高个人、集体在体格、体能、心理及运动能力等方面的潜力所进行的科学的、系统的训练竞赛，包括运动训练和运动竞赛两种形式。

2. 社会体育

社会体育是为了娱乐身心、增强体质、防治疾病和培养体育后备人才，在社会上广泛开展的体育活动的总称。社会体育包括职工体育、农民体育、社区体育、老年人体育、妇女体育、伤残人体育等，主要活动形式有参加锻炼小组、运动队、辅导站、体育之家、体育活动中心、体育俱乐部、棋社，以及个人自由体育锻炼等。广泛开展群众性体育活动，是发挥体育的社会功能，提高民族素质和完成体育任务的重要途径。

3. 学校体育

学校体育是一个锻炼身体，增强体质，传授体育的知识、技术和技能，培养学生“健康第一”的思想和终身体育观的教育过程，它是教育的重要组成部分，也是国民体育的基础。学校体育由体育教学、课外体育活动、运动训练和竞赛三方面组成。

明确体育的分类可以帮助我们更好地理解体育的概念和特点，对体育有更深层次、更直观的认识，在利用体育为自身服务时能更加得心应手。

三、体育的功能

体育的功能是指体育以其自身特点作用于人类和社会所能产生的良好影响和效益。体育的功能主要包括体育的个体发展功能和社会发展功能。

（一）体育的个体发展功能

体育的个体发展功能主要反映在健身、健美、益智和保健等方面。

1. 体育的健身功能

（1）体育运动能改善和提高中枢神经系统的功能。大脑是人体的最高指挥部。大脑的能量供应通过血液循环来完成，大脑的血流量是肌肉的15~20倍。因此，适量的体育活动可以改善大脑供血、供氧情况，促进大脑兴奋，提高大脑分析、综合问题的能力，从而促进整个机体工作能力的提高。

（2）体育运动能促进内脏器官的改善和机能的提高。体育运动使人体内能量消耗增加，新陈代谢旺盛，从而使人体内脏器官特别是心、肺器官构造和机能得到改善和提高，使心脏出现“节省化”，肺活量增大，呼吸加深，频率减少，功能增强。

（3）体育运动能促进身体的生长发育，提高身体素质。经常参加体育运动，可以促进青少年身体的生长发育，形成良好的体型；可以使人体骨骼变粗、骨密质增厚，抗折、抗弯、抗压的能力增强；可以改善人体肌肉的血液供应情况，使肌肉的工作能力增强，从而促进身体素质的提高。

（4）体育运动可以提高人体对外界环境的适应能力，增强人体的免疫力；可以调节情绪，使人朝气蓬勃，充满活力；还可以防病、治病，推迟衰老，延年益寿。

总之，体育运动的健身功能已得到了科学的证明，体育健身是现代健康生活方式的重要因素。

2. 体育的健美功能

早在古希腊时代的运动健将就用举重物来锻炼身体，并得到强壮健美的体型，这些健美的运动员被雕塑家“记录”下来并留存至今。纵观人类文明史，人们对身体美的追求是不懈的。在现代，人们通过体育锻炼获得均匀发展的体型、线条明朗的体姿、刚健有力的躯体、饱满强壮的肌肉和充满生机的活力，表达了人类对美好生活的热情和向往。健美锻炼的主要功能表现在以下几个方面：

（1）增进健康，增强体质，发达肌肉，增长力量，改善体形、体态。

（2）提高神经系统的机能，培养顽强的意志品质。

（3）调节心理活动，陶冶美好情操。

美的人体应该是健、力、美的结合，应该是健康的。只有健康、匀称的人体形象，才能表现出富有生命力的美，显示出生机勃勃和充沛的精力。人的身体结构具有极大的可塑性，只要坚持体育锻炼，就可以使肢体各个部位得到匀称的发展，这充分体现了体育的健美功能。

3. 体育的益智功能

智力，一般是指人认识客观事物并运用知识解决实际工作问题的能力。在体育运动时，人的视野开阔、听觉灵敏，极易捕捉瞬间万变的各种信息，提高中枢神经系统的转换速度和稳定性。与此同时，大脑皮层处于兴奋、抑制的交替过程中，有助于提高大脑的调节功能，从而使记忆、思维和创造等环节的功能有所改善，进而促进智力水平的提高。由此我们可以看出，体育不仅仅可以改善人的体质，更可以通过体质的增强促进智力的发展。体育与智力发展的正相关关系从另一侧面体现了体育的重要性。

4. 体育的保健功能

体育的保健功能表现在运用体育手段预防疾病和治疗疾病、康复身心、调节心理功能等方面。通过身体锻炼可以改善和提高人的呼吸系统、循环系统、运动系统的功能，加速新陈代谢、吐故纳新，增进人的机体免疫力，防治疾病，延缓衰老，保持旺盛的体力和精力，延年益寿。研究表明：经常锻炼的人在40~50岁时，身体机能仍相当稳定，即使到了60岁，其心血管系统的功能水平仍相当于20多岁不锻炼的人的功能水平。而由于各运动项目技术动作要求的不同，可以针对某些疾病达到意想不到的防治效果。

5. 体育的人格塑造功能

人格，是指个体内在的行为上的倾向性，它表现为一个人在不断变化中的全体和综合，是人在社会化过程中形成的富于特色的身心组织。通俗地说，人格是人们在其言行中所体现的人的性格、品格和风格。一般来说，人格由三方面因素构成：智慧、道德情感、意志。这三方面因素相互依赖、相互制约，构成统一的人格特征。完美的人格是现代社会发展需求所产生的一种新型人格，其特点是具有灵活敏锐的思维方式、求实创新的工作作风、争强好胜的竞争意识、锐意进取的拼搏精神、充满热情的爱国主义。体育对人格的塑造主要表现在以下几个方面：

（1）培养审美意识，提高审美能力。

（2）提高道德水准。

（3）健全人格。

体育运动往往要求参与者灵活运用所学技术、技巧，奋力拼搏，相互合作，并有强大的精神动力。因此，体育对人格的塑造是在不知不觉中培养起来的，且能在生活的其他方面体现出来。

6. 体育的人际交往功能

人际交往包含两个方面的含义：从动态的角度说，它指人与人之间的信息沟通和物品交换；从静态的角度说，它指人与人之间已经形成起来的关系，即通常所说的人际关系。体育运动是增进人们之间接触和交往的良好手段之一，它能缩短人与人之间的距离，以健康的心理互相沟通。人们在体育活动中形成的合作、竞争、遵守规则的意识和行为，通常会迁移到日常生活、学习和工作中，有利于人们理解和遵守社会规范的意义和重要性，有利于形成尊重他人的观念，从而促进人际关系的和谐发展。体育的人际交往功能主要表现在以下几个方面：

（1）促进人际交往中良性竞争氛围的形成。

（2）促进人际交往中健康心理的形成。

（3）促进人际交往中良好合作和竞争精神的形成。

体育有利于人的“社会化”。体育竞赛，特别是在集体项目的竞赛过程中，要想取得胜利，就需要参与者相互信任、团结协作，为了共同的目标舍弃损害集体利益的个人行为。体育的这种“模拟社会”的功能可帮助参与者提高人际交往的能力，且这是体育运动所独有的。

（二）体育的社会发展功能

随着社会的不断发展，体育的社会功能必将越来越多地被发现和应用，更加出色地为人类的物质文明和精神文明的建设服务。

1. 体育的政治功能

体育受政治的制约性很强，往往能影响到体育的目的与任务；反之，体育又能影响和反作用于政治。具体表现在以下几个方面：

（1）体育能为国争光，振奋民族精神。国际体育竞赛是和平时期国与国之间竞争的舞台，也是显示一个国家政治、经济、文化水平的窗口。因此，比赛的胜负直接关系到国家的荣誉，世界各国无不重视体育运动的政治意义。

（2）体育能为外交服务。体育是超越世界上任何语言和社会交流障碍的国际语言，可以增进各国人民之间的了解和友谊，加强交流与合作，是文化交流的一种工具。

（3）体育是促进国内政治团结的重要方面。体育运动的群众性能使人们在体育运动中加强人际交往，满足人们交往的需要。如竞赛活动、群众性登山活动、野营活动、余暇体育活动等可以增强人们之间的交往，培养一致的社会情感，使人与人之间充满团结、和睦的气氛。在观看各种比赛的过程中，球迷们表现出高度的凝聚力。体育的内聚力可以提高一个团体的向心力，促进团结。一个国家的体育竞赛可以促进国内的政治稳定、民族团结和爱国热情。

2. 体育的经济功能

体育与经济相结合，对发展生产力，促进商业、贸易、企业生产水平的提高，发挥了巨大作用。

（1）体育运动的发展刺激了体育产业的发展，使体育器械、设备、服装等生产行业得到发展，为社会创造经济价值。

（2）在大型比赛中获取经济效益。第一，出售体育比赛的电视转播权。体育竞赛的实况转播，目前已成为最吸引人也是收费最高的节目。第二，发行纪念币。纪念币具有珍贵的收藏意义，必要时又有流通价值，因此，备受收藏者和体育爱好者的欢迎。第三，发售体育彩票。体育彩票是吸引人们对体育比赛的注意力，利用侥幸中彩的机遇调节人们的心理，提高上座率的一个重要手段，现已成为大型国际比赛惯用的增收措施。第四，组织门票收入。第五，收取广告费。在比赛场地设立广告牌，比赛中所用各种物品上安排广告等都是招揽生意、推销商品的极好机会。随着不同级别和不同项目的大型比赛的不断增多，市场空间也在不断膨胀，利用各种商业手段获取利益从另一角度也保障了大型比赛的顺利举办。

（3）在社会体育活动中发展体育经济。第一，提高体育设施利用率，如平时可开放体育设施，安排群众性体育活动，收取一定的费用。第二，经常举办热门比赛，以提高上座率，增加收入。第三，举办娱乐体育，如开办体育娱乐俱乐部或举办体育活动中心，可以丰富群众现代生活，增加经济收入。此外，发展体育旅游，谋求赞助，发售体育邮票，开设体育咨询站，等等，也都是谋求体育经济效益、发挥体育经济功能的重要方式。

（4）体育健身能有效地提高劳动者的身体素质，乃至整体素质，使他们能在体力、智力等方面适应工作环境和现代化的需要，提高劳动效率；能减少疾病给工作所带来的劳动损失，提高出勤率，减少医疗费用开支。体育活动是应对“文明病”的最佳良方。

3. 体育的文化功能

体育作为一种社会文化现象，本身就蕴含着丰富的文化内涵。体育文化有着历史的渊源，古代人们举行的各种祭祀礼仪活动往往以体育的方式来表达人们的思想、精神和观念。体育的文化特征体现在鲜明的象征性、浓郁的艺术性及丰富的内涵性上。人们在举行一些大型活动的开闭幕式及各类文化活动前夕，体育的表演往往是不可或缺的，可见体育不仅是人的生物体运动，也是人的精神、智力和艺术的展现。丰富的体育文化，在对人体解剖结构、生理机能进行积极的生物学改造的同时，还给人类自身以极大的美学启迪和熏陶。宏伟壮观的体育建筑、精彩多样的体育器材设施、绚丽多彩的运动装备，既是人类劳动的产物，也是人类物质文化的结晶。体育运动作为一种文化形态，在作用于人的身体的同时，无疑还作用于人的精神、思想和意识。体育运动中顽强拼搏、勇于进取的精神，公平竞争的精神，团结友爱的精神，爱国主义和国际主义的精神，都是体育文化在人们精神领域里的高度体现。

4. 体育的教育功能

体育还处在萌发状态的时候，就具有教育的性质。历史上各个时期的领导者也都把体育列为教育内容，以发挥体育的教育作用，为他们的统治服务。西周的礼射“明君臣之义”“明长幼之序”，非常典型地体现了体育的教育功能。古希腊的斯巴达、雅典教育体系中，军事体育占了重要的比重，既体现了体育的教育功能，又体现了体育的军事功能。

体育的教育功能，在马克思主义经典著作中有过精辟的论述，马克思曾经指出：未来教育对所有已满一定年龄的儿童来说，就是生产劳动同智育和体育相结合，它不仅是提高社会生产力的一种方法，而且是造就全面发展的人的唯一方法。

体育运动有着不少特点，对人们的品德教育与影响也是多方面的。对抗性项目的竞赛，个人与集体之间、运动员与裁判员之间、运动员与观众之间，都发生着频繁而激烈的思想感情的交流，为了夺取胜利，运动员之间要相互协作、互相支持、互相理解，一个人的功过与得失，都与集体的成败息息相关。人们通过体育竞赛，充分认识到个人与集体的关系，从而培养互相关心、互相爱护、互相支持，以全局为重的集体主义精神。另外，体育运动中的许多项目要在特定的器械和环境条件下进行，如游泳、潜水、滑翔、冲浪、器械体操等，要克服种种自然的、心理的障碍，要付出巨大的体力和智力，要具有毫不畏惧的胆识。这些体育运动可以培养和锻炼人们的勇敢、坚毅、刻苦耐劳等优秀品质。体育运动竞赛规则中的制约因素，可以培养运动员诚实、守纪的优良作风，良好的品德行为。国际比赛中的对抗和竞争，能激励运动员为国争光的爱国热情，对广大民众具有难以估量的教育作用。

5. 体育的娱乐功能

在体育初具雏形的原始社会，人们为了宣泄情感进行嬉戏活动，虽缺乏明确的目标和稳定的运动方式，但反映出原始社会人们对精神生活的需求。在现代社会，随着科学技术的飞速发展，提高生活质量和丰富业余文化生活越来越受到人们的关注。而体育本身所具有的游戏性、艺术性、竞争性、惊险性、默契性，给人以各种不同的享受。运动员高超的技艺、默契的配合，伴随着优美的音乐韵律和鲜明的节奏，能满足各种不同层次人群的追求，给人带来精神上的享受。通过参加体育运动，人们在各种练习中体验生理负荷对人产生的刺激，体验成功的快乐与失败的痛苦，体验个人融入集体中产生的协作与团结精神，从而享受运动带来的无限乐趣。

6. 体育的科技功能

“科技是第一生产力”，体育运动的发展正是得益于人类社会的科学进步，从而逐渐形成了一个庞大的体育科学体系。体育科技的发展、运动水平的提高，正是在“运动保健学”“运动生物力学”“运动生物化学”等自然学科获得的丰硕成果的基础上才得以实现的。体育的行为和精神是因有了“体育管理学”“体育统计学”“运动心理学”等社会科学的论证，才得到社会的认同，得以弘扬光大。体育得益于科学技术，又反过来为科学技术的发展提供了更加广阔的实践空间。各种新型材料及电子技术在体育领域里的应用，使体育的器材设施更加科学先进，使竞技体育一次次地打破了人类“极限”的预言。当前各国的体育界又把注意力转向了信息科学、生物遗传工程、分子生物学、激光技术、生物物理等高新技术的发展上，期待着它们能为人类的体育发展带来更大的进步。奥运会不仅是一个国家综合国力的体现，它更像是一个现代科技的实验场和各国科技实力的展示台。

第二节 大学体育概述

大学体育是学校教育的重要组成部分，是促进学生全面发展的重要手段。大学体育应充分体现体育和教育的共同属性。一方面，大学体育是学校教育的重要组成部分，其目的应与学校教育的总目标相一致；另一方面，大学体育又是体育的一个重要方面，它又应该充分体现体育的属性，即要以运动和身体练习为基本手段，提高人的机能，增强体质，促进身心健康，促进大学生全面发展。所以，综合来讲，大学体育的目的就是以运动和身体练习为基本手段，对大学生机体进行科学的培育，在提高人的生物潜能、心理潜能的过程中促进德、智、体、美、劳全面发展，达到身心健康、全面发展的教育总目的。

一、大学体育的目的

（一）增进身体健康，增强学生体质

大学生身体形态的生长发育处于相对稳定阶段，身高、体重、胸围三项形态指标增长的幅度很小，基本上处于稳定状态，但他们骨骼和肌肉的发育并没有结束。在大学阶段，适当的运动项目和适宜的运动负荷，有助于大学生形成健美的体魄。经常进行单杠、双杠、举重等力量性项目的锻炼，能够使肌肉的横断面积增加，肌肉的充实程度增加，从而给人以健壮结实和充满青春活力的美感。经常进行慢跑、游泳、远足及健美操等耐力性运动项目的锻炼，有助于消耗体内的脂肪，从而达到控制体重的目的。

大学生通过体育锻炼，特别是进行长跑、游泳、自行车等耐力项目的运动，可以提高肺的容积和通气效率，并使心脏的容积增大，心肌收缩力增强，血管壁更富有弹性，从而增加肺活量，提高心脏每搏输出量，在单位时间内将更多的氧通过血液输送到身体各部位，从而提高心肺耐力，改善身体健康，促进人体高效地进行各种活动。体育锻炼是提高和保持体能水平必不可少的重要途径。

（二）提高心理素质

随着现代社会的发展，人们的价值观念、道德观念、生活方式及人与人之间的关系都在发生着深刻的变化，每个人的心理状态在不同程度上感受着冲击和震撼，心理健康问题越来越受到人们的重视。体育对于当代大学生良好的心理品质的培养、心理健康水平的提高具有不可替代的积极作用。

大学阶段的体育学习和体育活动，有助于大学生正确分析体育活动中成功与失败的原因，了解体育活动对培养坚强意志品质的重要作用，在不断进步的过程中培养自尊和自信，形成正确的自我价值观和积极进取的人生态度。经常参加体育锻炼，有助于大学生锻炼意志品质、培养良好的个性，这对有效抵制不良情绪具有积极的作用。大学生可通过体育锻炼和体育比赛学会调控自己的不良情绪，如紧张、恐惧、精神不振和疲劳感等，并能在日常的学习、生活和工作中自觉运用，提高效率。

（三）增强社会适应能力

在现代社会中，大学生的社会适应能力越来越受到教育者的关注，因为社会适应能力与身体健康状况和知识掌握状况一样，对当代大学生的个人生活和工作具有重要的影响。在体育活动中总是充满着各种矛盾和冲突，这有助于大学生学会如何面对社会，并逐渐形成理解他人、关心他人、乐于帮助他人和接受他人帮助的态度，有助于养成和保持良好的人际关系。竞争是体育活动的一个重要特征，它要求每个人尽自己最大的努力去竞争，从而有助于培养参加者的竞争意识。因此，大学阶段的体育活动既有助于培养大学生的竞争意识，又有助于培养他们的合作精神。

（四）发展体育才能，提高运动技术水平

大学体育在广泛开展群众性体育活动的基础上，正确处理普及和提高的关系，充分利用大学的有利条件和大学生体能和智能上的优势，对部分体育基础较好，并有一定专项运动才能的大学生进行有计划的、系统的科学训练，不断提高其运动技术水平。这样既可以为大学培养体育方面的骨干，又能进一步推动大学体育活动的开展；既可丰富校园文化生活，又可适应国内外大学体育交往的需要。

（五）培养良好的思想品质和道德风尚

体育本身具有教育功能，是对学生进行思想教育的重要手段。由于体育的这个特点，它在完成教育的使命中可以发挥特殊的作用。

大学体育对学生进行思想品德教育的内容有：

（1）进行爱国主义教育，使学生热爱中国共产党，热爱祖国。

（2）进行体育目的性教育，端正学生对体育的认识与态度，使大学生明白关心自身健康是社会赋予的责任，能对自己身体各方面的发展提出要求，不断提高锻炼身体的积极性和自觉性。

（3）进行集体主义教育，培养学生热爱集体、团结互助的集体主义精神。

（4）进行组织纪律教育，培养学生的组织性、纪律性和优良作风。

（5）进行体育道德风尚和意志品质的教育。培养学生遵守各种竞赛规则、服从裁判、胜不骄、败不馁、勇攀高峰、艰苦奋斗、敢于拼搏的精神和勇敢、顽强、刚毅、果断的意志品质。

大学体育工作中的思想教育，主要是通过组织学生进行体育课教学、体育竞赛活动和各种身体锻炼来实现的，寓教育于身体活动之中。学生通过体育锻炼，可培养吃苦耐劳、团结友爱、勇于奉献、朝气蓬勃、拼搏进取的优良品质，形成文明的行为和良好的体育道德风尚，培养自信心、自制力和开拓创新的精神，提高热爱美、鉴赏美、表现美的情感和能力，在知、情、意、行等诸方面都有更高层次的追求，从而确立文明、科学、健康、和谐的生活方式。

二、大学体育的任务

（一）培养大学生终身体育的意识和习惯

体育意识是体育的价值和作用在人们头脑中的主观反映，是人们对于体育的性质、地位、作用等的基本观点和看法。体育意识对体育行为具有较强的导向作用，具有一定体育意识的人，往往表现出与其体育意识相吻合的体育行为。大学生体育意识的形成既受到社会观念和体育本身功能等客观因素的制约，又受到本人体育经历的影响。

体育意识的形成与个人的体育经历特别是青少年时期的体育经历有着直接的关系。例如，个人参加体育活动的动机是什么，是有意识、有目的地主动认识体育、参与体育，还是因为某种需要被动地接受体育，都将影响体育意识的形成。良性的情感体验也有助于体育意识的养成，如果一个人在体育活动中经常能体验到成功的快乐，无疑会激发他参加体育活动的内在动力。大学生已具备了较强的价值判断和价值取向的能力，大学体育有助于大学生正确认识体育对个人身心健康和幸福生活的积极作用，有助于大学生自觉参与各种体育活动，养成终身体育锻炼的意识。

20 世纪 60 年代以来，随着终身教育和终身体育运动的兴起，世界各国的学校体育都十分重视体育实践活动，使学生充分体验体育锻炼的乐趣和意义，培养学生的爱好和兴趣，通过让学生掌握从事终身体育活动所需要的体育知识和技能，促进学生提高自我锻炼的能力，形成终身体育的态度和习惯，体验体育运动带来的乐趣，使人终身受益。

（二）提高大学生的运动技术水平，促进学校体育的开展，为国家培养体育后备人才

近年来，随着我国经济的发展和高校综合实力的增强，高校体育不仅承担着指导、普及、促进体育运动蓬勃开展的任务，还肩负着提高运动技术水平，为国家培

养体育后备人才的使命。大学应在广泛开展群众性体育活动的基础上，对部分体育基础较好并有一定专项运动才能的学生进行有计划的课余运动训练，充分利用学校的有利条件和大学生体能、智能上的优势，坚持系统科学的训练，不断提高运动技术水平。这样既可以进一步推动高校群众体育活动的开展，丰富校园文化生活，又可为国家培养竞技运动后备人才。

三、大学体育的组织形式

《体育法》第十八条规定：学校必须开设体育课，并将体育课列为考核学生学业成绩的科目。大学体育的组织形式主要是指体育课教学、课外体育活动、课余体育训练和体育竞赛，它们构成学校体育工作的整体。为实现学校体育的日的，大学体育应从实际出发，充分利用各种组织形式，开展各项体育活动。

（一）体育课教学

体育课是我国高等学校教学计划中的基本课程之一，是大学体育工作的中心环节，是实现大学体育目的的基本组织形式。

2002 年，教育部颁发的《全国普通高等学校体育课程教学指导纲要》（以下简称《纲要》）第一条指出：体育课程是大学生以身体练习为主要手段，通过合理的体育教育和科学的体育锻炼过程，达到增强体质、增进健康和提高体育素养为主要目标的公共必修课程；是学校课程体系的重要组成部分；是高等学校体育工作的中心环节。

大学体育课的教学目标是：培养学生树立“健康第一”的思想，以健身为中心，以“终身体育”为指导，以“育人”为最终目标。它的特点是在学生和教师的共同参与下，除了教授理论知识外，还通过各项身体活动，促使学生掌握体育知识、技术、技能，增强体质，养成自觉锻炼身体的习惯，并为终身体育奠定良好的基础。

体育课教学要充分发挥学生的主体作用和教师的主导作用，努力创造开放式、探究式教学，努力拓展体育课程的时间和空间。在教师的指导下，学生应具有自主选择课程内容、自主选择任课教师、自主选择上课时间的自由，各校可根据各自的场地设备、师资力量，安排部分体育项目，任由学生选择，具体安排与做法应由各校自行安排。总之，要能营造生动、活泼、主动的学习氛围。

（二）课外体育活动

课外体育活动是大学生体育课的延续和补充，是实现大学体育目的的重要组织形式。《体育法》第二十条规定：学校应当组织多种形式的课外体育活动，开展课外训练和体育竞赛，并根据条件每学年举行一次全校性的体育运动会。

体育课教学往往不能完全满足学生的运动需求，课外体育活动是学校体育工作的重要组成部分，是体育课教学的延续和补充，也是实现高校体育目的和任务的重要途径。同时，课外体育活动对于增强学生体质，增进学生健康，丰富校园文化生活，促进精神文明建设，满足学生的爱好和兴趣，发展学生的个性和才能，都会起到良好的促进作用。学生参加课外体育活动，也是实现全民健身计划活动的重要组成部分。大学生要提高身体素质，就必须积极地投入课外的体育锻炼中，并在活动中培养自我锻炼意识和终身体育的思想。在课外体育活动中，保证安全是重中之重。

（三）课余体育训练

《学校体育工作条件》规定：学校应当在体育课教学和课外体育活动的基础上，开展多种形式的课余体育训练，提高学生的运动技术水平。

课余体育训练是指大学生利用课余时间，对部分身体素质较好，并有体育专长的大学生进行科学系统训练的一种专门教育过程，它是实现大学体育目的的又一重要组织形式。

大学开展课余体育训练是贯彻普及和提高相结合的重要措施。一方面，它把有体育才能的大学生组织起来，进行专项训练，提高运动技术水平，创造优异成绩，在参加校际和国际比赛中，为学校、为祖国争光；另一方面，它培养体育骨干来推动学校体育活动的蓬勃发展，并在训练和各级体育比赛中，扩大体育传播面，丰富课余文化生活，促进校园精神文明建设。

（四）体育竞赛

体育竞赛也是大学课外体育的另一组成部分，同样是实现大学体育目的的重要组成部分。大学开展体育竞赛，是检验体育教学、训练效果和交流经验、互相学习、促进运动技术水平提高的有效途径，是广泛吸引大学生参加体育活动，推动学校群众性体育活动的开展，增强体质和增长才智的主要方法；是丰富大学生课余文化生活，增强体育健身意识，培养勇敢顽强、奋发向上、团结友爱、遵纪守法等优良品质和集体主义精神，建设校园精神文明等方面不可缺少的内容。

《学校体育工作条例》规定：学校体育竞赛贯彻小型多样、单项分散、基层为主、勤俭节约的原则。学校每学年至少举行一次以田径项目为主的全校性运动会。

大学体育竞赛有校内竞赛和校外竞赛，以校内竞赛为主。要经常开展校内群众性体育比赛，如组织各种球类运动、拔河、群众性的接力赛等喜闻乐见的体育比赛。这些比赛可由大学生体育部领导、学生会体育部或相关体育协会去承办。

（五）体育节

体育节以其特有的时代特点和独特的表现形式，成为校园文化的重要组成部分。体育节一般结合有意义的节日或重大国际、国内的体育活动，利用体育周或体育日形式，开展专题性的体育主题活动，进行体育教育和锻炼，如体育专题报告、体育讲座、体育知识竞赛、体育表演和体育比赛等。体育节活动能激发学生的体育兴趣，调动学生参与体育锻炼的积极性，对增强学生的体育意识、提高体育素养、扩大知识面、培养能力等都有重要意义。

四、实施《国家学生体质健康标准》的重要意义

（一）贯彻落实《体育法》

《国家体育锻炼标准》是经国务院批准实施的我国重要的体育制度，《体育法》明确规定：学校必须实施国家体育锻炼标准，对学生在校期间每天用于体育活动的时间给予保证。《国家学生体质健康标准》（以下简称《标准》）是《国家体育锻炼标准》在学校的具体实施，目的在于激励广大青少年自觉积极地锻炼身体，促使身

体的正常发育和全面发展，增强体质，为全面建设社会主义现代化国家，为培养德、智、体、美、劳全面发展的建设人才服务。《标准》的实施不仅会促进学生积极锻炼，纠正和改变目前学生体质健康状况出现的突出问题，使学生拥有健康的体魄和健全的人格，而且还是依法办学、依法执教的重要内容。

（二）贯彻落实“健康第一”的指导思想和全国学校体育工作会议的精神

学校教育，特别是学校体育直接肩负着“增强学生体质”和“促进学生健康”的使命。《标准》是积极贯彻落实《中共中央、国务院关于深化教育改革　全面推进素质教育的决定》所提出的“健康体魄是青少年为祖国和人民服务的基本前提，是中华民族旺盛生命力的体现。学校教育要树立健康第一的指导思想，切实加强体育工作”这一思想的重大举措，也是深化学校体育教学改革、推进素质教育的重要步骤。《标准》是学生体质健康的个体评价标准和学生是否能够毕业的基本条件之一，是激励学生积极参加体育锻炼、促进学生体质健康发展的一种教育手段，引导广大青少年学生努力拥有健康的体魄和健全的人格，将“健康第一”的指导思想落到实处，充分发挥学校体育在素质教育中的作用。

（三）满足社会发展对人体健康的需要

现代文明在带给人们充分物质享受的同时，也给人类的健康带来了新的威胁。由于精神紧张、营养过剩、运动不足、环境污染等因素所引发的非传染性疾病在全球蔓延，处于“亚健康状态”的人群不断地扩大。关爱生命，追求健康是现代人渴望的目标。实施《标准》对于唤起学生的健康意识、改变学生不良的生活习惯和生活方式、促进学生健康的成长必将起到积极的作用。《标准》是激励学生积极进行身体锻炼的教育手段，而不是为了甄别和选拔优秀体育运动员。《标准》采用的是个体评价标准，针对身体形态、身体机能、身体素质和运动能力设置了专门的测评项目，有些项目还具有简便易行，锻炼身体实效性较强等特点，能够帮助学生发现自身的不足或个体差异，并通过测评促进学生积极参加体育锻炼，通过锻炼改善体质健康状况，促进身体全面发展，成为具有正确的体育意识和健康的生活方式的高素质的社会建设者，使学校体育在促进国民健康素质方面起到应有的作用。

（四）发展和完善学生体质健康评价体系

学生体质健康评价是学校体育工作中的重要环节，也是学校教育评价体系中的重要组成部分。正确、合理地对学生进行体质健康评价，对于促进学校体育和教育工作有着重要的意义。《标准》继承了《准备劳动与卫国制度》《国家体育锻炼标准》的成功经验，是在认真总结了《学生体质健康标准》试行工作的基础上，根据当前学校体育工作中的有关问题（特别是学生体质调研发现的肺活量水平继续呈下降趋势，速度、爆发力、力量耐力、耐力素质水平进一步下降，肥胖检出率继续上升等问题），参考了国际上有关研究的成功经验和先进做法而制定出来的。《标准》对于评价学生的体质健康状况，引导学生积极锻炼都有了新的发展。《标准》从建立和完善我国学校教育评价体系的目标出发，体现了学校体育的价值，回答了学校体育为什么要以“体质健康”为本和怎样以“体质健康”为本的问题，明确了“体质健康”不仅应是学校教育和学校体育追求的目标，而且还是学校体育课程存在的根本理由。《标准》的实施将对我国深化学校体育改革，完善体质健康评价体系，促进全体学生综合素质的提高，具有深刻的影响和深远的历史意义。

五、《国家学生体质健康标准》测试项目和操作方法

（一）身高体重

1. 测试目的

测试学生身高，与体重测试相配合，评定学生的身体匀称度，评价学生生长发育的水平及营养状况。

2. 测试方法

受试者赤足，立正姿势站在身高计的底板上（上肢自然下垂，足跟并拢，足尖分开成60°角）。足跟、骶骨部及两肩胛区与立柱相接触，躯干自然挺直，头部正直，耳屏上缘与眼眶下缘呈水平位。测试人员站在受试者右侧，将水平压板轻轻沿立柱下滑，轻压于受试者头顶。测试人员读数时双眼应与压板水平面等高进行读数，记录员复述后进行记录。以厘米为单位，精确到小数点后一位。测试误差不得超过0.5厘米。

3. 注意事项

（1）仪器应选择平坦靠墙的地方放置，立柱的刻度尺应面向光源。

（2）严格掌握“三点靠立柱”“两点呈水平”的测量姿势要求。

（3）水平压板与头部接触时，松紧要适度，头发蓬松者要压实，头顶的发辫、发结要放开，饰物要取下。

（4）测试人员按键测量时，受试者禁止移动，以免影响体重的测试。

（5）测量身高、体重前，受试者应避免进行剧烈的体育活动和体力劳动。

（二）肺活量

1. 测试目的

测试学生的肺通气功能。

2. 测试方法

房间通风良好；使用干燥的一次性口嘴（非一次性口嘴，则每换测试对象需消毒一次，每测一人时将口嘴取下倒出唾液，并注意消毒后必须使其干燥）。

首先告知受试者不必紧张，并且要尽全力，以中等速度和力度吹气效果最好。令被测试者面对仪器站立、手持吹气口嘴，试吹1~2次，首先看仪表有无反应，还要试口嘴或鼻处是否漏气，调整口嘴和用鼻夹（或自己捏鼻孔）；学会深吸气（避免耸肩提气，应该像闻花式的慢吸气）。受试者进行一两次较平日深一些的呼吸动作后，更深地吸一口气，屏住气向口嘴处慢慢呼出至不能再呼为止。防止此时从口嘴处吸气，测试中不得中途二次吸气。吹气完毕后，液晶屏上最终显示的数字即为肺活量毫升值。每位受试者测三次，每次间隔15秒，记录三次数值，选取最大值作为测试结果。以毫升为单位，不保留小数。

3. 注意事项

（1）电子肺活量计的计量部位的通畅和干燥是仪器准确的关键，吹气筒的导管必须在上方，以免口水或杂物堵住气道。

（2）每测试 10 人及测试完毕后用干棉球及时清理和擦干气筒内部。严禁用水、酒精等任何液体冲洗气筒内部。

（3）导气管存放时不能弯折。

（三）50 米跑

1. 测试目的

测试学生速度、灵敏素质及神经系统灵活性的发展水平。

2. 测试方法

受试者至少两人一组测试。站立起跑，受试者听到“跑”的口令后开始起跑。发令员在发出口令的同时要摆动发令旗。计时员视旗动开表计时，受试者躯干部到达终点线的垂直面停表。以秒为单位记录测试成绩，精确到小数点后一位，小数点后第二位数按非零进 1 原则进位，如 10.11 秒读成 10.2 秒记录。

3. 注意事项

（1）受试者测试最好穿运动鞋或平底布鞋，赤足也可。但不得穿钉鞋、皮鞋、塑料凉鞋。

（2）发现有抢跑者，要当即召回重跑。

（3）如遇有风时一律顺风跑。

（四）800 米或 1 000 米跑

1. 测试目的

测试学生耐力素质的发展水平，特别是心血管、呼吸系统的机能及肌肉耐力。

2. 测试方法

受试者至少两人一组进行测试，站立式起跑。当听到“跑”的口令后开始起跑。计时员看到旗动开表计时，当受试者的躯干部到达终点线垂直面时停表。以分、秒为单位记录测试成绩，不计小数。

（五）立定跳远

1. 测试目的

测试学生下肢爆发力及身体协调能力的发展水平。

2. 测试方法

受试者两脚自然分开站立，站在起跳线后，脚尖不得踩线（最好用线绳做起跳线）。两脚原地同时起跳，不得有垫步或连跳动作。丈量起跳线后缘至最近着地点后垂直距离。每人试跳三次，记录其中成绩最好一次。以厘米为单位，不计小数。

3. 注意事项

（1）发现犯规时，此次成绩无效。三次试跳均无成绩者，应允许再跳，直至取得成绩为止。

（2）可以赤足，但不得穿钉鞋、皮鞋、塑料凉鞋参加测试。

（六）引体向上

1. 测试目的

测试学生的上肢肌肉力量的发展水平。

2. 测试方法

受试者跳起双手正握杠，两手与肩同宽成直臂悬垂。静止后，两臂同时用力引体（身体不能有附加动作），上拉到下颌超过横杠上缘为完成一次。记录引体次数。

3. 注意事项

（1）受试者应双手正握单杠，待身体静止后开始测试。

（2）引体向上时，身体不得做大的摆动，也不得借助其他附加动作撑起。

（3）两次引体向上的间隔时间超过 10 秒停止测试。

（七）坐位体前屈

1. 测试目的

测量学生在静止状态下的躯干、腰、髋等关节可能达到的活动幅度，主要反映这些部位的关节、韧带和肌肉的伸展性和弹性及学生身体柔韧素质的发展水平。

2. 测试方法

受试者两腿伸直，两脚平蹬测试纵板坐在平地上，两脚分开 10~15 厘米，上体前屈，两臂伸直前，用两手中指尖逐渐向前推动游标，直到不能前推为止。测试计的脚蹬纵板内沿平面为 0 点，向内为负值，向前为正值。记录以厘米为单位，保留一位小数。测试两次，取最好成绩。

3. 注意事项

（1）身体前屈，两臂向前推游标时两腿不能弯曲。

（2）受试者应匀速向前推动游标，不得突然发力。

（八）仰卧起坐

1. 测试目的

测试学生的腹肌耐力。

2. 测试方法

受试者仰卧于垫上，两腿稍分开，屈膝呈 90°左右角，两手指交叉贴于脑后。另一同伴压住其踝关节，以固定下肢。受试者坐起时两肘触及或超过双膝为完成一次。仰卧时两肩胛必须触垫。测试人员发出“开始”口令的同时开表计时，记录 1 分钟内完成次数。1 分钟到时，受试者虽已坐起但肘关节未达到双膝者不计该次数，精确到个位。

3. 注意事项

（1）如发现受试者借用肘部撑垫或臀部起落的力量起坐时，该次不计数。

（2）测试过程中，观测人员应向受试者报数。

（3）受试者双脚必须放于垫上。

六、《国家学生体质健康标准》测试评价指标

（一）《国家学生体质健康标准》测试评分

《国家学生体质健康标准》测试评分见表 1-1 至表 1-5。

表 1-1　大学生体重指数（BMI）单项评分表

等级	单项得分	男生	女生
正常	100	17.9～23.9	17.2～23.9
低体重	80	≤17.8	≤17.1
超重		24.0～27.9	24.0～27.9
肥胖	60	≥28.0	≥28.0

注：体重指数（BMI）= 体重（千克）/身高^2（米^2）

表 1-2　大学一、二年级男生单项指标评分表

等级	单项得分	肺活量/毫升	50 米/秒	坐位体前屈/厘米	立定跳远/厘米	引体向上/次	1 000 米（时间）
优秀	100	5 040	6.7	24.9	273	19	3′17″
	95	4 920	6.8	23.1	268	18	3′22″
	90	4 800	6.9	21.3	263	17	3′27″
良好	85	4 550	7.0	19.5	256	16	3′34″
	80	4 300	7.1	17.7	248	15	3′42″
及格	78	4 180	7.3	16.3	244	14	3′47″
	76	4 060	7.5	14.9	240		3′52″
	74	3 940	7.7	13.5	236	13	3′57″
	72	3 820	7.9	12.1	232		4′02″
	70	3 700	8.1	10.7	228	12	4′07″
	68	3 580	8.3	9.3	224		4′12″
	66	3 460	8.5	7.9	220	11	4′17″
	64	3 340	8.7	6.5	216		4′22″
	62	3 220	8.9	5.1	212	10	4′27″
	60	3 100	9.1	3.7	208		4′32″
不及格	50	2 940	9.3	2.7	203	9	4′52″
	40	2 780	9.5	1.7	198	8	5′12″
	30	2 620	9.7	0.7	193	7	5′32″
	20	2 460	9.9	−0.3	188	6	5′52″
	10	2 300	10.1	−1.3	183	5	6′12″

表 1-3　大学三、四年级男生单项指标评分表

等级	单项得分	肺活量/毫升	50 米/秒	坐位体前屈/厘米	立定跳远/厘米	引体向上/次	1 000 米（时间）
优秀	100	5 140	6.6	25.1	275	20	3′15″
	95	5 020	6.7	23.3	270	19	3′20″
	90	4 900	6.8	21.5	265	18	3′25″
良好	85	4 650	6.9	19.9	258	17	3′32″
	80	4 400	7.0	18.2	250	16	3′40″
及格	78	4 280	7.2	16.8	246		3′45″
	76	4 160	7.4	15.4	24	15	3′50″
	74	4 040	7.6	14.0	238		3′55″

续表

等级	单项得分	肺活量/毫升	50米/秒	坐位体前屈/厘米	立定跳远/厘米	引体向上/次	1 000米(时间)
及格	72	3 920	7.8	12.6	234	14	4′00″
	70	3 800	8.0	11.2	230		4′05″
	68	3 680	8.2	9.8	226	13	4′10″
	66	3 560	8.4	8.4	222		4′15″
	64	3 440	8.6	7.0	218	12	4′20″
	62	3 320	8.8	5.6	214		4′25″
	60	3 200	9.0	4.2	210	11	4′30″
不及格	50	3 030	9.2	3.2	205	10	4′50″
	40	2 860	9.4	2.2	200	9	5′10″
	30	2 690	9.6	1.2	195	8	5′30″
	20	2 520	9.8	0.2	190	7	5′50″
	10	2 350	10.0	-0.8	185	6	6′10″

表 1-4 大学一、二年级女生单项指标评分表

等级	单项得分	肺活量/毫升	50米/秒	坐位体前屈/厘米	立定跳远/厘米	1分钟仰卧起坐/次	800米(时间)
优秀	100	3 400	7.5	25.8	207	56	3′18″
	95	3 350	7.6	24.0	201	54	3′24″
	90	3 300	7.7	22.2	195	52	3′30″
良好	85	3 150	8.0	20.6	188	49	3′37″
	80	3 000	8.3	19.0	181	46	3′44″
及格	78	2 900	8.5	17.7	178	44	3′49″
	76	2 800	8.7	16.4	175	42	3′54″
	74	2 700	8.9	15.1	172	40	3′59″
	72	2 600	9.1	13.8	169	38	4′04″
	70	2 500	9.3	12.5	166	36	4′09″
	68	2 400	9.5	11.2	163	34	4′14″
	66	2 300	9.7	9.9	160	32	4′19″
	64	2 200	9.9	8.6	157	30	4′24″
	62	2 100	10.1	7.3	154	28	4′29″
	60	2 000	10.3	6.0	151	26	4′34″
不及格	50	1 960	10.5	5.2	146	24	4′44″
	40	1 920	10.7	4.4	141	22	4′54″
	30	1 880	10.9	3.6	136	20	5′04″
	20	1 840	11.1	2.8	131	18	5′14″
	10	1 800	11.3	2.0	126	16	5′24″

表 1-5　大学三、四年级女生单项指标评分表

等级	单项得分	肺活量/毫升	50 米/秒	坐位体前屈/厘米	立定跳远/厘米	1 分钟仰卧起坐/次	800 米（时间）
优秀	100	3 450	7.4	26.3	208	57	3′16″
	95	3 400	7.5	24.4	202	55	3′22″
	90	3 350	7.6	22.4	196	53	3′28″
良好	85	3 200	7.9	21.0	189	50	3′35″
	80	3 050	8.2	19.5	182	47	3′42″
及格	78	2 950	8.4	18.2	179	45	3′47″
	76	2 850	8.6	16.9	176	43	3′52″
	74	2 750	8.8	15.6	173	41	3′57″
	72	2 650	9.0	14.3	170	39	4′02″
	70	2 550	9.2	13.0	167	37	4′07″
	68	2 450	9.4	11.7	164	35	4′12″
	66	2 350	9.6	10.4	161	33	4′17″
	64	2 250	9.8	9.1	158	31	4′22″
	62	2 150	10.0	7.8	155	29	4′27″
	60	2 050	10.2	6.5	152	27	4′32″
不及格	50	2 010	10.4	5.7	147	25	4′42″
	40	1 970	10.6	4.9	142	23	4′52″
	30	1 930	10.8	4.1	137	21	5′02″
	20	1 890	11.0	3.3	132	19	5′12″
	10	1 850	11.2	2.5	127	17	5′22″

（二）加分项目

《国家学生体质健康标准》规定，学生的学年总分由标准分与附加分之和构成，满分为 120 分。附加分根据实测成绩确定，即对成绩超过 100 分的加分指标进行加分，满分为 20 分；大学的加分指标为男生引体向上和 1 000 米跑，女生 1 分钟仰卧起坐和 800 米跑，各指标加分幅度均为 10 分（表 1-6）。

表 1-6　男生、女生加分指标评分表

加分	男生引体向上/次		女生 1 分钟仰卧起坐/次		男生 1 000 米/秒		女生 800 米/秒	
	大一大二	大三大四	大一大二	大三大四	大一大二	大三大四	大一大二	大三大四
10	10		13		−35		−50	
9	9		12		−32		−45	
8	8		11		−29		−40	
7	7		10		−26		−35	
6	6		9		−23		−30	

续表

加分	男生引体向上/次		女生1分钟仰卧起坐/次		男生1 000米/秒		女生800米/秒	
	大一大二	大三大四	大一大二	大三大四	大一大二	大三大四	大一大二	大三大四
5	5		8		−20		−25	
4	4		7		−16		−20	
3	3		6		−12		−15	
2	2		4		−8		−10	
1	1		2		−4		−5	

注：1. 引体向上、一分钟仰卧起坐均为高优指标，学生成绩超过单项评分100分后，以超过的次数所对应的分数进行加分。
2. 1 000米跑、800米跑均为低优指标，学生成绩低于单项评分100分后，以减少的秒数所对应的分数进行加分。

（三）大学生体质健康测试评价指标与权重系数

学生如果想要对自己的体质健康状况进行总体评价，就需要将各单项的得分对应表1-7“大学生体质健康测试评价指标与权重系数”进行折算，根据最后的总分评定等级：90.0分及以上为优秀，80.0～89.9分为良好，60.0～79.9分为及格，59.9分及以下为不及格。

表1-7 大学生体质健康测试评价指标与权重系数

单项指标	权重/%
体重指数（BMI）	15
肺活量	15
50米跑	20
坐位体前屈	10
立定跳远	10
引体向上（男）/1分钟仰卧起坐（女）	10
1 000米跑（男）/800米跑（女）	20

第二章

体育与健康促进

第一节　健康与健康促进

一、健康的概念

（一）健康的含义

1948年，世界卫生组织（WHO）成立时，它对“健康”下的定义是：“健康是指身体上、心理上和社会适应等方面的状态，而不仅仅是没有疾病。”这个定义对健康的理解更为全面，随后该组织又多次强化健康的内涵，当前又再一次重申，健康应包括“身体健康、心理健康、社会适应良好和道德健康”。

（二）健康新标准

根据世界卫生组织关于健康概念的阐述发展变化，我们认为，健康包括人的生理健康、心理健康、社会适应良好及道德健康。为了加强人们对健康的认识，世界卫生组织给出了健康的十条具体标准。

（1）充沛的精力，能从容不迫地担负日常生活和繁重的工作而不感到过分紧张和疲劳。

（2）处世乐观，态度积极，乐于承担责任，事无大小，不挑剔。

（3）善于休息，睡眠好。

（4）应变能力强，能适应外界环境中的各种变化。

（5）能够抵御一般性感冒和传染病。

（6）体重适中，身体匀称，站立时头、肩、臂位置协调。

（7）反应敏锐，眼睛明亮，眼睑不发炎。

（8）牙齿清洁，无龋齿，不疼痛，牙龈颜色正常，无出血现象。

（9）头发有光泽，无头屑。

（10）肌肉丰满，皮肤有弹性，走路轻松。

从上面这十条标准，我们可以看出，健康包括身体健康和心理健康两个方面，它们相互补充、相互联系，缺一不可。同时，身体健康和心理健康又相互影响，具有统一性。当人的身体生病时，其心理也会受到影响，表现出烦躁不安、情绪低落、容易发怒等心理不适；同样，长期的心情抑郁、焦虑、悲伤也会导致身体的不适，医学上称之为身心疾病。

1. 身体健康

身体健康也就是人体各个器官和各肢体的健康，大学生的体质已发育到了较高水平，身高已基本停止增长；体型、姿态和生理特征已有明显的差异；机体各器官、各系统的机能已发育成熟，性的成熟和对异性的追求有所增加；体重适当，身材匀称，站立时头、肩、臂位置协调；眼睛明亮，反应敏锐，眼睑不发炎；牙齿清洁、无空洞、无病感，牙龈颜色正常，无出血症状；肌肉结实，皮肤有弹性，头发有光泽，各器官未发现疾病。这就是生理上的健康。

2. 心理健康

（1）认识正常。这里所指的认识主要指人的认识过程，集中表现为智力或智力活动。智力因素保持在正常水平是心理健康的基础条件。智力是人的观察力、注意力、记忆力、想象力、思维力、创造力和实践活动能力的总和。所以，一个心理健康的人，他的智力必须在正常范围之内，并且能够把自己的智慧与能力有效地运用到学习和生活中去，对社会生活中遇到的各种问题、困难和矛盾，能表现出积极的态度，并采用切实有效的方法妥善地加以解决。

（2）情绪健康。情绪健康稳定是心理健康的主要标志。健康稳定的情绪能使人对现实保持积极的态度，有效地从事学习、工作，理智地适应环境；情绪悲观、动荡不安，则会使人失去心理平衡，降低活动效率，甚至使人失去常态。这里情绪健康主要包含两方面的含义：一方面，情绪要稳定，对自己的情绪有很好的调控能力，不要有过激的情绪反应，既不狂喜，也不大悲。青少年正处于情绪的波动期，要做到凡事处变不惊、闲看庭前花开花落虽然不太可能，但是一个心理健康的人应该是一个情绪相对稳定的人。另一方面，积极情绪要多于消极情绪。人生不如意事十之八九。尤其是正处于成长阶段的青少年，正体验着各种各样的烦恼。心理健康的人应该是乐观、豁达的人，即使遇到挫折也能很好地进行自我调节。乐观并不意味着否定现实，并不总想着所有的事都是好的，或者只考虑积极的想法。乐观，就是坚信在任何危机中我们都有希望，并且相信通过个人的努力（还有朋友的帮助），我们最终会找到解决问题的办法，对于那些解决不了的问题，我们也会想办法适应它们。有人得出公式：IQ－EQ＝失败人生，IQ＋EQ＝成功人生。因此，积极地管理自己的情绪，不仅是心理健康的标志，也是人生成功的一个必备条件。

（3）意志健全。意志健全主要指行为的自觉性、果断性、顽强性及坚持性。心理健康的学生，在学习和生活上应该有明确的目标和追求，敢想、敢做，而不是前怕狼、后怕虎。在行动上有主见、有恒心、有毅力，不优柔寡断，有克服困难和挫折的勇气和决心。

（4）行为适度。心理健康的学生行为协调、反应适度。行为协调，是指人的行为是一贯的、统一的，而不是反复无常的，既表现为心理活动和行为方式处于和谐统一之中，也表现为在相同或类似的情况下行为的一致性，对人不是忽冷忽热。反应适度，是指既不异常敏感，也不异常迟钝。刺激的强度与反应的强度之间有着相对稳定的关系，该冷静时冷静，该激动时激动，对强弱不同的刺激做出适度的反应，不必杞人忧天，神经过敏，庸人自扰。

（5）人际关系和谐。良好的人际关系不仅是维护心理健康不可缺少的条件，也是心理健康的内在需要。它反映了两方面的问题：一方面，一个心理健康的学生，一般具有和谐的人际关系。他们能对别人产生信任感，尊敬师长，信任同学，能客观地了解他人的情感、需要、兴趣和个性品质，尊重他人的意见，并能诚恳地赞美和学习别人的优点，善意地批评别人的错误和缺点；他们与周围的人友好交往，保持和发展融洽的关系，并能从中寻求乐趣，获得友谊。心理健康问题较多的人，人际关系的矛盾也较多。另一方面，说明了良好的人际关系对人的心理健康的重要性。在社会生活中，人际交往是人们相互联系的重要形式。人们通过彼此的交往，来诉说各自的喜怒哀乐，这样就增进了人们之间的亲密感、安全感，并能从中吸取力量，这对保证人的心理健康无疑是必需的。如果这种需要得不到满足，就会影响人的心理健康。人际关系总是与一定的情感体验相联系的，人际关系融洽，人就会感到心情舒畅，心理也就容易保持健康；相反，人际关系失调，心情抑郁、孤立、沉闷，则会影响人的心理健康，甚至导致心理疾病。研究表明，神经衰弱、高血压、头痛、溃疡病等都与人际关系的失调有密切的关系。

（6）社会适应良好。社会适应良好，也是衡量一个人心理健康的重要标志，它包括正确认识和处理个人与环境关系的能力。21 世纪是一个高速发展、优胜劣汰的社会，具有节奏快、竞争强、风险高、压力大等特点。摆在人们面前的是希望与痛苦并存、绝望与机遇并存、苦难与磨砺并存、光荣与梦想并存，伴随着愿望的落空和心理挫折的出现，随之也会出现诸如悲观、烦恼、焦虑、抑郁、孤独等消极情绪。因此，21 世纪对人才的要求，不但应具备竞争、合作、应变、创新的意识和能力，更应具有较强的心理耐受力和自信心。

（7）自我观念正确。一个心理健康的人应对自己有较全面的了解和恰当的评价，并能愉悦地接纳自己，最大限度地开发自己的潜能。心理健康的学生，应能正确、客观地认识和对待自己，既不高估自己的能力，也不贬低自己的水平。

二、健康促进

（一）健康促进的概念

1986 年，世界卫生组织对健康促进所下的定义是：健康促进是促使人们维护和提高他们自身健康过程，是协调人类与环境的战略，规定了个人与社会对健康各自所负有的责任。根据这一定义，健康促进无疑对人类健康和医学卫生工作具有战略意义。

（二）健康促进的主要内涵

健康促进是指运用行政的或组织的手段，广泛协调社会各相关部门及社区、家庭和个人，使其履行各自对健康的责任，共同维护和促进健康的一种社会行为和社会战略。

健康促进的主要内涵包括：

（1）健康促进涉及整个人群的健康和人们生活的各个方面，而不仅仅是针对某些疾病或者某些疾病的危险因素。

（2）健康促进主要是直接作用于影响健康的病因或危险因素的活动或行动。

（3）健康促进不仅作用于卫生领域，还作用于社会各个领域，健康促进指导下的疾病控制已非单纯的医疗卫生服务，而应采取多部门、多学科、多专业的广泛合作。

（4）健康促进特别强调个体与组织的有效和积极的参与。

（三）健康促进的组成部分

健康促进的三个组成部分是健康教育、疾病预防和健康保护。每个组成部分在个体、群体及社区健康促进中起着至关重要的作用，三者相互联系、相互促进。

1. 健康教育

健康教育是健康促进中的核心组成部分。健康教育是一个过程，而不是一个结果。健康教育是一系列根据健康目的而设计出的连续的行为，包括设计、部署一些体验来影响人们的思想、感情和行为，以有利于他们自身的健康并有益于社区健康。但是许多因素影响着个人关于健康实践的决定，如知识、自我认识、宗教信仰、同伴影响、教育水平、经济状况、文化差异、个人价值观和家庭模式是其中的一些影响因素。由此说明，健康教育的任务是非常艰巨的。健康教育者的作用是识别影响个体特征、环境和行为的因素，并引导个人的不健康行为向获得更高的健康水平转化。

2. 疾病预防

疾病预防在健康促进中起着重要的作用，它分为三级预防。每一级预防对健康促进、健康教育者具有不同的含义，每一级预防需要不同的目标和干预策略。

一级预防：强调在疾病、损伤或健康状态恶化发生之前进行预防性干预。一级预防通常采用医学、社会学和教育学与健康促进相结合的策略，是预防性的。

二级预防：早诊断、早治疗以控制疾病的后果、严重性及流行。二级预防强调早发现、早治疗，是治疗性的。

三级预防：进行特定的干预以帮助残疾或有病的个体减轻疾病对他们的影响。三级预防包括防止疾病复发的活动，也包括教育公众和企业使健康者尽可能发挥最大的作用，是康复性的。

尽管我们主要依赖于一级预防和二级预防，但治疗的高花费易导致卫生服务系统的主要资源被直接应用于三级预防。通过重新设定优先项目和发展更为有效的健康促进项目，使资源向一级预防和二级预防转移，以降低治疗和康复的需求。

3. 健康保护

健康保护的目的在于增进健康和预防疾病。健康保护的使命是减少人们受到环境危害、不安全或不健康行为的可能性。健康保护有更具体的法律、法规的条文规定，包括司法和财政控制以及其他的法规政策等。健康保护让健康的选择更容易。

第二节 体育与身体健康

一、体育锻炼可改善和提高中枢神经系统的机能

人体在某种状态中的兴奋与抑制、灵活与协调，都受中枢神经系统的调节和控制。一方面，体育锻炼可以改善神经系统的均衡性和灵活性，提高大脑皮层的分析、综合能力，以保证机体对外界不断变化的环境有更大的适应能力；另一方面，

可调节内脏器官的活动，使其活动与运动系统变化相适应，以保证能量的供应和内脏环境稳定。

中枢神经系统活动的基本形式是反射。反射分为条件反射与非条件反射。非条件反射是机体先天的本能反射，是当人体遇到外界某种干扰时所产生的某种本能的防御反射。而条件反射是后天形成的，是通过学习与不断的实践所建立的。练习投篮动作时，通过学习、掌握、巩固这一过程，在这一过程中技术不断地被改进与完善，最后形成一个正确的投篮技术动作。所以任何学习过程都是建立条件反射的过程。人体各器官系统的活动都在神经系统的直接或间接的调节、控制下，相互制约，相互协调，以保证生命活动的正常进行。

二、体育锻炼可改善和提高心血管系统的机能

增强心肺功能，提高心血管系统的耐力，是人体通过适当肌肉活动后产生的一种效果。在参加体育活动时必须有肌肉群参加工作，而肌肉群的工作时间、能力取决于体内对肌肉群供氧的能力。摄取和利用的氧气越多，所做的功就越多，发挥的能量也就越多。

在体育锻炼中经常参加一些耐力性项目的活动，如耐力跑、游泳、自行车等，可以提高心血管系统的耐力水平，有效地发挥心脏、循环系统、呼吸系统的功能。参加有氧锻炼具有以下益处：

（1）增强心脏功能，增加每搏输出量。

（2）血液循环系统机能得到改善与提高。

（3）提高肺功能，增强摄氧和供氧能力。

（4）改善血管张力，使营养物质供给各组织，降低血压。

（5）促进能量的氧化，加速废物的排出。

缺乏体育锻炼，身体素质及机能水平就会下降，一些疾病就会乘虚而入。心血管疾病是世界上危及人类健康的主要杀手，目前世界上每年有数百万人死于心血管疾病，而且越是发达国家发病率越高。研究表明，近年来我国心血管疾病的发病率呈上升趋势，并且不局限于老年人，中青年此病的发生率也很高，而且男性高于女性。加强身体体质和提高各器官机能水平，是改善心血管系统能力的有效方法，只有坚持体育锻炼，才能保持健康，预防疾病。

三、体育锻炼可改善和提高呼吸系统的机能

经常参加体育锻炼可以加强机体物质代谢过程，而在这一过程中需要吸收更多的氧气并排出更多的二氧化碳，因此锻炼者肺活量增加，呼吸加深、匀和，呼吸频率也较慢。如一般人安静时每分钟呼吸 12~18 次，每分钟肺通气量为 6~8 升；而经常锻炼者安静时每分钟呼吸 7~10 次，在运动时可增至 40~50 次，每分钟肺通气量可增加到 70~120 升。因此，增强呼吸系统的机能，不仅可以满足肌肉运动的需要，延长肌肉的工作时间，也能够提高锻炼效果。

四、体育锻炼可改善和增强骨骼形态、结构

坚持体育锻炼可增强骨质密度，使骨骼变粗。骨骼内新陈代谢的加强，改善了骨骼血液循环，从而在形态、结构上产生良好的结果，使得抗折、抗弯、抗压和抗扭等方面的性能都有提高。

由于年龄、性别及锻炼项目的不同，锻炼对人体各部分骨骼所产生的影响也不同。例如，经常参加下肢活动，对下肢骨骼的影响就大；经常参加上肢活动，就对上肢骨骼产生影响。所以，体育锻炼中项目的多样化、形式的多样化、锻炼的经常化，是改善与增强骨骼形态、结构的有效方法。

体育锻炼能增强肌腱和韧带的力量，加大关节的稳固性，这对预防损伤、提高活动效果有着积极意义。

五、体育锻炼可改善与调节情感，增强活力

人类具有高级神经活动的能力，对周围的客观环境、客观事物会产生一定的感觉与思维等一系列心理与生理活动，并在此基础上根据自身的发展与需要，通过自己的语言和具体的行动来表现。人类的情感就是在各种不同的环境中对客观事物态度的体验与相应的行为反应。

大学生处于接受知识的旺盛期，有着丰富的思想意识与思维能力，他们的情感发展与所接受知识、接触的事物有直接的联系。体育锻炼可调节情感，增强活力，作为精神文明修养的一方面直接贯穿于生活之中。体育锻炼可以培养人的道德品质。

六、体育锻炼可提高消化系统的机能

人体通过消化系统获得完成自身活动所需的营养物质，同时也为人们参与运动性休闲活动提供必需的能量。长期参与适宜的运动性休闲活动会对人体消化系统的功能产生良好的效应。如在长期参与适宜的休闲活动过程中，人体的心肺功能会随之得到提高，每搏输出量增多，这就相应地促进了消化器官的血液循环，以保证氧气和营养物质的供给。同时，在运动过程中，膈肌和腹肌的活动对腹腔内的消化器官可起到节律性的按摩作用，可增强胃肠的蠕动。由于胃肠道的活动和消化腺的分泌受中枢神经和体液的调节，而长期参与适宜的运动性休闲活动对提高中枢神经系统兴奋和抑制的均衡具有良好的作用，因此，其有助于刺激消化液的分泌和提高消化酶的活性。与此同时，还能提高个体的食欲。除此之外，对预防消化道疾病具有潜在的益处，如可加速肠道的运送，减少肠黏膜与致癌物的接触，降低大肠癌的发病率，等等。同时，通过促进胆囊的运动，还会影响胰岛素、缩胆囊素的分泌，减少胆石症的发生。适宜的运动性休闲活动还可使结肠的动力增加和胃肠道的机械撞击增多，减少便秘的发生。

七、体育锻炼可控制体重、改善体型

对于18岁的年轻人来说，男性体内的脂肪含量有15%~18%，女性则有20%~25%。所以，人们通常依据脂肪含量与体重的比例来判定是否肥胖，其标准是：男性脂肪含量超过体重的25%，女性超过30%，说明他或她是肥胖者。要知道，肥胖是脂肪问题，而不是体重问题。“超重”和“肥胖”不是一回事，它们有着本质的差异，超重是指体重超过某种体型的理想重量。研究发现，父母均为正常体重的儿童，他们肥胖的可能性只有7%~8%；但是，一旦父母是肥胖者，儿童肥胖的可能性会上升为40%。肥胖还与饮食、运动、心理、社会、文化等环境因素有关，其中导致肥胖的主要原因是缺乏锻炼。但过分肥胖会影响人的正常生理功能，尤其是容易造成心脏负担加重、寿命缩短。实践证明，体育锻炼可以强壮肌肉，增强身体消耗热量的能力，减少体内脂肪，保持关节柔韧性。如果结合适当的营养摄入，就有助于控制体重，改善体形和外表，防止肥胖和肥胖致病。

八、体育锻炼可推迟衰老、延年益寿

俗话说：身体锻炼好，八十不算老；身体锻炼差，四十长白发。运动使体内各种功能在新陈代谢增强的基础上得以加强，从而推迟衰老。“用进废退”是生命界的普遍规律，也是人体健康、长寿的规律。“不用则废”“不用则退”，家养的动物都不及野生动物的寿命长。野象能活 200 年，而饲养的象只能活 80 年；牧羊犬能活 27 年，而家犬只能活 13 年。有一项持续 30 年的研究显示，不锻炼的人比经常锻炼的人早逝的可能性增加 31%。

第三节　体育与心理健康

体育锻炼对心理健康也有着积极的作用。体育锻炼是人积极主动的活动过程，它可以有效地调整人的行为方式，从而有效地促进个体的心理健康。

一、体育锻炼可以促进智力的发展，提高智力水平

正常的智力是正确认识客观世界的前提条件，是心理健康的基础。经常参加体育锻炼，可以促进大脑的开发，促进神经系统功能的增强，使大脑获得更多的营养物质，提高大脑的记忆和思维等能力，提高人的智力水平。研究表明，就一般人而言，智力因素相差很小，非智力因素则相差很大。体育锻炼可以使人的情绪稳定，性格开朗，这些非智力因素对人的智力发展起着促进作用。

二、体育锻炼可以调控情绪，改善情绪状态

情绪状态是衡量体育锻炼对心理健康的影响的最主要指标，是人对客观现实的态度的体现，心理健康与个人的情绪状态密不可分。健康的情绪状态是治疗疾病、增进健康的良药，而患得患失、忧郁、沮丧、焦躁、烦恼的不良情绪则是疾病的诱因。体育锻炼一方面可以帮助转移不愉快的情绪，另一方面可以使不良情绪得到充分的发泄，从而调控情绪，改善情绪状态。经常参加体育锻炼的人可以感受到自己的情绪向着乐观、健康的方向发展，并经常处在一种稳定、愉快的状态中。

心理自我良好感也称“感觉良好现象”，是心理健康的重要标志之一。它是指与积极参加身体锻炼有关的某种兴奋、自信和自尊的情绪和态度体验，并且没有消极情绪。

研究表明，心理自我良好感与运动成正相关，积极参加体育锻炼者比不参与者的自我感受和评价积极，其中女子较男子程度更高。产生这种正相关的原因是身体锻炼发自内心产生愉快和乐趣的结果，而女子较男子更富有感情色彩，更具有自我投入的倾向。一般情况下，体能强的人比体能弱的人倾向于具有更高水平的自我概念和更多的身体概念、肌肉力量、身体自尊，而情绪稳定性、外向性格与自信心成正相关，因此，更积极的自尊心、更高水平的身体概念和自我概念与高水平的体能状况相关。

三、体育锻炼可培养坚强的意志品质

意志品质是指一个人的果断性、坚韧性、自制力及勇敢顽强和主动独立的精神。意志品质是在克服困难的过程中表现出来的，又是在克服困难的过程中培养起来的，“在战争中学习战争”，在困境中学习战胜困境。在体育锻炼过程中，要不断克服客观困难（如气候条件的变化、动作的难度或意外等）和主观困难（如胆怯和畏惧心理、疲劳和运动损伤）。锻炼者越能努力克服主客观方面的困难，也就越能培养良好的意志品质。

四、体育锻炼可治疗心理疾病，增加交际范围

在体育锻炼过程中，运用语言符号系统或非语言符号系统相互间交流信息，可沟通感情，建立起良好的人际关系。体育锻炼多以集体形式进行，从事相同项目锻炼的人群容易以此找到共同话题，拓展工作和家庭之外的人际关系，这一点对于退休后的老年人格外重要。

五、体育锻炼可消除疲劳

疲劳是一种综合性症状，与人的生理和心理因素有关，当一个人的情绪消极，或任务超出个人的能力时，生理上和心理上都会很快地产生疲劳。大学生持续、紧张的学习压力极易造成身心疲劳和神经衰弱，保持良好的情绪状态和参加中等强度的体育锻炼，则可以使他们身心得到放松。

第四节 体育与社会适应

社会适应是指个体对所处社会环境的认识及自己与社会环境之间所保持的均衡关系。每一个人都在社会中生活，要适应社会，就要处理各种人际关系。社会适应不仅表现在对自己、对他人、对家庭、对集体、对社会的态度上，而且表现在与他人和社会建立联系的方式与程度及对各种事情的处理上。社会适应能力差的人常常因为人际关系不和谐，人与人之间感情不融洽，导致矛盾、冲突和仇恨，以致互相攻击，心理压力增大。一个人如果持续出现焦虑、压抑、冷漠、愤怒等消极情绪和内心体验，就会出现心理障碍，严重的还会影响心理健康的发展。

一、体育锻炼有助于培养人们正确的社会价值观

尽管因时代、制度不同，社会价值所包含的内容和价值取向不统一，但都离不开对和平、自由、平等、自尊、幸福、才智、成就、友谊等具体价值内容所持的态度和由此表现出的行为。体育锻炼因其宗旨、方式、结果都对价值观所涵盖的内容具有积极的影响作用，所以它可以培养人们形成适应当今社会的正确的价值观。

（一）体育锻炼可以促进人们和平相处

人们渴望和平，追求安定，只有社会安定了，才能有经济的发展、人民群众的安居乐业。体育体现出来的虽然是竞争，但它是建立在统一规则基础上的公平竞争，是建立在友好气氛上的互相交流与切磋。因此，体育可以培养人们的和平观念，体育还可以规范人们的和平行为，在潜移默化中使人们养成和平的价值取向。

（二）体育锻炼处处体现着自由和平等

从体育所包含的内容和要求来说，它不分肤色、种族、贫富、贵贱、信仰和性别，每个人都可以参与，它构建了一个使每个人都乐于接受的平等与模式。在这种平等的意识里，人的尊严和权利得到真正的发展。

（三）体育锻炼最能体现出付出与收获的关系

体育锻炼在付出与收获上的因果关系，最能直接地使人们领悟到成功的喜悦是源于平时的奋斗，辉煌的成就由汗水铸造。因此，通过体育锻炼可以培养人们拼搏进取的人生观。

（四）体育锻炼可以培养人们尊重知识、尊重人才的观念

任何一项体育比赛都不仅仅是速度的角逐、力量的抗衡，更是战术的对抗、技术的较量、知识与力量的交融。因此，人们从体育比赛中领悟到，要想在激烈的竞争中立于不败之地，必须尊重知识、尊重人才。

二、体育锻炼有助于人们建立良好的人际关系

随着社会的发展及生活节奏的加快，许多生活在大中城市的人，愈来愈缺乏适当的社会联系，学生整天埋在书堆里，中年人忙于事业上的拼搏，老年人常与孤独相伴，人际交往缺乏，社会联系甚少。体育锻炼是一种很好的增加人与人接触和交往的方式。

经常参加体育锻炼，与他人交往、沟通，可以增进情感交流和解除自我幽闭，使人忘却烦恼和痛苦，消除孤独感，并能提高自己的社会适应性。体育锻炼使学生相聚在运动场上，进行平等、友好、和谐的锻炼与竞赛。团结合作，相互竞争，相互交流，使学生相互之间产生亲近感，身心得到舒适的体验，产生良好的情绪状态，尤其是篮球、排球、足球等集体项目，可以使直接参与者和间接参与者通过体育运动结识更多的朋友，使每个人都融入集体中，为自己成为集体中的一员而感到心情舒畅、精神振奋。

三、体育锻炼有助于人们形成竞争意识

现代社会竞争日趋激烈，竞争既是体育的特征之一，又是体育精神的重要内容。现代奥林匹克运动口号“更快、更高、更强、更团结”就体现了竞争。市场经济社会就是竞争的社会，各行各业的竞争归根到底是人才综合素质（科技文化、思想品德、体质）的竞争，竞争过程也是他们身心素质、各方面知识和能力的自我展示及优胜劣汰的筛选过程。竞争是体育运动的主要特征之一，在体育运动中，时时处处充满着竞争，比如，有对自己运动能力的挑战，如长跑到达“极点”时，是坚持下去还是半途而废？既有人与人之间的竞争，也有团体与团体之间的竞争，这种竞争必须讲究良好的体育道德，取胜主要靠自己的能力，而不是通过不择手段地伤害他人来达到。体育的竞争性督促着每一个参与者不断去创新和变革。在体育运动中，不讲门第，不排世袭，不序尊卑。在竞争活动中不承认除个人身体、心理以外的任何不平等。体育运动最讲法制，不徇人情；最讲现实，不论资历；最讲务实，不图虚妄。它以“公平竞争”为宗旨，培养人具有这样一种意识和观念：权利和义务、成功和失败、机会和风险对所有人应该是均等的。通过体育活动的竞争来培养

自己积极进取的竞争意识，为日后走出校门、走向社会、投身于激烈竞争的社会，从思想上做好应变的准备。

四、体育锻炼赋予人们创新精神

历史的进步来源于创新，科技的发展呼唤创新，经济的腾飞蕴含着创新，人类文明的进步更需要不断推陈出新，这是历史发展的必然趋势。21 世纪所需要的人才必须具备创新的意识、创业的精神和创造的能力。作为 21 世纪的大学生，面对 21 世纪的挑战必须做出应答。体育运动恰恰为广大青年学生提供了大胆创新、勇于实践的天地。

奥林匹克所倡导的“更快、更高、更强、更团结”的精神引申开来就是人类自我意识的觉醒，是挑战自我、超越自我的呼唤，它号召我们不断追求进步，奋发向上。体育锻炼的内容丰富，形式多样，挑战性强。青年人在运动中应抛弃旧观念的束缚，改变传统的传习式的学习方式，认真观察，独立思考，善于发现各内容间的本质联系，创造出具有独立个性的学习方式及适合自己的锻炼方式。

五、体育锻炼促进人们协作意识和协作能力的形成

（一）体育锻炼对人们协作意识的影响

协作意识是体育意识的基本内容之一，协作即协同配合、齐心协力。集体的力量是巨大的，而集体力量的形成和保持则取决于每一个成员是不是具有强烈的协作意识和群体精神。

体育运动为培养学生的协作意识和群体精神提供了有利条件。不管是个人参赛、团体排名的田径和游泳，还是以集体形式进行比赛的足球、篮球和排球，都决定了参与者必须以高度的协调意识，熟练的协作行为，承担起参赛角色的权利、义务和责任。然而，协作意识并不是一朝一夕能形成的，必须通过参与体育教学、训练和竞争等活动才能形成，并需要不断地磨炼。只有这样，才能在潜移默化的过程中，逐步培养与增强这种协作意识，并且使之“生活化”，融入我们的生活和学习中，改善我们的社会适应性。

（二）体育锻炼能够促进人们协作能力的提高

能力的高低是现代社会衡量人才质量的一项基本要求。其中，协作能力的高低是一个人事业能否成功的基本能力之一。在目前各学科明显呈现既高度分化又相互渗透，既高度综合又纵横交错的新态势下，很多科学研究越来越向学科交叉的方向发展。因此，要求每一个参与者都必须具备良好的与他人协作的能力。

体育锻炼以其特殊的交往方式，培养着每一位锻炼者的协同配合的能力和豁达坦荡的心胸。

六、体育锻炼可以使人们形成社会需要的个性并胜任社会的需要

体育不仅能影响人体的生理属性和心理属性，还能作为社会教化手段来促进人们个性的形成与发展。

（一）体育锻炼所固有的特性直接影响着人们形成适应社会需要的个性

个性是指个人在其生理和心理素质的基础上，在一定的社会环境条件下，通过实践锻炼和陶冶，逐步形成的观念、态度、行为和习惯。它是一个人比较稳定的心理、生理素质和社会行为特征的总和，是一个人能否适应社会或能否被社会所接受的关键因素。

人们的个性特征包括人的能力、气质和性格等内容。其中，决定一个人个性的重要因素是一个人的性格。人的性格多种多样，有的人热情、果断、坚定，有的人冷漠、懦弱、优柔寡断；有的人自信、骄傲，有的人自卑、谦虚。但不管是哪一种性格，其形成都与体育锻炼有着密切的关系。

体育锻炼需要有体力、智力、情感和行为的参与，同时还要求人们具备一定的技能，并且要求人们在每次锻炼中必须接近和突破自己的极限。正因为如此，使得每位锻炼者在锻炼过程中有机会发现自己个性中的优秀部分，又能找到自己的不足之处，然后可根据自己的实际情况制定相应的解决方法，进而可扬长避短。

体育锻炼还需要人们能够吃苦耐劳、拼搏进取和遵守运动规则等，因此，体育锻炼还可以培养人们积极乐观的生活态度和在工作和生活中约束自己的行为。

（二）体育锻炼是培养人们胜任社会角色的有效途径

在现代社会中，每个人都会在工作和生活中担任不同的角色。在工作中担任不同角色，便产生了各种职业；在生活中担任不同角色，则决定了自己应尽的义务和应负的责任。

体育锻炼是培养人们在以后的工作和生活中胜任自己的角色的有效途径。无论作为什么角色，都有其相应的权利和义务，也就决定了他的行为。因此，所有权利、义务和行为的总和便构成了角色。

通过体育角色的学习，练习者能够懂得社会角色是与人们的某种社会地位、身份相一致的一整套权利、义务规范与行为模式；也能够体会到经过个人努力是可以成功扮演各种社会角色的，从而认识到人的主观努力是改变社会地位的重要途径。

第三章 力量训练与运动能力

第一节　力量素质概述

一、力量素质的概念

力量素质是指人体肌肉克服内、外阻力的能力。人体的各种活动都是在身体不同部位的肌肉做各种不同形式的收缩和舒张，克服各种阻力的情况下实现的。发展力量素质，对其他身体素质的发展有着十分积极的作用。它不仅直接影响运动技术的掌握和运动成绩的提高，还能增加大脑皮质兴奋过程的强度，促进运动器官的发展，发达肌肉，健美形体。

二、力量素质的分类

根据一些运动项目对力量素质的不同要求及力量的表现形式不同，可将力量素质分为以下几种类型。

（一）按照力量和体重关系分类

1. 绝对力量

绝对力量是指在不考虑运动员体重时，运动员所能发出的最大力量。通常体重较重的运动员绝对力量要大于体重较轻的运动员。

2. 相对力量

相对力量是指运动员相对于体重而言能够发出的最大力量。也就是说，运动员的相对力量等于绝对力量除以体重。因此，在进行力量训练时，运动员适当地减轻体重，能够增加运动员的相对力量值。尤其是针对一些移动身体体重的运动项目，如跳远、跳高等，相对力量就显得非常重要。

（二）按照力量的表现分类

1. 快速力量

快速力量是指人体神经肌肉系统通过肌肉快速的收缩来克服阻力的能力。快速力量以速度和加速度的形式表现出来。快速力量对需要“爆发性”用力的运动项目的成绩起决定性的作用。

（1）弹跳力。弹跳力是神经肌肉系统在触地前瞬间被拉长，然后在自动（触地）缩短的过程中，以非常高的加速度向相反的方向运动，而使身体产生跃起的能力。通常是指运动过程中迅速改变运动方向时，肌肉克服阻力产生最大加速度的能力。

（2）爆发力。爆发力是弹性力量的一个组成部分，是神经肌肉系统以最短的时间、最大的加速度爆发出最大肌肉力量的能力，它利用肌肉的弹性在爆发时的极短暂的肌肉预拉长（大约为原肌肉长度的5%）瞬间产生弹性能，大约150毫秒就可达到最大值，并迅速向相反方向用力收缩，通常用力的梯度和冲量来表示。

（3）起动力。起动力是指肌肉收缩50毫秒内达到最大力值的能力。起动力是弹性力量中收缩时间最短的力，也是一种表现在必须对信号做出快速反应的运动项目上的一种力量能力。

2. 最大力量

最大力量是指肌肉通过最大随意收缩抵抗无法克服的阻力过程中所表现出的最大力值。最大力量取决于传入肌肉的神经冲动的强度和频率，同时还取决于肌肉收缩的内协调能力和关节角度的变化。对于一些参加竞技运动的人来说，最大力量并不是固定不变的，它处于一个动态过程中，因此，每个运动者都有发掘自身最大力量极限的潜力。

3. 力量耐力

力量耐力是指机体耐受疲劳的能力，它的主要特征是持续表现出一种较高能力。在很多运动项目中，力量耐力的要求非常高，如划船、游泳、400米跑等。这些运动项目都需要在持续较长时间内克服阻力。

三、发展力量素质的原则

（一）超负荷的原则

当肌肉或肌肉群受到超负荷训练后，力量会得到有效的发展。超负荷就是用某人最大负荷或接近最大负荷进行训练。采用大负荷能迫使肌肉进行最大收缩，因而能刺激人体产生一系列的生理适应性变化。这种适应性变化能导致肌肉力量增加。较小的负荷只能使肌肉保持原有力量水平，而不会有所增加。

（二）循序递增负荷的原则

在力量训练过程中，随着力量的增长，原有的负荷对于增长肌肉力量将不再成为超负荷了。也就是讲，当力量获得增长后，原来的负荷就逐步变为小负荷了。因此，在整个力量训练过程中，有关肌群所阻抗的负荷要定期给予增加。在训练中，还可按需要进行调整。这样，有关肌肉可始终处在超负荷状态下工作。

（三）力量练习安排的原则

力量训练中，要使大肌群先于小肌群受到训练，这样安排的理由是因为小肌群先于大肌群出现疲劳。因此，在小肌群出现疲劳前，大肌群应先受到训练，使大肌群得到超负荷锻炼。如腿部和腰部的大肌群就应该比臂部的小肌群先练。

（四）专项力量训练的原则

力量的发展有其专门性和运动形式的特殊性，也就是说，有其运动技能的特殊性。力量练习要同专项运动形式尽可能接近。比如，为改善足球踢球技术而增加踢球力量，在力量练习中，负重练习必须包括踢球所使用的肌肉练习，用力形式也要一样。运动机能的特殊性在某些项目中尤为明显。参加两个不同项目的运动，即使使用的肌群相同，运动的形式也可能不一样。

四、发展力量素质的意义

力量素质是人体运动的基本素质，对人体运动有极大的影响。

（一）力量素质是进行一切体育活动的基础

我们进行的各种体育活动，都是由作为主动运动器官的肌肉，以不同的负荷强度、收缩速度和持续时间进行工作，并带动作为被动运动器官的骨骼移动来完成的。如果没有肌肉的收缩和舒张产生的力量牵拉骨骼进行运动，则连直立和行走也不可能，更不要说进行体育活动了，因此，跑、跳、投、攀登和爬越等各种体育运动及体力劳动均离不开力量素质。

一个人想要跑得快就要有较好的腿部后蹬力；想要跳得高、跳得远就要有较好的弹跳力；想要投（掷、推）得远就要发展上肢爆发力；攀、爬和提、拉重物等，也离不开上肢、腰腹部及腿部力量。所以说力量素质是人体最基本的身体素质，是进行一切体育活动和体力劳动的基础。

（二）力量素质影响并促进其他身体素质的发展

任何身体素质都是通过一定的肌肉工作方式来实现的，肌肉的力量是人体进行一切活动的基础。力量素质决定速度素质的提高、耐力素质的增长、柔韧素质的发挥和灵敏素质的表现。

首先，力量素质的增长有助于速度素质的提高。因为肌肉的快速收缩是以其力量为前提的。

其次，力量素质也有助于耐力素质的增长。从生活常识中可以得知，强壮的人总能比体弱者持续活动更长时间。

此外，力量、速度的提高会增加肌肉的弹性，促进柔韧素质和灵敏素质的发展。

（三）力量素质的水平直接影响技术动作的掌握和运动成绩的提高

运动员力量素质的增长，直接反映了对运动技术掌握的快慢及运动成绩提高的程度。除技术因素外，力量和爆发力是决定田径运动成绩的重要因素。除长距离跑运动成绩的主要决定因素是耐力外，其他项目运动成绩都与力量素质的发挥紧密相关，尤其在投掷项目中更是如此。

五、力量素质的健身作用

大多数人认为，加强肌肉力量练习可增加肌肉体积和提高运动成绩，但并不真正知晓其健身价值，即减少脂肪和体重，改善骨骼状况及加强关节周围肌肉的力量。

（一）力量练习可减少脂肪和体重

研究表明，随着年龄的增加，人的基础代谢率下降，能量消耗减少，体重和体脂会慢慢地增加。由于肌肉总量呈下降趋势，人的基础代谢率每 10 年下降 3%。不喜欢运动的成年人每年减少约 0.25 千克肌肉，增加约 0.25 千克脂肪。60 岁的人比 20 岁的人基础代谢率下降约 12%。处于休息状态时，60 岁的人比 20 岁的人每天少消耗约 1.18×10^6 焦耳的热量，即每 12～13 天少消耗相当于 0.5 千克脂肪的热量，则脂肪累积量为每月约 1.2 千克，每年约 15 千克。基础代谢率下降虽少，但脂肪和体重的增加却很明显。

通过节食和服用减肥药能迅速减轻体重，但这并不利于健康，且皮肤会变得松弛。而力量练习不仅能达到减轻体重的目的，还可以使皮肤保持弹性。这种锻炼效果并非一日之功，应根据自己的年龄和身体状况，花 12 个月或更长时间，有计划地进行有氧练习、肌肉力量和耐力练习，同时注意合理饮食，这样才可以明显地减少体脂，皮肤才有足够的时间恢复弹性。所以，有规律的锻炼和合理的饮食比节食减肥更有利于健康。

（二）力量练习可改善骨骼状况

研究表明，有计划的力量练习可以改善骨骼的状况，对女子来说更是如此。因为女子的骨骼无机盐含量较少，骨密度较低，厚度较薄，并且女子流失钙的速率比男子快。而力量练习可以防止钙的流失，降低骨质疏松症的发生率。

（三）力量练习可加强关节周围肌肉的力量

力量练习可以加强关节周围肌肉的力量，防止肌肉、肌腱和韧带的损伤。困扰许多中年人的腰痛病，也可以通过增加腰部和背部肌肉的力量和柔韧性而得到缓解。

总之，肌肉力量的增加可以减少运动损伤，使骨质疏松症的发生率下降，缓解因年龄增加而引起的人体功能下降。

第二节　力量素质训练方法

一、最大力量训练

最大力量是指运动员以最大肌肉力量和意志收缩，对抗一种刚好还能克服的阻力时所发挥的最大力值。它的力值主要取决于肌肉的生理横截面和及时动员尽可能多的肌纤维参加用力的能力，以及最大意志紧张的能力。

最大力量的训练特点是，所有的或绝大多数的运动单位都参加运动。因此，发展最大力量必须频繁地采用最大或超最大刺激。发展最大力量的训练方法主要有重复法、强度法、静力性练习法、退让练习法等。

（一）重复法

重复法也叫持续不断地重复用力的方法。其负荷特征是以 75%~90%的强度进行练习，每组重复 3~6 次，每组间歇 3 分钟，负重量的大小应随肌肉力量的增加而逐渐加大。因为训练时增加试举重量和重复次数就是力量提高的标志。当运动员能重复更多次数时，便表明力量有了提高，即应增加负荷重量。重复法不仅能加强新陈代谢，活跃营养过程，引起工作肌群增长，迅速而有效地提高肌肉力量，而且能有效地发展运动员的爆发力，改进用力技术的协调性，加强支撑运动器官的机能。

（二）强度法

强度法也叫“最大限度的、短促的用力方法”。其特点是以大的、亚极限和极限重量（即 85%~100%的强度）进行优势工作，训练时逐渐达到用力极限，以后继续用对体力来说是强的、中上的和中等强度的负荷量，直到对这种刺激产生劣性或接近劣性反应时为止。

强度法保持了神经肌肉用力的高度集中与绝对肌力的发展，能使运动员在肌肉体积没有特殊增加的情况下，使相对力量得到显著提高。

（三）静力性练习法

静力性力量练习是肌肉在紧张用力时其长度不发生变化的力量练习，所以静力性练习又称为等长收缩。

静力性力量训练不仅对提高最大力量作用较大，还可以发展静力性力量和静力性耐力。生物学研究证实，静态力量是动态力量（包括快速力量）的基础。静力性练习正是发展静态力量的有效手段之一。

静力性练习之所以能有效地发展肌肉力量，是因为进行静力性练习时肌肉长度基本不变，肌肉收缩所产生的能量基本上表现为肌肉张力增大。由于完成最大紧张度的静力性练习时肌肉强直收缩，因而能培养和发展极大的张力。静力性练习的特点是工作时处于无氧条件下，这就导致能量储备迅速耗尽，从而迅速出现疲劳。

静力性力量训练一般采用较大重量的负荷以递增重量的方法进行练习。静力性练习除可用于发展最大肌肉力量外，主要用于加强某些薄弱肌肉群的力量，也可用于技术训练。静力性练习还特别适用于伤后恢复阶段的训练。

运动实践证明，静力性练习时肌肉活动的条件与动力性练习时迥然不同，因而两者所训练的力量不完全一样。由于各种运动项目的绝大多数动作均要求快反应、高速度、爆发式地完成及高度的灵活性和机动性，所以，过多地使用静力性练习法，会妨碍动作速度和协调性的发展。使用静力性练习法的目的只是为了克服某些肌群力量发展中的不足和适应某些静止用力动作的需要。

静力性力量练习时应注意以下几点：第一，静力性练习要与动力性练习相结合；第二，静力性练习应与技术动作相一致；第三，应注意呼吸，即在练习前做一次深吸气坚持数秒，然后慢慢呼出，也可以先吸半口气进行极限用力，然后在短促呼吸与短促憋气相交替中完成练习。

（四）退让练习法

退让练习法又叫离心收缩法。它与克制性训练方法正好相反，不是肌肉在拉长时收缩，而是在收缩的同时或收缩后被更大的外力拉长，肌肉的起止点被彼此分离。

负重力量训练一般都包含退让性用力。例如，抓举、挺举、推举、深蹲等许多动作重复多次的用力练习，特别是在退让性地慢放杠铃时，在某种程度上两臂屈肌、腹背伸肌、伸膝肌等都要进行退让性工作。

二、速度力量训练

（一）负重练习法

经常使用负重和专项动作相结合的形式来发展速度力量，提高动作速度。如负重条件下（沙袋、沙腿）的各类腿法的踢击练习、高抬腿练习、左右提膝练习、短距离冲刺练习等；借助橡皮筋弹性的各类腿法的踢击练习；利用杠铃进行的各种练习；等等。

在进行负重的速度力量训练中，如果负重过大，会影响完成动作的速度；反之，负重过小，又难以体现出速度力量。通常多采用运动员最大负重的40%左右与专项动作相结合，兼顾力量和程度两方面的共同发展。练习中应要求运动员尽全力保证以最快的速度来完成动作练习。

计时练习一般每组5~8秒，重复5~10组；计数练习一般每组重复10~15次，重复5~8组。练习组数多与少的确定，应以运动员完成动作练习的速度为准，动作完成的速度没有降低，可以相应增加练习组数，一旦练习速度下降，则应停止练习。

间歇时间应保证有充分的休息，但不宜过长，通常为2~3分钟。过长的间歇时间，易导致中枢神经系统的兴奋性下降，影响下一组练习及练习质量。

（二）徒手练习法

此方法主要是采用各种练习形式结合专项动作来克服自身体重的练习方法。如台阶跳、收腹跳、蛙跳、高抬腿、左右提膝、直腿收腹交换跳、连续双飞踢、左右快速横踢等。

一般性的徒手练习，通常采用计数进行练习，根据运动员的能力水平和训练的目的与任务，视情况每组安排15~20次，重复3~5组。结合专项动作而进行的连续快速的徒手练习，一般计时进行练习，视情况每组3~5秒或6~8秒（与比赛中的一次组合进攻的时间大致相当），练习组数根据运动员的实际情况重复5~8组不等。无论采用哪一种形式的练习，在练习中一定要促使运动员尽全力保证以最快的速度完成每组练习。

三、力量耐力的训练

力量耐力是既有力量又有耐力的综合性素质。它是在静力性或动力性工作中长时间保持肌肉紧张而又不降低工作效果的运动能力。运动员的力量耐力水平取决于多种因素，其中最主要的是保证工作肌耗氧和供氧的血液循环和呼吸系统的机能、无氧代谢的机能和工作肌有效地利用氧的能力，以及运动员克服自身疲劳的意志品质。

根据肌肉工作的方式，力量耐力可分为动力性力量耐力和静力性力量耐力。动力性力量耐力又可细分为最大力量耐力（重复发挥最大力量的能力）和快速力量耐力（重复发挥快速力量的能力）两种。无论是动力性力量耐力还是静力性力量耐力，均与最大力量有密切关系。不同运动员在完成同一负荷重量时的重复次数，主要取决于最大力量，最大力量大，则重复次数多，力量耐力好。

根据肌肉物质交换的关系，如要发展一般力量耐力，可采用持续间歇练习法、等动练习法、循环练习法。

（一）持续间歇练习法

持续间歇练习法的特点是负荷重量较小，每次应竭尽全力去达到极限，使肌肉长时间持续收缩工作到最大限度。力量耐力的增长主要表现在重复次数的增加上，每次练习要力争增加重复次数，当重复次数超过该项目特点的需要时，就应增加负荷重量。由于每个运动项目的特点不同，因此采用的负荷重量和次数应根据各项目的特点而定。

（二）等动练习法

等动练习法是利用一种专门器械（等动练习器）进行力量练习的方法。等动练习器的结构是在一个离心制动器上连一条尼龙绳，拉动尼龙绳时，由于离心制动作用，拉动绳的力量越大，器械产生的阻力也越大，器械所产生的阻力总是和用力大小相关。

等动练习主要用于发展力量耐力，如果改变负荷要求，亦可用于发展其他力量素质。等动练习可采用以下方法进行：将等动练习器固定在墙壁上、地板上或天花板上，运动员根据各自的专项特点，结合专项动作的方向和幅度，采用不同的负荷进行训练。慢速等动训练只增加做慢动作的力量耐力，快速等动训练能使快速和慢速动作力量耐力都得到提高。总之，进行快速等动训练提高的力量耐力比慢速等动训练提高力量耐力的效果好。

等动训练一般每周以 2~4 次为宜，每一种练习应保证做 2~4 组。若负荷较大时，每组做 8~15 次；若负荷较小时，每组做 15 次以上。等动训练时动作速度应尽可能和所从事的专项动作相一致。

（三）循环练习法

循环练习法是指根据训练的具体任务，建立若干练习站或点，运动员按照规定的顺序、路线、时间依次完成各站规定的练习内容和次数，周而复始地进行练习的方法。其特点是能轮流锻炼各个肌群，按先后顺序发展两臂、双肩、两腿、腹部、背部等部位肌群的力量耐力。

循环练习的内容组织需根据练习者的设想、训练目的而定，并且应该遵循“渐进负荷”或者“递增负荷”的原则安排训练，负荷强度必须针对个体具体情况而定。

根据国外资料报道，提高肌肉耐力一般采用以下两种不同的循环练习方式。

1. 高强度间歇循环练习

该方法运用时采用最大力量的 50%~80%负荷，重复 10~30 次，重复速度要快，休息时间应是用力时间的 2~3 倍。这种方法主要用于短距离快速运动项目（如短跑、短距离游泳、短跑道速滑）、摔跤、拳击及其他球类项目的肌肉耐力训练。

2. 低强度间歇循环练习

该方法采用较低负荷（最大力量的 30%~50%），重复次数增加至最高重复次数，完成动作的速度适中或较慢，休息时间比高强度的循环练习时间要短。这种方法主要用于发展周期性运动项目的肌肉耐力，如长跑、长距离游泳、越野滑雪、赛艇等。制订循环练习计划时，每组练习的时间短者可安排 6 种练习，时间适中者可安排 9 种练习，时间长者可安排 12 种练习，总持续时间为 10~30 分钟，循环重复练习 2~3 组，但具体的练习持续时间、重复次数及间歇时间，应该根据运动员的训练水平和准备发展的身体素质来确定。由于采用循环练习法练习时各“站”都是事先安排好的、固定的，所以可以组织与“站”同等数量的人同时参加练习，以提高练习者的兴趣，活跃练习的气氛。发展力量素质，除了须掌握必要的力量素质教学与训练的理论外，还应该掌握正确发展有关肌群力量的技术动作，并在实践中反复练习。只有这样，才能迅速促进力量素质的不断提高。

第三节　大学生力量类项目与专项训练

一、上肢专项力量训练

1. 手持哑铃

两臂侧平举、俯立侧平举、两臂交替向上举、前后摆臂大回转、正反握前臂屈伸、手腕屈伸。

2. 杠铃

双手持杠铃前平举，然后将杠铃举至头上；两手正握杠铃，斜上举，前臂在颈后做屈伸；两手体前反握杠铃，小臂屈伸。

3. 俯卧撑

双手手掌着地，两手间距略比肩宽，手指向前，两臂伸直，两脚并拢，身体呈直线，头要正，颈要直，目视两手间地面。动作开始后，屈臂、肘外展，身体平直下降，使肩部低于肘关节水平面，然后两臂同时撑起，还原成准备姿势。做俯卧撑时，应该做到下降时慢，撑起时要快。如果做不到一个完整的俯卧撑，也可以膝盖着地。

练习俯卧撑时的关键是身体始终要保持绷直，身体下落时，除双手手掌和两脚前掌支撑外，其他部位不可以接触地面。

4. 单杠引体向上

两手用宽握距正握（掌心向前）单杠，两脚离地，两臂自然下垂伸直。借助手臂及腰腹肌力量将身体往上拉起，当下颌超过单杠时下降还原成起始姿势，重复再做。在训练过程中可以弯曲膝关节，将两小腿向后交叉，使身体略微后倾，能更好地锻炼背部肌肉。注意身体上拉时吸气，还原时呼气，不可长时间憋气。

5. 双杠臂屈伸

站立于双杠前端，跳起，双手分别握住双杠两侧，两臂支撑在双杠上，头要正，挺胸、顶肩，躯干、上肢与双杠垂直，屈膝后小腿自然下垂或交叠于两脚的踝关节部位。肘关节慢慢弯曲，同时肩关节伸屈，身体自然下垂，肩低于肘时，两肘内合，用力撑起，还原成起始姿势。

6. 拉弹力带

将弹力带一端固定，另一端以持拍手握拍方式握住，以羽毛球各种击球技术相似的动作拉弹力带。

7. 挥网球拍

以羽毛球握拍方式握网球拍，做与羽毛球击球动作相似的练习，发展上肢击球力量。

二、下肢专项力量训练

（一）非负重练习

1. 半蹲跳

双脚开立，与肩同宽，上体稍前倾，手臂自然放置于身体两侧，下蹲，大腿与地面平行，然后迅速垂直向上跳起。在下蹲和跳起之间保持短时间间隔。

2. 正向、侧向跳台阶（30~40 厘米高）

面向或侧向台阶站立，双脚分开，略宽于肩，下肢呈半蹲姿势，迅速跳上台阶，连续跳十级台阶。在下蹲和跳起之间保持短时间间隔，运用前脚掌做缓冲。

3. 分腿跳

站立，双脚分开，略比肩宽，然后分腿，头部和背部保持垂直，下蹲至大腿与地面平行，然后迅速垂直跳起，在空中换脚，使得后脚落在前面，前脚落在后面。在下蹲和跳起之间保持短时间间隔。

4. 深蹲转髋跳

双脚并拢，屈膝深蹲，双脚蹬地迅速起跳并完成向右侧转髋，落地时两脚脚尖都转向右侧，然后蹲地起跳完成屈膝深蹲，下一次完成向左侧的转髋跳，左右转髋重复练习。

（二）杠铃负重

按照规定的动作，负荷一定重量的杠铃进行下肢力量练习。

1. 前脚掌蹬跳

两脚开立，同肩宽，两脚前脚掌触地，充分利用前脚掌的力量蹬跳，并保持一定频率。注意要用爆发力。

2. 单脚蹬台阶跳跃

选择一定高度的台阶，以单脚或双脚向上蹬跳。依靠腿部力量完成练习，上体直立。

3. 交叉弓箭步跳跃

两脚开立，同肩宽，做双腿前后交叉弓箭步跳练习。要利用小腿向前踢以保证弓箭步大步幅，身体重心要保持稳定。

4. 原地左右蹬跨弓箭步

两脚开立，同肩宽，以髋带动向左或向右转动，向左转时，左脚后跟部位和右脚尖触地；向右转时，右脚后跟部位和左脚尖触地。

5. 双腿深蹲起立

上体正直或者稍前倾。双腿屈膝下蹲，使大腿或小腿间的夹角约为 90°，在整个过程中膝盖不要超过前脚尖，然后用力伸直双腿，成双腿站立姿势。

三、躯干专项力量训练

（一）掷实心球

1. 转身侧后抛实心球

背对站立在距离墙面 1~2 米的地方，手持实心球置于体侧，上身用腰腹爆发力将实心球向背后的墙面抛出，实心球弹回后迅速接住并回归初始动作。重复动作。

2. 后抛实心球

微微屈膝，双臂伸直，持实心球于体前，用腰腹爆发力从头上向后将实心球抛出，注意训练者身后不要站人。

3. 实心球下抛

双手持实心球于头顶上方，垂直向下抛出实心球，实心球落地后弹起迅速接住。重复动作。

4. 左右转体

两人一组，相互间隔 1 米左右，背对背站立。两人持实心球做反方向，即一人向左、一人向右的转体传接球练习。要求转体时双脚不动，仅以上体快速左右转动完成，速度越快越好。

（二）发展腰部肌肉练习

负荷沙袋做踢腿练习，以发展腰肌力量。

1. 左右腿正踢

侧立，一手扶同侧的支撑物，一腿全力向上踢起。左右腿交替进行，双腿均应绷直。踢腿时要用快速爆发力，另一支撑腿要配合踢腿提踵。

2. 左右腿侧踢

直立，手扶面前的支撑物，一腿全力向侧踢起，左右腿交替进行。向侧上踢的同时，髋部要配合做侧转，另一支撑腿配合侧踢腿做提踵动作。两腿都要伸直。

3. 左右腿后踢

直立，手扶面前的支撑物，一腿全力向后上方踢起，左右腿交替进行。向后踢的同时，上体做后仰动作。两腿都要绷直。

4. 腰部前俯后仰

侧对肋木，两腿与肩同宽，靠肋木站立，非持拍手扶住肋木，做前俯后仰练习。后仰时，持拍手尽量去摸足跟。前俯时，持拍手由后仰动作配合击球动作向前上方用力挥动，带动腰部以类似后场击球做大弧度的收腹动作，加强腰背部位的韧性。

（三）仰卧起坐

身体仰卧于地垫上，屈膝成 90°左右，脚平放在地上（由同伴用手按着脚踝），双手手指交叉抱于脑后。然后上体前屈，使躯干与腿部夹角小于 90°，为完成一次动作。如此循环往复地进行训练。

做仰卧起坐时应配合以合理的呼吸。为了提高动作的质量，向后仰卧的过程中开始吸气，肩背部触垫的瞬间屏气收腹。当上体逐渐抬起至腹部有胀感时，快速呼气，向前引体低头，完成动作。

第四章

速度训练与运动能力

第一节　速度素质概述

一、速度素质的概念

速度素质是人体或人体某部位快速运动的能力，也就是人体或人体某部位快速做出运动反应、快速移动及快速完成动作的能力，它直接决定了许多田径项目的成绩。

二、速度素质的分类

按照速度素质不同的表现形式，可以分为反应速度、动作速度和移动速度。

（一）反应速度

反应速度是指人体对各种信号刺激（声、光、触等）快速应答的能力。不同类型的运动项目，对不同信号的反应时是不同的。在训练过程中应根据不同项目的特点测定训练人员对特定信号的反应时。例如，短跑、游泳等周期性竞速项目运动员主要通过接收听觉信号做出反应，而乒乓球运动员则主要通过接收视觉信号做出技、战术反应。

反应速度主要取决于人的感受器（视觉、听觉）和其他分析器的特征及中枢神经系统与神经肌肉之间的协调关系。反应速度素质受遗传效应影响较大。

（二）动作速度

动作速度是指人体或人体某部分快速完成动作的能力。动作速度是技术动作不可缺少的要素，表现为人体完成某一技术动作时的挥摆速度、击打速度、蹬伸速度、踢踹速度等，此外，还包含在单位时间内连续完成单个动作时重复的次数，即通常所说的动作频率。

运动员机体任何部位动作速度的快慢，主要取决于中枢神经系统的功能、引起该部位运动的肌肉力量大小及技术动作的合理性。

（三）移动速度

移动速度是指人体在特定方向上运动的速度，以单位时间内机体移动的距离为评定指标。从运动学上讲，移动速度是距离（s）与通过该距离所用的时间（t）之比。在体育运动中，常常以人体通过固定距离所用的时间来表示，如男子 100 米跑用时 10 秒，100 米自由泳用时 50 秒，等等。

影响移动速度的主要因素是步长和步频，即单位时间内完成的动作周期数和每一个动作周期在特定运动方向上的位移幅度。增加步长，加快步频，以及合理组合步长和步频，可提高移动速度。

三、发展速度素质的原则

根据速度素质的生理机制和生物化学的变化来看，在发展速度素质时除了应遵循运动训练的基本原则外，还应做到以下几点。

（一）合理安排运动强度

进行速度练习时，肌肉的活动往往达到最大强度，使整个机体处在极为紧张、高度兴奋的状态中，容易使大脑皮质细胞很快疲劳，工作能力下降。因此，在练习时，高强度的练习不能重复过多。

（二）合理安排运动顺序

由于动作的速度取决于中枢神经系统的协调性、灵活性及动作的力量和速度耐力等因素，因此，发展速度应与发展其他素质相配合，但应合理安排运动顺序，使素质间能互相促进和良性转移。如速度练习中，常使用发展力量的手段来促进速度的提高，但力量素质要求肌肉收缩用力大，尤其是静力性力量练习，由于动作缓慢，会降低神经过程和肌肉活动的灵活性。而速度素质要求神经过程的灵活性高，兴奋与抑制转换迅速，肌肉收缩轻松协调。因此，速度练习应放在力量练习之前进行，力量练习也应以动力性练习为主。在力量练习过程中，应交替安排一些轻松、快速的跑跳练习或一些协调性和柔韧性练习，这对发展速度素质非常有利。

（三）合理安排运动时间

进行速度练习时，应严格掌握练习的持续时间（不应超过 20~30 秒）、间隙时间和休息方式。另外，速度练习应在体力充沛的情况下进行，以利于形成快速动作的条件反射，并防止出现伤害事故。

（四）通过发展力量和柔韧等素质，促进速度素质的提高

力量（特别是快速力量）和柔韧性是影响速度素质的重要因素。所以在发展速度素质中，首先，要发展快速力量。如采用 40%~60%的强度进行多次重复快速负重练习，可使肌肉横断面和肌肉力量增大，并提高肌肉活动的灵活性；如采用 75%以上的大强度练习，可使肌肉在用力时，能最大限度地动员更多的肌纤维同时进行收缩，提高肌肉的收缩功效。其次，柔韧性的提高，可以增加力的作用范围和时间，并能使主动肌、对抗肌和协同肌之间的协调性得到改善，从而减少肌肉阻力和增大肌肉合力，使运动速度得到提高。

四、发展速度素质的重要意义

运动员的竞技运动成绩由很多因素决定，其中速度素质是一个非常重要的不可忽视的关键因素。在一些体育项目的比赛中，运动员的速度素质直接制约比赛的成绩，如短跑、短距离游泳、短距离自行车、滑雪、滑冰、划船等本身就是关于速度的竞技项目，比的就是运动员的快速运动能力，速度是决定这些项目比赛胜负的直接因素。

有些项目表面来看虽然不是关于速度的竞技，但运动成绩依然会直接受到运动员速度素质发展的影响。

第二节 速度素质训练方法

一、重复法

短时重复法用于发展速度素质和改进技术；中时重复法用于发展速度耐力。短时重复法的特点是负荷时间较短，为 2～30 秒，负荷强度最大，为 90%～100%强度，间歇较充分，心率恢复至 120 次/分进行下一次练习，发展三磷酸腺苷-磷酸肌酸（ATP-CP）供能能力；中时重复法的负荷时间较长，为 30～120 秒，负荷强度次大，为 85%～90%，间歇较充分，主要发展糖酵解供能能力。速度和速度耐力由无氧代谢供能，即非乳酸供能和乳酸供能。

二、间歇法

采用高强度间歇训练法发展糖酵解供能能力，发展 ATP-CP 和糖酵解混合供能能力；采用强化性间歇训练主要发展无氧-有氧混合供能能力。400 米跑成绩达 43 秒左右，是 ATP-CP 和糖酵解混合供能。发展 400 米跑运动员的速度耐力可采用高强度间歇训练法；800 米跑成绩达 1 分 32 秒，是无氧-有氧混合供能，采用强化性间歇训练法发展 800 米跑运动员的专项速度耐力。

三、比赛法

采用教学性比赛、检查性比赛、模拟性比赛及适应性比赛的方法发展专项速度和速度耐力，可以收到比训练更大的效果。研究表明，测验性比赛比平时训练时机能水平发挥的程度要高 10%～15%，正式比赛比平时训练时机能水平要高 15%～20%。显然，比赛是最能充分动员机体机能储备，调动神经中枢的兴奋性，从而表现出最好运动成绩的训练手段。运动员可以参加短于专项距离项目的比赛，以提高专项速度能力。

四、变换法

由于发展速度和速度耐力经常采用重复法和间歇法，运动员对神经兴奋与抑制转换节律易产生消极适应，甚至形成“速度障碍”，因而采用变换训练法，可以减轻或消除这种消极影响。

第三节 大学生速度类项目与专项训练

一、基础速度素质训练

（一）反应速度训练

（1）听口令转身起跑。背向起跑线，采用蹲踞式、坐式或站式等起跑姿势，当听到口令后立即转身起动向前冲刺跑。

（2）听信号起动加速跑。在慢跑中听到信号后突然起动加速跑 10～15 米，重复 8～10 次。

（3）小步跑、高抬腿跑，听信号后加速跑。原地小步跑、高抬腿跑，听到信号后突然加速跑 15～20 米，重复进行。

（二）动作速度训练

1. 快速跑跳台阶

（1）1 级台阶快速小密步上下往返跑。选择有一定长度的台阶，以最快小密步频率，从台阶底层一步一级地跑到顶层，然后迅速转身，再以同样的频率和方法跑回底层，如此往返，反复进行。发展腿部力量和动作速度，要以前脚掌和踝关节发力，抬腿的高度以刚刚越过台阶高度为宜，以免影响动作的速度。

（2）2~3 级台阶交叉蹬跨步跑。选择有一定长度的台阶，以最大的步幅，由下往上冲跑，每步跨越 2~3 个台阶。前腿充分抬高，后腿充分后蹬，要有一定的弹性和节奏。这种训练可发展腿部力量。

（3）1 级台阶单脚快速跳。选择有一定长度的台阶，以单足快速地由台阶底层一步一级地跳到顶层，然后跑回底层，再换另一只脚跳，如此反复进行。动作频率要快。

2. 下坡冲跑

选择平坦、有一定下坡坡度快速跑 40~100 米，要求加大步幅，加快步频。

3. 快速超越障碍物

以规定的动作方式，快速迂回绕过 60 米距离中放置的障碍物，或以快速跨越动作越过有一定高度的障碍物。

（三）移动速度训练

1. 原地摆臂

两脚前后开立，大小臂夹角约 90°，根据口号或击掌声，做有节奏的前后摆臂 20 秒。要求节奏快，动作有力。也可以做摆臂接加速跑练习。

2. 不同距离的直线冲跑

（1）10 米冲刺跑。训练从静止到迅速加速的能力。

（2）30 米加速跑。训练起动后速度持续加快的能力。

（3）60 米途中跑。训练以能达到的最快速度保持一定距离的能力。

（4）100 米冲刺跑。训练途中跑获得的速度不仅不下降，而且还要尽可能地有所加快的能力。

（5）200 米、400 米中距离跑。此项练习是提高速度耐力的有效手段。

3. 往返冲跑

（1）来回跑。采用 5 米、8 米、10 米或 15 米不等的距离进行数次来回冲跑的练习。要求接近终点时不降低速度，保持最快的速度立即转身折返跑。注意：为了保持速度不减低，冲跑的距离不宜过长，往返次数也不宜过多。

（2）10 米前、后冲跑。从起点快速跑至终点，再由终点快速后退跑至起点，如此反复练习。

4. 变速跑

采用加速跑—最大速度跑—慢速放松跑—加速跑—逐渐慢跑的练习方法，控制跑速。

5. 接力跑

把学生分成若干组，各组人数相等。听到口令后各组的第一人开始向终点冲跑，跑至终点迅速绕过标志物往回跑。跑回起跑线时迅速拍击下一位同伴，同伴以同样的方式开始冲跑，以此方法持续练习，以最先跑完一轮的小组为胜。

二、专项速度素质训练

（一）专项视听反应速度训练

（1）场地步法。听或看手势进行快速全场移动步法练习，以及前场、中场和后场各种分解和连贯步法练习。

（2）看手势进行各种向前后左右的并步、垫步步法练习，以提高选手的反应速度。

（3）击球挥拍。听教练员喊 1、2、3、4 数字口令，选手按照预先约定姿势做击球挥拍动作练习。

（4）起动步法。听或看信号做起动步法练习，提高判断反应速度。

（二）专项动作速度训练

1. 多球

（1）快速挥臂拍击沙袋。原地或跳起快速挥臂拍击高悬沙袋，连续做 30 次，重复 3~5 组。

（2）转身起跳击球。吊球距地面 3 米左右，原地起跳用手击吊球后在空中转体 180°落地，接着转身起跳击球，连续做 5~10 次，重复 3~5 组。

（3）快速挥臂击球。原地或跳起挥臂击高吊的排球，连续击打，动作速度要快，有鞭打动作，连续做 20~30 次，重复 2~4 组。

2. 快速跳绳

（1）单足快速变速跳。采用 1 分钟快、1 分钟慢的小密频步、高抬腿、前后大小交叉步等专项步法动作，做快速变速跳绳练习。

（2）1 分钟快速双摇跳。1 分钟内以最快速度完成双足摇跳，要求突出速度，以次数多者为佳。

3. 跨越障碍物

将障碍物摆放成各种形状，练习者以各种跑跳姿势快速穿越或跳越这些障碍物。

（1）牵引跑。在牵引机的牵引下按照一定的速度跑 20~60 米，重复 2~3 组，做 2~3 次，组间歇 5~7 分钟。

（2）各种方式的跨栏跑。改变栏高、栏间距、栏间跑的步数和节奏、栏架的数量等。

（3）摸乒乓球台角移动。听信号后 30 秒左右移动摸乒乓球台两角，重复 2~3 次。

（4）变向带球跑。6 人站成一排，间隔 5 米，每人一球，根据教练的手势做前后、左右的带球、变向、急停、转身带球跑，重复 2~3 次。

（5）各种球类的移动速度练习。根据各种球类项目移动速度的特点，设计具有项目技术、战术特点的移动速度练习手段，如足球的进攻和防守的移动速度，乒乓球、羽毛球、网球运动员的脚步移动速度。

第五章 耐力训练与运动能力

第一节　耐力素质概述

一、耐力素质的概念

耐力素质是指机体坚持长时间工作或运动中克服疲劳的能力。耐力包括肌肉耐力和心血管耐力。耐力的提高不仅取决于人的发育成熟程度，也与负荷要求有关。它是反映人体健康水平或体质强弱的一个重要标志。耐力素质的好坏主要表现为机体能抑制疲劳何时出现。疲劳是一种生理现象，机体经过长时间的活动，必然要产生疲劳，使其工作能力下降，限制了运动的时间及水平的发挥，这是机体的一种自我保护。但是，疲劳又是提高机体工作能力所必需的，它是机体机能恢复与提高的刺激物，没有疲劳的刺激，机体的基本机能就不能得到提高。

在体育运动中，更值得重视的是体力上的疲劳。当疲劳出现时，运动速度、力量、神经肌肉的协调配合能力就会下降，从而导致灵活性和动作准确性降低，妨碍技术水平的正常发挥，甚至会造成动作失败，影响运动成绩。因此，提高运动员克服疲劳的能力，在实践中非常重要。

二、耐力素质的分类

（一）根据运动持续时间分类

根据运动持续时间的长短可分为短时间耐力、中等时间耐力和长时间耐力。短时间耐力主要指运动持续时间为 45 秒~2 分钟时（如 400 米跑、800 米跑）所要求的耐力。运动中的能量供应主要通过无氧过程供能，氧债很高。400 米跑中能量的 80%由无氧系统提供，800 米跑中能量的 60%~75%由无氧系统提供。中等时间耐力主要指运动持续时间为 2~8 分钟时所要求的耐力。其强度小于短时间耐力项目，大于长时间运动项目，供氧不能全部满足需要，会出现氧债。例如，3 000 米跑中无氧提供 20%的能量，1 500 米跑中能量的 50%由无氧提供。通过有氧和无氧的混合过程提供运动所需要的能量。长时间耐力是指运动持续时间在 8 分钟以上时所要求的耐力。在整个运动过程中，人体心血管系统和呼吸系统高度动员，心率、心输出量、肺通气量都达到相当的程度，来保证运动的有氧过程。

（二）根据与专项的关系分类

根据与专项的关系可分为一般耐力和专项耐力。一般耐力是指运动员机体各器官系统长时间协调工作的能力，并包括以下特征：工作持续时间长，不间断，大肌肉群参与工作，运动强度相对不大，心血管系统成的功能与活动形式与持续时间相适应。专项耐力是指运动员为了提高专项成绩，最大限度地动员机体能力，长时间地承受专项负荷，并保持工作的能力。专项耐力的主要特征是突出体现专项特点，满足专项运动的需求，如短跑项目需要保持较长时间快速跑的专项耐力，举重和体操项目需要保持较长时间发挥力量能力的专项耐力。一般耐力和专项耐力之间存在着密切的相互关系，由于一般耐力是在多肌肉群、多系统（中枢神经系统、心肺系统）、长时间工作的条件下形成的，这就已经为专项耐力的发展创造了良好的条件。无论专项特点如何，良好的一般耐力水平都有助于运动员在专项耐力的发展中获得成功。所以，也常把一般耐力看成是专项耐力发展的基础。

（三）根据器官系统的机能分类

根据器官系统的机能可分为心血管耐力和肌肉耐力。心血管耐力又可分为有氧耐力、无氧耐力、乳酸无氧耐力、非乳酸无氧耐力、有氧无氧混合耐力、缺氧耐力。肌肉耐力可分为局部耐力、全身耐力。心血管耐力是循环系统保证机体长时间肌肉活动时营养和氧的供应及运走代谢废物的能力。心血管耐力是影响耐力素质最重要的内在因素。肌肉耐力和力量水平的发展关系极为密切，发展肌肉的最大力量能有效地促进肌肉耐力水平的提高。

（四）根据肌肉的工作方式分类

根据肌肉的工作方式可分为静力性耐力和动力性耐力。静力性耐力是指机体在较长时间的静力性肌肉工作中克服疲劳的能力，如射击、射箭、举重的支撑、吊环的十字支撑等过程中表现出的耐力水平。动力性耐力是指机体在较长时间的动力性肌肉工作中克服疲劳的能力。

三、发展耐力素质的原则

耐力训练时要充分考虑各方面的影响因素，确定具体的训练方法，在训练过程中，要遵循针对性原则、超量负荷原则、特殊性原则及渐进性原则。

（一）针对性原则

针对性原则是指训练的适应性，在制订训练计划中，要根据训练项目专项的特点，制定具有针对性的训练内容，并进行大强度的刺激性训练，从而提高专项能力。例如，要提高有氧耐力运动成绩，在制订训练计划时，就要根据呼吸系统、循环系统及骨骼肌系统的功能，进行具有针对性的训练，提高有氧耐力水平。

（二）超量负荷原则

超量负荷原则是指在训练过程中身体生理系统超过已有水平的刺激后发生的训练适应。在训练中，只有不断地进行超量刺激，生理系统才能产生适应训练。一旦适应发生后，现有的刺激已不再是超量负荷，需要有更强的负荷刺激，才能引起新一轮的适应。超量负荷可以通过改变训练的频率、练习持续时间、练习强度等来实现。

（三）特殊性原则

特殊性原则是指训练效果与参与运动的组织器官的形态、技能变化之间的对应性。例如，以长时间慢跑作为主要运动方式的人，由于大量的有氧运动会弱化肌肉，他的肌肉力量就很难提高；同样地，只进行肌肉耐力训练的人，他的心肺耐力水平也不会有较大的提高。另外，同一种耐力训练方式不一定适合不同项目的训练。例如，一个经常进行长跑锻炼并达到较高水平的人，不一定适应篮球运动等。

（四）渐进性原则

在进行耐力训练时，要逐步地增加训练量，使身体有一个适应的过程。人体内脏器官系统功能活动有一定的惰性，要针对训练人员的身体情况和目标，逐渐提高运动负荷和运动量。如果突然加大训练强度、延长训练时间，身体不能完全适应，造成身体机能失调，使身体受到伤害。

四、发展耐力素质的意义

作为人体的基本身体素质之一，耐力素质在超长跑、中长跑、长距离游泳、自行车、滑冰、滑雪、划船等周期性运动项目中的意义是非常重大的。除此之外，耐力素质对摔跤、柔道等非周期性项目也有重要意义。具体可以从以下几个方面得到体现。

第一，耐力训练能够有效提高呼吸系统、血液循环系统的功能，从而使抗疲劳的能力得到提高。一般来说，抗疲劳能力越强，保持持久的高水平运动的能力就越强，就越有助于创造优异成绩。

第二，耐力训练能够有效地发展和提高呼吸系统及心血管系统的机能，血氧供应充分，会使机体能量物质的储备增多，从而使生理、生化功能提高，这对于训练后快速消除疲劳起到积极的促进作用。机体快速恢复可以缩短训练间歇，增加重复次数，这对于完成大强度、大运动量的训练是有利的。

第三，合理的耐力训练能够提升抗疲劳及疲劳后快速恢复的能力，使大脑皮层中兴奋与抑制过程有节奏的交替能力很快得到恢复与提高，再加上充足的能量物质的供应，这都为其他素质的发展奠定了良好的物质基础。

第四，耐力训练能够有效培养坚毅、顽强、勇于克服困难的意志品质。这对心理素质的培养及技术、战术的发挥很重要。如果没有良好的耐力素质，无论是在体力上、心理上，还是在技术、战术的发挥上，都很难与当今剧烈比赛的需要相适应。因此，对耐力素质训练的认识应提高到一个新的高度。

第二节　耐力素质训练方法

一、持续练习法

持续练习法是指在相对较长的时间里（不少于 30 分钟），以较为恒定的强度持续地进行练习的方法。持续练习法具有持续刺激机体的作用，有利于改善大脑皮层神经过程的均衡性，提高心血管系统和呼吸系统的功能，能较经济地利用体内储备的能量，有利于发展有氧和一般耐力。

由于持续时间较长，又没有明显的间歇，因此，持续练习法总的练习负荷量是较大的。但是，练习时的强度较小，而且比较恒定，变化不大，一般在 60%的强度上下波动。需要注意的是，持续练习时，内部负荷心率一般控制在 140～160 次/分为宜，优秀运动员可达160~170次/分。一般地，练习强度大，时间可缩短；练习强度小，则适当延长练习时间。

二、重复练习法

重复练习法是指不改变动作结构和外部负荷，在相对固定的条件下，按照既定间歇要求，在机体完全恢复的情况下反复进行练习的方法。重复练习法能使能量物质的代谢活动得到加强，并产生超量和积累，既有利于发展有氧能力，又有利于发展无氧能力。

重复练习每次的负荷量与强度也会因具体任务、目的的不同而有所变化。由于每次练习前均需恢复到原来开始练习前的水平，即心率在100~120次/分，因此，每次练习可以保证强度在中等偏大或极限强度（90%~100%）范围内，这样往往就能够达到有效提升耐力水平的效果。具体来说，长时间的重复练习，若强度稍大于持续练习法，对有氧耐力的提高是有利的；若强度在90%以上，则对无氧耐力的发展有利。

三、间歇练习法

间歇练习法是指在一次（或一组）练习之后，按照严格规定的间歇负荷和积极性间歇方式，在机体未完成恢复的情况下从事下一次（或一组）练习的方法。间歇练习法与重复练习法较相似，主要区别在于间歇上的要求不同。具体来说，就是间歇练习法是以未完全恢复的间歇负荷和积极性的间歇方式进行的。练习时，通常心率保持在170~180次/分，负荷强度为70%~80%，这对于心肺功能和无氧代谢能力的提高是有利的。

间歇练习法的持续时间与练习强度之间形成一种对应关系，强度大、时间少；强度小、时间稍长。以此为依据，可以将间歇练习法分为两种形式，即低强度间歇练习法和高强度间歇练习法。

四、变换练习法

变换练习法是指在变化各种因素的条件下反复进行练习的方法。由于耐力练习比较枯燥，采用变换练习法可以在一定程度上提高运动员的练习兴趣和积极性，从而提高练习的效果。

变换练习法中可变换的因素一般有练习的形式、练习的时间、练习的次数、练习的条件、间歇的时间、方式与负荷等。只要改变其中一个因素，就会由于这一因素的变化对运动员机体产生负荷刺激的变化。因而变换练习法的核心是变换运动负荷。

五、游戏法和比赛练习法

游戏法和比赛练习法是指运用比赛或游戏进行练习的方法，这种方法能较快地提高运动员练习的兴趣和积极性，并在练习中充分发挥主动精神，使机体能够承受大强度的负荷，有利于提高有氧耐力和无氧耐力。游戏法和比赛练习法是两种有紧密联系的练习方法，比赛练习法是从游戏法发展而来的，但其练习强度大于游戏法的练习强度。

第三节 大学生有氧耐力类项目与专项训练

一、肌肉耐力训练

1. 1分钟立卧撑

由直立姿势开始，下蹲，两手撑地，伸直腿成俯撑，然后收腿成蹲撑，再还原成直立。每次做1分钟，做4~6组，间歇5分钟，练习强度为最大练习强度的50%~55%。要求动作规范，必须站起来才算完成一次练习。也可以穿上沙背心做该练习。或做立卧撑接蹲跳起，则强度稍大，做30次为一组，组间歇10分钟。

2. 连续半蹲跑

成半蹲姿势（大小腿成100°角左右），向前跑50~70米，重复5~7次，组间歇3~5分钟，练习强度为最大练习强度的60%~65%，不规定速度，走回来时尽量放松，在进行下次练习前，可做15秒贴墙手倒立。

3. 连续跑

在高20厘米的楼梯或高50厘米的看台上，连续跑30~50步，如跑20厘米高的楼梯，每步跑2级。重复6次，每次间歇5分钟，练习强度为最大练习强度的55%~65%。要求动作不能间断，但不能规定时间，向下走时尽量放松，心率恢复到100次/分钟时可开始下一次练习，也可穿沙背心做该练习。

4. 原地间歇高抬腿跑

原地或前支撑做高抬腿跑练习。每组100~150次，做6~8组，组间歇2~4分钟，练习强度为最大练习强度的55%~60%，要求动作规范，不要求时间，但动作要不间断地完成，也可负重做练习，但每组练习次数及组数可适当减少。

5. 长距离多级跳

在跑道上做多级跳，每组跳80~100米，每组3~4次，做3~5组，组间歇5分钟，练习强度为最大练习强度的60%~70%，如果规定完成时间，强度会大大提高，注意组间的恢复情况。

6. 半蹲连续跳

在草地上做连续向前双脚跳，落地成半蹲（膝关节90度~100度），落地后迅速进行第二次。每组20~30次（也可50~60米），做3~5组，组间歇5分钟，练习强度为最大练习强度的55%~60%。

7. 连续深蹲跳

原地分腿站立，连续做原地深蹲跳起或在草地上向前深蹲跳。要求落地即起。每组20~30次或30~40米，做3~5组，组间歇5~7分钟，练习强度为最大练习强度的55%~65%。

8. 双摇跳绳

原地做正摇跳绳，跳一次摇两圈绳，连续进行。每组跳30~40次，做4~6组，组间歇5分钟，练习强度为最大练习强度的55%~60%。该练习必须熟练掌握二摇一跳的技巧；心率必须恢复到120次/分钟以下时，方可进行下一组练习。

9. 连续纵跳摸高

在摸高器或篮球架下站立，连续纵跳双手摸高。每组 30 次，做 4~6 组，组间歇 2 分钟，练习强度为最大练习强度的 40%~60%。

10. 连续跳起投篮

在篮下持球站立，听口令后跳起投篮，接球后再投。每组 20~30 次，做 4~6 组，组间歇 2 分钟，练习强度为最大练习强度的 40%~55%。可以规定时间及必须投进篮的次数。

二、有氧耐力训练

1. 定时定距跑

在田径场定时跑完固定距离。例如，要求在 12~25 分钟内跑完 2 000 米或 3 000 米。

2. 匀速持续跑

在田径场匀速完成 1 000 米或 2 000 米跑，训练强度不大，心率控制在150~170 次/分。

3. 定时变速跑

快跑段与慢跑段的距离根据大学生个体训练水平而定，练习持续时间在 30 分钟左右。用心率控制训练负荷。快跑段心率控制在 170~185 次/分，慢跑段心率控制在 130~150 次/分，间歇时心率恢复到 120 次/分以下时，再开始下一组练习。

4. 间歇跑

选择相等距离或不相等距离，并严格控制间歇时间、间歇方式、跑的强度和重复次数；心率控制在 170~180 次/分之间，当在心率恢复至 120~140 次/分之间再进行下一组练习。

跑距相等与速度相同的间歇跑可采用 800 米间歇跑×3 组或 1 200 米间歇跑×2 组形式。

跑距不等而速度相同的间歇跑可采用距离逐渐加长式（800 米+1 200 米+2 400 米）或距离逐渐缩短式（1 200 米+800 米+600 米），以及两头长中间短式（1 200 米+800 米+1 200 米）形式。

5. 徒手快走或负重行走

徒手快走每组 800~1 000 米，负重行走每组 400 米或 800 米，做 3~5 组，组间歇 3 分钟左右。练习强度为最大练习强度的 45%~60%，心率控制在 160 次/分以下。

6. 连续跑台阶

在每阶高 20 厘米的楼梯或高 50 厘米的看台上，连续跑或跳 10~20 步，每步 1~2 级，重复 3~4 次，组间歇 5 分钟。练习强度为最大练习强度的 60%~70%，要求动作连贯并注意安全。

7. 法特莱克游戏

在山坡、健身步道等地形条件下，自行掌握距离不等的快步走、匀速跑、加速跑、慢跑等交替进行的连续练习。

第六章

运动处方

运动处方是20世纪50年代由美国生理学家卡波维奇首先提出，20世纪60年代由日本学者率先使用，而在国际上最终得到确认并获得广泛认同，则是在1969年WHO（世界卫生组织）正式采用了“Exercise Prescription”（运动处方）这一术语之后。运动处方对科学健身运动的指导作用也从此日益受到人们的推崇和认可。

第一节　运动处方概述

一、运动处方的概念

运动处方类似于医生给病人开的药物处方，它是由医师或体育工作者为参与康复锻炼的病人或参与体育运动的锻炼者，在体力、耐力测试的基础上，按其年龄、性别、心肺功能、运动器官功能、健康状况的不同情况，结合运动经历和爱好、生活环境等特点，用处方的形式规定出适当的运动内容、运动量、运动时间、运动注意事项的一种“方子”。简而言之，运动处方就是针对个人的具体情况而量身定制的一套科学量化的运动锻炼计划。

二、运动处方的分类

随着运动处方被越来越多的人所推崇、所运用，运动处方的分类也随之不断完善和细化。目前，根据锻炼目的不同，常用的运动处方主要有以下几类。

（一）健身运动处方

健身运动处方的对象主要是全民健身运动的参加者，其目的在于指导人们采取适宜的体育活动，进行科学的健身锻炼，从而进一步提高心肺功能、提高健康水平、保持活力、延缓衰老等。

（二）预防、保健运动处方

预防、保健运动处方的对象主要是体力活动缺乏、处于亚健康状态的体弱者，目的在于通过健身运动，使运动参与者的体质增强、身体机能水平提高，以预防某些慢性疾病的发生。

（三）康复运动处方

康复运动处方的对象主要是经过临床治疗已基本达到痊愈，但仍遗留不同程度的身体机能或功能障碍的疾病患者。该类运动处方的目的，是通过运动疗法帮助患者尽快消除功能障碍，提高生活和工作能力，早日回归自然，回归社会。

三、运动处方的基本内容

运动处方包括以下基本内容：锻炼目的、运动种类、运动强度、运动持续时间、运动频率及注意事项等。

（一）锻炼目的

锻炼目的应建立在运动需要的基础之上，与每个人的运动实际需要相吻合。同时，运动者的年龄、性别、身体健康情况、兴趣爱好、生活环境等也是确定锻炼目的的重要依据。例如，健康者以强身健体、激发活力、休闲娱乐等为主要运动目的，体弱者以提高体质健康水平、预防慢性疾病等为主要运动目的，疾病患者以促进疾病好转、康复机体为主要运动目的，运动员以掌握运动技能、提高竞技水平、挑战自我等为主要运动目的。此外，促进生长发育、延缓衰老、丰富文化娱乐生活、调节情绪、提高生活质量等也都可以作为各类人群参与运动锻炼的主要目的。

（二）运动种类

在运动处方中，为锻炼者介绍理想的运动种类、提供适宜的运动项目，是使锻炼者达到运动锻炼目的的重要环节。然而，如何提供最合适的运动项目，如何选择和确定最佳运动项目，则需要根据运动锻炼的目的而定。例如，以提高心肺功能、改善代谢功能、预防现代疾病等为目的者，宜选择有氧运动项目；以调节情绪、休闲娱乐、消除疲劳等为目的者，宜选择放松伸展、柔韧性运动；有针对性地对某些疾病进行治疗，宜选择与疾病相关的医疗体操及有利于增强体质的中、低强度的有氧健身运动。从全面锻炼身体、增强体质、增进健康的角度出发，现代运动处方较为推崇的运动种类包括以下三种。

1. 有氧运动

这类运动主要有步行（散步、慢走、健身步行、医疗步行）、慢跑（健身跑、快慢跑交替）、游泳、跨自行车、跳绳、上下楼梯、活动跑台、跳健身操、跳健美操、跳交谊舞、跳踏板操及参与各种游戏类竞赛运动等，可有效地改善和提高机体有氧代谢能力，适合于强身健体、延缓衰老、保健预防等。

2. 伸展运动

这类运动主要有广播体操、韵律操、医疗体操、矫正体操、养生气功、太极拳、五禽戏、八段锦等。其节奏缓慢平稳，动作舒展柔韧，可有效地调整呼吸、安神养性，适合于治疗疾病、保健康复、消除疲劳等。

3. 抗阻运动

这类运动主要是借助于一些运动器械（如哑铃、杠铃、弹簧、橡皮筋及健身器械等），进行身体各部位肌肉的力量或健美训练。抗阻运动是增强体质的一个重要组成部分，运用得当，将有利于身体素质和健康水平的提高。

运动处方中，在上述三种运动中选择具体的运动项目，需根据锻炼者的运动目的和每个人的身体情况及其可行性有所侧重，且各类项目比例应适当。

（三）运动强度

运动强度是指完成练习所用力量的大小和机体的紧张程度，包括动作的速度、练习的密度、练习间歇时间的长短、负荷、投掷的距离、跳跃的高度和远度等。运动强度是运动处方的核心及运动处方定量化和科学化的关键所在。运动时掌握好运动强度是执行运动处方的主要任务之一。

运动强度的评价方法很多，最普遍采用的是心率法、主观运动强度法、运动时吸氧量占最大吸氧量的百分比法，以及最近比较流行的“梅脱法”（即运动时代谢率为安静时代谢率的倍数）。

（1）心率法。心率是评定运动强度最方便实用的生理指标。运动时靶心率标准的确定与年龄有关。一般人群适宜运动心率＝180－年龄，体弱者的适宜运动心率＝170－年龄；或适宜运动心率＝（220－年龄）×60%～(220－年龄）×85%。

（2）主观运动强度法。这是在运动过程中，运动者根据自己的主观体力感觉来判断运动强度的一种方法，该方法可作为心率法的补充或在某特殊情况下替代心率法。主观运动强度分为非常轻松、很轻松、轻松、稍累、累、很累、非常累 7 个等级，运动处方一般取轻松、稍累、累为度。

运动中确定运动强度简易且理想的方法，是心率法和主观运动强度法两者的结合。

（3）运动时吸氧量占最大吸氧量的百分比法。该方法能够很好并准确地反应运动强度，但因成本较高且不易操作，不常使用。一般运动处方使用 40%～80%最大吸氧量作为运动强度。

（4）梅脱法。一个梅脱即安静状态下的代谢率，约相当于消耗 3. 5 毫升/（千克・分）的氧气。可以根据不同运动项目的梅脱值选择合适的运动项目。

（四）运动持续时间

运动持续时间是指每一次运动持续或累计的时间。运动强度大小和运动时间长短与运动量有关。运动强度确定之后，运动时间便是决定运动量的主要因素。

一般来说，一次有氧运动的持续时间以 30～60 分钟为宜，其中达到适宜运动强度心率的持续时间应在 5 分钟以上，这是运动给予呼吸、循环等系统产生有效刺激所必须维持的最低时间限度。若低于这个限度，难以达到运动目的。医疗体育持续的时间视具体情况而定，各类疾病患者可根据自身要求来决定必要的运动时间。

（五）运动频率

运动频率是指每日或每周运动的次数，是决定运动效果的又一重要因素。每日或隔日运动一次，可使机体有足够的休息时间，得以“超量恢复”，从而获得较好的锻炼效果。若运动频率过低，间隔时间超过 3 天，不仅会使每次运动的效果在间歇中完全消退，无法积累运动效果，并且每次运动都会发生肌肉酸痛和疲劳，达不到运动效果。如果运动频率过高，运动效果也无法明显增加，并可能导致运动损伤。

一般情况下，运动频率为每日或隔日 1 次。运动最低有效频率为每周 2 次，每周 3～4 次是最适宜的频度。运动频率可结合运动量、运动目的进行调整。

（六）注意事项

运动处方的注意事项是保证运动安全的重要内容，主要包括运动项目选择或参加运动的禁忌证、运动过程中的自我监督指标等一些细节。

第二节 运动处方的制定

一、制定运动处方的原则

（一）区别对待原则

由于不同人的年龄、性别、健康、体质状况、生活条件及对体育运动的兴趣、爱好、目的均有不同，故在制定运动处方时，必须因人而异，区别对待，应结合每个人的具体情况制订合适的运动计划，不可一概而论。由于体力差别往往比性别和年龄的差异更为重要，因此，体力差别应作为重要的考虑内容。

（二）全面原则

为了全面发展身体机能，故在制定运动处方时，其内容、方法和对身体锻炼的部位、顺序及其效果应当均有兼顾，合理选择、搭配运动项目和锻炼方法，同时就身体的薄弱之处，有针对性地制定运动处方的内容和方法，力求获得身心全面发展。

（三）循序渐进原则

人体生理机能的提高，按照超量恢复原理，将是一个缓慢的、逐步适应的、由量变到质变的渐进过程。若数月或长年不变地运用同一种健身运动处方进行健身运动，不可能获得逐步提高健康水平和增强体质的效果，只能是维持原有的健康状况；如果突然进行一次大强度、长时间和多重复的锻炼，则可能导致身体功能失调，使身体受到伤害，更谈不上增强体质。因此，运动处方的内容、方法应从易到难、由简到繁，运动负荷应由小到大、逐渐增加，以适宜为度。

（四）有效原则

为达到运动锻炼目的，在制定运动处方时，要明确运动时的靶心率范围，合理安排各项内容，保证锻炼者在运动中能够达到靶心率范围的下限，即有效界限，以获得理想的锻炼效果，使身体功能状态有所改善并逐步提高；同时，在运动处方的具体实施过程中，要按质、按量认真完成各项练习。

（五）安全原则

按照运动处方运动，应在安全范围内进行，即靶心率范围内进行。靶心率范围的上限是运动强度的安全界限，超出了安全界限，则可能发生损伤或危险。因此，运动处方的内容和方法及运动处方的执行，都应根据安全原则严格遵循各项规定和要求。

二、制订锻炼计划和运动处方的依据

（一）根据体育锻炼的原则，安排锻炼计划

（1）从实际出发。要根据个人的兴趣爱好、身体状况及学习负担、学校、家庭、社区体育场地设备的实际，选择锻炼内容。

（2）循序渐进。锻炼过程要循序渐进，逐渐提高运动负荷和技术难度。

（3）持之以恒。要坚持经常，不可间断。

（4）全面发展。要选择多种方法进行身体全面锻炼。

（二）根据自身的形态、机能、素质现状，确定锻炼内容

有的同学脂肪较多、耐力较差，可确定长距离跑、越野跑、定时跑、变速跑、跑走交替等练习；有的同学身体瘦弱，可有目的地选择发展肌肉力量的系统练习；有的同学速度较差，可选择快速跑、冲刺跑、听信号变向跑等练习；有的同学协调性较差，可多练习一些球类项目。总之，练习的内容要根据性别、健康状况和锻炼水平差异，因人而异，有的放矢。

（三）根据运动技术水平和体育成绩，确定锻炼内容

体育与健康课的任务之一，是掌握基础知识、基本技术和基本技能。“三基”掌握的情况，是体育与健康课的成绩考核的重要组成部分。在制订锻炼计划和运动处方时，要考虑自己在体育学习中的弱项是什么，薄弱环节在哪里，可以有针对性地加强这方面的练习，使运动技术、技能和成绩尽快提高。

（四）根据学习、生活的规律，确定锻炼时间

生命在于运动，每天都要有一小时左右的体育锻炼（包括体育与健康课），贵在坚持。锻炼的时间可以在早晨起床后，也可以在下午课后。这样才能使学习、生活更有规律和节奏，使身体健康，精力充沛地投入学习。

（五）根据个人兴趣、爱好，确定锻炼内容

对于大学生而言，兴趣不再是参加体育锻炼的唯一驱动力。但是，兴趣作为一种心理需求，仍然是大学生在体有锻炼中所追求的。根据个人的兴趣爱好，选择适宜的运动项目进行锻炼，能取得较好的锻炼效果。

（六）根据人体生理机能活动规律，合理安排运动负荷

要想获得身体锻炼的理想效果，必须掌握好适宜的运动负荷。运动负荷过小或过大，都不能对身体产生积极的影响：如果运动负荷过小，则对身体的刺激程度不够，达不到锻炼目的；如果运动负荷过大，超过了身体承受能力，反而会影响健康甚至损伤身体。

运动负荷（通常称运动量），是由负荷强度和负荷量组成的。影响负荷强度的因素有练习的速度、高度、远度、重量和练习的密度（单位时间重复练习的次数）等，影响负荷量的因素有练习的持续时间、重复次数与组数、负重的总重量等。通常衡量运动负荷的方法，是测量运动时心率的变化情况。

三、制定运动处方的程序

1. 了解处方对象的体质和健康状况

这是运动处方制定前不可缺少的重要步骤。可通过口头询问、医学检查或体质测试等途径了解运动处方不同对象的体质和健康状况，主要包括身体发育情况、疾病史、目前伤病与治疗情况、近期体检结果、运动史等。

2. 明确运动处方的目的

运动处方的目的主要是增进健康、提高心肺功能、增强肌肉力量、提高柔韧性及预防或治疗疾病，如减少多余脂肪、控制血压、降低血糖和血脂、消除或减轻功能障碍等。目的不同，采用运动功能评定方法不同，制定运动处方的原则也不同。

3. 评定运动功能

运动功能评定是运动处方制定的基本依据之一。因此，设计和制定运动处方时，应对相关器官系统进行功能测试。例如，为提高心肺功能或控制体重、血压、血糖、血脂等而制定运动处方，应做心肺功能测试；为恢复或缓解肢体功能障碍而制定运动处方，需做相应临床医学检查和关节活动度、肌肉力量的评定等。

4. 制定运动处方

在以上的健康检查和运动功能测试的基础上，结合处方对象的性别、年龄、运动目的、健康状况、锻炼基础、个人的兴趣爱好及客观条件等，选择有兴趣且易于长期坚持下去的运动项目，有针对性地设计适当的处方内容，制定合理的运动处方。

5. 实施运动处方

运动处方的具体实施，应在专业人员的帮助和指导下进行。第一，要求运动处方对象熟知并理解运动处方的各项内容；第二，通过运动实践使健身者学会执行运动处方；第三，排除干扰，持之以恒。在锻炼过程中，由专业人员定期对运动处方的执行情况予以监督，以保证运动处方获得理想的效果。此外，健康的生活方式、合理的营养及良好的心态也是获得理想健身效果所必需的。

6. 调整运动处方

运动处方实施期间，可根据实施的阶段、实施的效果，定期或不定期地即时进行合理的调整。一般而言，同一运动处方实施 8~12 周即可获得明显效果，此时，可依据再次身体功能评定和体质健康检查的结果，重新调整、制定下一周期的运动处方，以不断提高锻炼效果。

四、制定运动处方的意义

运动处方能保证身体锻炼有目的、有计划、有步骤、有针对性地进行，克服体育锻炼的盲目性和随意性，以便更充分地运用时间，选择科学有效的方法，取得预期效果。体育锻炼要注意系统性，要从简单到复杂，逐渐加大运动负荷，从低到高，有层次、有系统地进行。锻炼计划和运动处方恰恰能起到这种作用。

大学生随着年龄的增长和对体育理解的加深，逐渐从单纯追求兴趣，向追求锻炼的实效性和社会价值转化。因此，制订锻炼计划与运动处方，对于结合自身特点，合理安排锻炼内容具有指导作用。

第三节 运动处方应用实例

一、减肥塑身运动处方

（一）有氧运动对减肥的作用

肥胖，是指一定程度的超重与脂肪层过厚，是体内脂肪尤其是甘油三酯积聚过多而导致的一种状态。热量消耗不足和热量代谢缺陷可能是肥胖发生和持续肥胖的基础。

低强度的持续有氧运动可增加热量消耗，调动脂肪分解，逐步消除体内多余体脂，使脂肪细胞体积变小，并抑制脂肪细胞分化，达到减轻肥胖的目的。同时，有氧运动可增加组织细胞对胰岛素的敏感性，使血浆胰岛素浓度下降，胰岛素的抑制脂肪分解作用减弱，有助于有氧运动的减脂效果。此外，有氧运动在改变身体成分、减少体脂的同时所带来的心肺功能提高、肌肉力量增强、骨骼组织强壮及标准体重的保持等功效，也是药物、单纯饮食控制所无法比拟的。

（二）减肥运动处方的适应证

肥胖一般可分为单纯性肥胖和继发性肥胖两类。

单纯性肥胖，即不伴有明显的内分泌疾病、代谢性疾病的肥胖。平时我们所见到的肥胖多属于单纯性肥胖，所占比例高达97%。单纯性肥胖，也称为原发性肥胖，目前尚未找到明确病因，可能与遗传、饮食和运动习惯等有关。

继发性肥胖，即继发于某些疾病，因内分泌失调、代谢紊乱而导致的肥胖。该类人数较少，仅占肥胖人群的3%左右。

（三）减肥的适宜运动

目前普遍认为，以周期性、节律性的有氧运动（如医疗步行、慢跑、爬山、游泳、划船、骑自行车、水中运动等）为主，配合有氧健身操、迪斯科、太极拳及各项球类运动等，辅以躯干和四肢大肌肉群的力量练习，如仰卧起坐、下蹲起立、俯卧撑等，以及利用哑铃、拉力器等的器械练习，可有效消除脂肪，改变身体成分，修饰体形，增强肌力，它是减肥的理想运动项目。其减肥效果符合人们现代美的观念和意识。

由于肥胖者体重较大，运动往往会增加下肢负担而导致损伤。因此，减肥者可选择一些无须负担自身重量的运动项目，如水中运动、自行车、划船等。

水中运动现被认为是极具发展潜力的一种减肥手段。研究表明，人在水中运动时，中心血容量可增加700毫升，中心静脉压可提高12~18毫米汞柱，心输出量及每搏输出量至少可增加25%，还可增加左心室性收缩和舒张末直径，改善有氧运动能力；同时，水的浮力可使关节负担减轻，水的良好的导热性可使体热消散加快。水中运动除游泳外，现已发展到水中行走、跑步、跳跃、踏水、球类游戏等多种形式。

（四）运动强度控制

有氧运动是单纯性肥胖的主要健身形式，其主要特点是强度低、有节奏、有可持续性。研究表明，中低强度、持续较长时间的有氧运动，总能量消耗多，其能量代谢以利用脂肪为主，减肥效果显著。

体力较好的青年人运动时，运动强度以靶心率＝（220－年龄）×60%~(220－年龄）×80%为宜，体质较弱者则为（220－年龄）×60%~(220－年龄）×70%。运动初始从靶心率下限开始，以后逐步提高运动强度。若肥胖者的脉搏测定比较困难，用主观体力感觉监控运动强度十分重要，多以轻松、稍累为宜。

（五）运动持续时间和频率

每次运动持续时间一般为40~60分钟。由于肥胖者的年龄、体质各不相同，锻炼者可以根据自己的体质状况和锻炼目标来确定锻炼的持续时间。

运动频率一般以 5~7 次/周为宜，1 次/天最为理想，间隔时间一般不宜超过 3 天。如运动频率减少，每次通过运动消耗的热量要随之增加。

（六）注意事项

运动减肥的主要目的是追求健康，切不可以损失健康为代价。运动处方的制定，应以减肥者的身体医学检查和运动功能实验结果为依据，以保证运动处方的安全性。

减肥运动与合理的膳食结构、热量摄入的适当限制及良好的生活方式等相结合，才是最佳的减肥方案，即减肥=有氧运动+合理营养+良好的生活方式+健康的心态。

减肥贵在坚持，要循序渐进，持之以恒，欲速则不达。运动期间，应经常关注自己的身体情况，评价锻炼效果，不断调整运动处方。如出现特别疲劳、睡眠不安或持续性肌肉酸痛等状况，应停止运动。

需要指出的是，肥胖是脂肪问题，而不是体重问题。减肥绝不是减体重，而是减少体脂比例、改变身体成分，将体重有效控制在正常水平。体重减轻也并不意味着减肥的成功，不科学的减肥丧失的往往是体内的水分和肌肉，而不是脂肪。因此，体重只能被看作是评判肥胖与否的一个参数而已。

（七）减肥运动处方示例

表 6-1 为减肥运动处方示例。

表 6-1 减肥运动处方示例

姓名：×××	性别：女	年龄：20 岁
职业：学生	体育爱好：羽毛球	
健康检查：良好，身高 1.55m，体重 60kg，体脂中度超重，无病史。 运动负荷测定：台阶实验，安静脉搏 79 次/分，血压 75/115 毫米汞柱（1 毫米汞柱=0.13 千帕），肺活量 2 800 毫升。 体能测定：力量测定，仰卧起坐 25 个/分；耐力测定，800 米跑 4 分钟。 体质评定：健康状况，良；体重过重，心肺功能稍差。 运动目的：减肥和健身。 运动项目：羽毛球、健身跑、健美操和篮球等。 运动强度：由小逐渐加大，心率在靶心率范围，即 140~170 次/分。 运动时间：12 周（减少体重 3~5 千克），每次 30~60 分。 运动频度：4~5 次/周。 注意事项：适当控制饮食，减少糖、油脂的摄入，可吃一定的蔬菜、水果，生病时停止运动，自我监督心率。 复查日期： 医生或健康指导教师签名：　　　　年　　月　　日		

二、提高心肺功能的运动处方

（一）体育运动对心肺功能的影响

1. 体育运动对心脏和血管的影响

经常参加体育锻炼能使心脏的重量增加，容积增大，心肌增厚，心脏更有力，使心搏徐缓，心缩有力，每搏心输出量增加，血管弹性增加，血流量加大。经常锻炼还可预防高血压、高血脂、动脉硬化和冠心病等疾病。

2. 体育运动对呼吸系统的影响

人体的一切活动都需要消耗一定的能量，这些能量来自各种营养物质，而这些物质要转化成供机体活动的能量，就必须经过氧化，并产生二氧化碳。人体不断从外界摄取氧气，又不断从体内排出二氧化碳，这一过程被称为呼吸。在进行体育运动时，机体的紧张工作需要消耗更多的能量，需氧量增加，二氧化碳增多，这就需要加强呼吸运动，从而促进呼吸系统机能的不断提高。

（二）运动目标的制定

根据体验和体测的相关结果，确定运动目标。若大学生心肺机能水平稍差，宜以提高心肺功能水平，保持、增进健康为目的。

（三）运动项目的选择

根据大学生的年龄、性别、职业等相关资料，宜选择跑步、健身操、体育舞蹈、游泳、自行车运动等有氧耐力项目。

（四）运动强度的控制

能获得最佳运动效果并具有安全性的运动，以中、小强度为佳，即运动时靶心率范围为（220−年龄）×70%～(220−年龄）×80%；主观感觉稍累，身体发热，微有出汗，次日清晨无疲劳感。

（五）运动时间

要达到提高心肺功能的有效锻炼持续时间，主体运动时间为25～45分钟（不包含准备活动和放松活动时间）。

（六）运动时间带

根据自己的作息时间，将锻炼安排在早上或下午，也可将锻炼时间分早晚两次完成，但要注意保证主体锻炼活动时间不能减少，每次锻炼都要有准备活动和整理活动。

（七）运动频率

宜每周活动三四次，隔日活动为好，大学生因有体育课，当天运动时间可适当减少。

（八）注意事项

锻炼要循序渐进，持之以恒。运动期间要加强医务监督和自我监督，实时观察自己的身体状况，记录锻炼前后的自我感觉及脉率、血压、食欲、睡眠和出汗等情况的变化，如有身体不适或患病，应立即停止运动。

做好运动前的准备活动和运动后的整理活动，这对于心肺功能较差者尤其重要。

（九）运动处方示例

运动处方示例见表 6-2。

表 6-2 运动处方——提高心肺功能（示例）

姓名：××× 性别：男 年龄：20 岁
一、运动目的
提高心肺功能，提高耐力水平，增强体质，促进健康。
二、运动项目
1. 健身跑。
（1）低强度慢跑 5 分钟。慢跑时或结束时做头、颈、肩、腰、髋、膝等关节部位的轻微活动。
（2）低强度慢跑与稍大强度快跑交替进行 20～30 分钟。可采用慢跑 4 分钟接快跑 50 秒，轮换进行。
（3）放松慢走 5～10 分钟。放松慢走时或结束后做头、颈、肩、腰、髋、膝等关节部位的放松活动。
2. 篮球、足球、排球、跳跃等。
三、运动强度
运动时心率=（220−年龄）×0.7～（220−年龄）×0.80，一般为 140～160 次/分；主观感觉以稍感疲劳，次日晨起无不适感为度。
四、运动频度
3～5 次/周。每周坚持按照运动处方进行周期性有氧运动至少 3 次（隔日一次）。期间可增加 1～2 次自己喜爱的运动。
五、运动时间
30～60 分/次。每次运动持续时间至少要达到 30 分钟，靶心率至少要保持 20 分钟。
六、注意事项
1. 跑步时要调节好速度，姿势、动作要正确；如感到吃力，可缩短快跑时间；跑完后进行深呼吸，呼吸均匀后再进行力量练习。
2. 运动中注意监测心率或脉搏，使其维持在靶心率范围内；结合主观感觉（轻松或吃力），微调运动强度，以锻炼后第 2 天无疲劳感为宜；有身体不适如感冒、发烧等症状时，请暂停实施运动处方。
3. 选择良好的锻炼环境，避免在严寒、酷暑、风暴等恶劣环境下锻炼；锻炼前后应注意适宜补液，尤其是在天气炎热的夏天。
4. 根据能量平衡和膳食平衡的原则，调节好饮食，保持积极乐观的良好心态。

第七章

运动损伤

第一节　运动损伤概述

一、运动损伤的概念

运动损伤是指在体育运动过程中，产生的人体组织或器官在解剖上的破坏或生理上的紊乱。与日常生活所发生的损伤不同的是，运动损伤与运动项目、训练安排、运动环境、运动者的自身条件及技术动作有密切的关系，其损伤部位与运动项目及专项技术特点有关。如体操运动员受伤部位多是腕、肩及腰部，与体操动作中的支撑、转肩、跳跃、翻腾等技术有关；网球肘多发生于网球运动员与标枪运动员中。

运动损伤是人们在参加体育活动中经常遇到的问题，由于运动项目很多，损伤种类也很多。运动损伤的特点和防治重点因运动项目和部位的不同而不同。

二、运动损伤的分类

运动损伤有多种分类方法。例如，按损伤时间分为新伤和旧伤；按损伤程度分为轻度损伤、中度损伤和重伤等。常用分类方法如下。

（一）按损伤后皮肤或黏膜是否完整分类

开放性损伤：伤后皮肤或黏膜完整性遭到破坏，受伤组织有裂口并与体表相通。如擦伤、刺伤、切伤、裂伤和开放性骨折等。

闭合性损伤：伤后皮肤或黏膜仍保持完整，受伤组织无裂口与体表相通。如挫伤、肌肉拉伤、关节韧带扭伤和闭合性骨折等。

（二）按损伤部位分类

外伤：是指皮、肉、筋、骨损伤，临床可分为骨折、脱位与筋伤。

内伤：是指脏腑损伤及因损伤所引起的气血、经络、脏腑功能紊乱。

（三）按损伤组织结构分类

按受伤组织结构分为皮肤损伤、肌肉与肌腱损伤、滑囊损伤、关节软骨损伤、骨及骨骺损伤、神经损伤和内脏器官损伤等。

（四）按损伤发病的缓急分类

急性损伤：瞬间遭受直接或间接暴力所引起的损伤。伤后症状迅速出现，病程一般较短。如“闪腰”。

慢性损伤：按病因又可分为陈旧损伤和过劳损伤两类。陈旧损伤是急性损伤后因处理不当而致反复发作的损伤。过劳损伤是由于训练负荷量安排不当，局部长期负担过重，超出了组织所能承受的能力，使局部过劳致伤。其症状出现缓慢，但病程较长。

三、运动损伤的原因

引起运动损伤的原因是复杂的、多方面的。主要有以下几点。

（一）思想麻痹大意

青少年的神经系统不同于成人，其大脑神经过程的兴奋和抵制不平衡，兴奋过程占优势并容易扩散，表现为活泼好动，精力充沛。加上缺乏生活经验，思想上容易麻痹大意，冒失地进行体育运动，或情绪急躁，急于求成，忽视了循序渐进和量力而行的原则，往往是造成运动损伤的重要原因。

（二）准备活动不充分

不做准备活动或准备活动不充分是造成运动损伤的另一个主要原因。这种现象常见于球类比赛。准备活动的目的是提高中枢神经系统的兴奋性，增强各器官、系统的功能活动，使人体从相对静止的状态过渡到紧张的活动状态。若缺乏准备活动或准备活动不充分，在这种情况下最容易发生肌肉拉伤和关节扭伤，而且当想象中的动作与实际的身体状况有一定的差距时，若强行完成动作，出现损伤在所难免。在准备活动上常存在的缺点有：不做准备活动，准备活动不充分，准备活动的内容与体育课或训练课的内容结合得不好，或者缺乏专项准备活动，准备活动的量过大，准备活动与正式运动的时间不合理，等等。

（三）运动量过大

当进行长时间的大运动量比赛后，没有进行适当的休息，而是接着再进行剧烈运动，此时身体各方面的功能已经大幅度下降。由于长时间的运动，身体出汗较多，水分流失较多，机体中流失的盐分也较多，使运动能力降低，如不及时补充水分和 Na^+、K^+等电解质，将导致体内电解质平衡紊乱，引起肌肉兴奋性增加而发生肌肉痉挛，同时会引起低血糖症。

（四）身体状态不佳和心理状态不良

在睡眠、休息不佳或伤病初愈阶段及疲劳时，肌肉力量、动作的准确性和身体协调性显著下降，警觉性和注意力减退，反应较迟钝。在这种情况下，参加剧烈运动或进行高难度动作就有可能发生运动损伤。所以运动前一定要对自己的身体情况有所了解，活动时的心理状态与运动损伤的发生有着一定的关系，如心情不好、情绪低落或急躁、急于求成等，都可能成为运动损伤发生的原因。某些青少年缺乏锻炼知识和经验，好奇心强，不顾主、客观条件，盲目地参加运动，也容易发生运动损伤。

（五）技术掌握得不好或运动方法不当

在训练中，不遵循循序渐进、系统性和个别对待的原则，缺乏保护和自我保护，由于技术上的缺点和错误，违反了人体结构的特点、各器官与系统功能活动的规律及运动时的力学原理，也易引起机体组织损伤。不同专项运动的技术要求都有其特殊性，因而可导致与该项目相关的伤病。特别初次参加运动训练或学习新动作时，最容易发生运动损伤。

（六）违反比赛规则

比赛中不遵守比赛规则，或相互打闹、动作粗野、故意犯规等，这在篮球、足球运动中是常见的。因为一时的玩笑或疏忽而造成的悲剧屡见不鲜。

（七）不良气候的影响

气温过高，易发生中暑和疲劳；气温过低，易发生冻伤或出现肌肉僵硬，身体协调性下降而引起肌肉拉伤；在潮湿、高温的气候下运动，人容易大量出汗，影响体内水、盐代谢，可发生肌肉痉挛或虚脱；光线不良，影响视力，使锻炼者在运动中反应迟钝。这些都是造成运动损伤的原因。

（八）场地、设施的缺点

运动场地不平，有小碎石或杂物；跑道太硬或太滑；沙坑太硬或有小石，坑沿高出地面，踏板与地面不齐平；器械年久失修或维护不良，表面生锈、不光滑或有裂痕；器械安装不牢固或安放位置不妥当；运动时的服装和鞋袜不符合体育卫生的要求；运动锻炼者缺乏必要的防护用具，如护腕、护踝、护腰；等等。这些都能成为运动损伤的原因。

第二节　运动损伤的预防与急救处理

一、运动损伤的预防

参加运动的目的是增强体质，增进身心健康，促进德、智、体、美、劳全面发展。但在运动中，如不重视运动损伤的预防，没有采取积极的预防措施，就可能发生各级各类的伤害事故。轻则影响学习和工作，重则造成残疾或危及生命。因此，积极预防运动损伤对增强身体素质和提高运动技术水平都具有积极的作用。

（一）思想上重视

在思想上对运动损伤的预防给予重视。严格遵循运动训练的基本原则和不同运动的运动规则，提高机体对运动的适应能力。

（二）运动前做热身和牵拉动作

在所有的训练和比赛前，充分热身是确保良好竞技状态和避免运动损伤的前提。热身的目的在于升高体温，有助于活跃肌肉，让韧带更具有弹性。牵拉练习的目的在于使肌肉和关节为最大用力进行准备，所有相关肌群都必须进行牵拉练习。标准的热身时间为 10~15 分钟，可以有效地降低运动损伤的风险。

（三）遵循正确的运动方法

运动方法应该尽量接近标准。如举杠铃时姿势不正确或者方法不得当都会使所举重量增加，错误的技术动作很容易造成损伤，所以运动时要遵循教练演示的正确运动方法；另外，还需根据个体情况制订训练计划，循序渐进地训练，适度增加训练强度、时间、频率和训练类型，不要随意增加训练负荷。

（四）着装合理，佩戴护具

运动时衣物穿着要宽松舒适，并选择防滑透气的运动鞋，降低意外摔伤的风险；运动时应佩戴护腕、护膝和腰带等护具，每个人都有自己的“虚弱部位”，可能是膝盖易疼痛，可能是腕关节易受伤，弹性绷带和举重护腰带可以给结缔组织结构提供支撑，防止受伤。另外，还需检查运动设施与设备是否完好。

（五）提高身体素质，不要疲劳运动

提高身体素质，增强耐力、平衡力训练。如果生病、过度疲劳或者感觉无力，尽量避免运动。因为人在虚弱的情况下很难维持身体平衡，受伤的概率会大大增加。肌肉无力时，身体所有负担都会落到结缔组织结构上，容易引起关节和韧带拉伤。

（六）加强营养，正确饮食

健身需要耗费大量的能力，因此在运动前1~2小时需要进食，以提供能量；否则体内的糖分就会迅速减少，人会很快感到虚弱甚至受伤。必须保证摄入充足的维生素和蛋白质，蛋白质不仅有助于肌肉生长，还有利于强化运动系统内的其他组织。另外，还需补充充足的水分，避免身体脱水，导致头晕和身体损伤。

二、运动损伤应急处理的一般原则

运动损伤发生的时候，就会引起疼痛、肿胀、炎性反应等症状。为防止这些症状加重所采取的应急手段被称为“应急处理”。应急处理也可以叫作“RICE原则”，主要包括制动（Rest）、冷敷（Ice）、加压（Compression）、抬高（Elevation）四个方面。

（一）制动

制动对于骨骼肌损伤的处理来说是不可或缺的，制动主要是让患部处于不动的状态。运动终止后的制动可以控制肿胀和炎症，可以把出血控制在最小的限度内。如果过早地活动患部，不仅会出现内出血等症状，还有可能使其机能损伤进一步加重，恢复的时间拖长。

（二）冷敷

冷敷在应急处理中效果是最为明显的，因为冷敷既可以减轻疼痛和痉挛，又可以使血液的黏度增加，减少流向患部的血流量，便于更快、更好地恢复。

（三）加压

几乎所有的急性损伤都可以采用加压包扎的方法，加压包扎常使用毛巾及海绵橡胶做的垫子来进行。例如，踝关节损伤时，可用“U”字形的海绵橡胶垫子套在踝关节上，然后用弹力绷带固定。加压包扎可以减轻损伤关节周围的水肿，还可以促进渗入组织内部体液的吸收。

（四）抬高

抬高就是把患部抬到比心脏高的位置，抬高可以减轻通向损伤部位的血液及来自体液的压力以促进静脉的回流，患部的肿胀及瘀血也会因此而得到相应的减轻。

三、一般运动损伤处理方法

（一）擦伤

因运动使皮肤受搓致伤，擦伤后皮肤出血或有组织液渗出。有条件者可用碘酒、酒精棉球消毒伤口周围。对小面积擦伤，用红药水涂抹伤口即可；对大面积擦伤，若伤处嵌入煤渣、泥土，先用生理盐水洗净，涂抹红药水，再用消毒布覆盖，用纱布包扎。面部擦伤最好不用甲紫等染色剂涂抹。关节处皮肤擦伤，先要洗净，然后用消炎油膏涂抹，盖上无菌纱布，用胶布固定，必要时缠上绷带。

（二）撕裂伤

在剧烈、紧张运动时，受到突然强烈的撞击是造成肌肉撕裂的主要原因，其中包括开放性撕裂伤和闭合性撕裂伤两种。常见的有眉际撕裂、跟腱撕裂等。开放性撕裂伤顿时出血，周围肿胀；闭合性撕裂伤会出现红肿，触及时有凹陷感和剧烈疼痛。轻度开放性撕裂伤，用红药水涂抹伤口即可；裂口大时则需止血和缝合伤口，必要时注射破伤风抗毒血清，以防破伤风症。

（三）挫伤

挫伤一般因撞击器械或练习者之间相互碰撞而造成。单纯挫伤时，会在损伤处出现红肿，皮下出血，并有疼痛；内脏器官受伤时，则会出现头晕、脸色苍白、四肢发凉等现象，严重者甚至出现休克。在24小时内冷敷或加压包扎，抬高患肢；24小时后，可进行按摩或理疗。进入恢复期后可进行一些功能锻炼。如果怀疑内脏损伤，则在做临时性处理后，及时送医院检查治疗。

（四）肌肉拉伤

通常在外力直接或间接作用下，使肌肉过度主动收缩或被动拉长，会引起肌肉拉伤；特别是准备活动不充分、动作不协调及肌肉弹性、伸展性、肌力等较差者更容易拉伤。肌肉拉伤后伤处肿胀、压痛，肌肉痉挛，触诊时可摸到硬块。严重的肌肉拉伤是肌肉撕裂。局部冷敷后加压包扎，抬高患者的伤肢或使肌肉处于放松状态，在伤后24小时后再进行热敷、按摩或理疗。如果肌肉已大部分或完全断裂，在加压包扎急救后，应立即送医院手术治疗。

（五）肩关节扭伤

肩关节扭伤由肩关节用力过猛及反复劳损所致，也有的因技术错误，违反解剖学原理而造成损伤。其症状为压痛、疼痛，急性期出现肿胀，慢性期三角肌可能出现萎缩，肩关节活动受限。单纯韧带扭伤，可采取冷敷、加压包扎法，24小时后可采用理疗、按摩和针灸治疗。出现韧带断裂时，应立即送医院做缝合和固定处理。当肩关节肿胀和疼痛减轻后，可适当施行功能锻炼，但不宜过早活动，以防转入慢性。

（六）踝关节扭伤

运动中跳起落地时失去平衡，使踝关节过度内翻或外翻致伤，为踝关节扭伤。在准备活动不充分、场地不平坦的情况下，更易造成这类损伤。其症状是伤处疼痛、肿胀，韧带损伤处有明显压痛、皮下淤血。受伤后，应立即冷敷，用绷带固定包扎，并抬高伤肢。24小时后，根据伤情采取综合治疗，如外敷伤药、理疗、按摩等，必要时做封闭疗法。待病情好转后，实行功能锻炼。对严重患者，可用石膏固定。

（七）关节脱位

由于受到外力的作用使关节面失去正常的连接关系叫关节脱位，又称为脱臼。关节脱位可分为完全脱位和半脱位两种。严重的关节脱位，伴有关节囊撕裂，甚至损伤神经。运动中发生的关节脱位，大都是外力撞击所致，如摔倒时用手撑地，引起肘关节或肩关节脱位。用长度和宽度相称的夹板固定伤肢。如果没有夹板，也可将伤肢固定在自己的躯干或健肢上，防止震动，随后及时送医院治疗。

（八）胫腓骨疲劳性骨膜炎

肌肉反复收缩会不断地牵扯胫腓骨上的骨膜，导致骨膜和骨的正常关系遭到破坏，从而出现骨膜松弛、瘀血、水肿等病理性改变，为胫腓骨疲劳性骨膜炎。早期症状较轻者，减少下肢的跑跳练习，局部热敷和外周按摩，用弹力绷带包扎患部，并抬高患肢；症状严重者，停止跑跳练习，用弹力绷带包扎，并抬高患肢，进行中药外敷、按摩、针灸、理疗等。

（九）脑震荡

当头部受到外力打击后，使大脑管理平衡的感受器机能失调，直至引起意识和机能的一时性障碍，为脑震荡。例如，在体育锻炼时，两人头部相撞，或头部撞击硬物，或从高处跌下时头部撞地，导致意识消失；清醒后，患者常有头痛、头晕、恶心呕吐感；患者平时情绪烦躁、注意力不易集中、耳鸣、心悸、多汗、失眠、记忆力减退；等等。应立即让患者平卧，头部冷敷；若有昏迷，即指压人中、内关、合谷穴；若呼吸发生障碍，立即进行人工呼吸。经上述处理后，若患者出现反复昏迷或耳鼻出血、两瞳孔放大又不对称现象，表明病情严重，应立即送医院治疗。在运送途中，要让患者平卧，头部固定，避免颠簸。一般来说，脑震荡都可自愈，无须住院治疗，但要注意休息和进行必要的药物治疗，保持情绪安定，减少脑力劳动。在恢复期内，可定期做脑震荡痊愈平衡试验，以检查恢复情况。如闭目状态下单腿站立、两臂平举时能保持平衡，表明脑震荡已基本治愈。这时可参加体育锻炼，但要避免滚翻和旋转性动作。

四、运动损伤急救方法

（一）外伤出血的现场处理

1. 冷敷法

冷敷法常用于急性闭合性软组织损伤，可使血管收缩，减少局部充血，降低组织温度，抑制神经感觉，有止血、止痛、防肿、退热的作用。

一般用冷水或冰袋敷于损伤局部，常与加压包扎和抬高伤肢法同时使用。

2. 抬高伤肢法

抬高受伤肢体，使肢体高于心脏或与身体成15°~20°，使出血部位压力降低。抬高伤肢法使用于四肢小静脉或毛细血管出血的止血，常在绷带加压包扎后使用，在其他情况下仅为一种辅助方法。

3. 加压包扎法

有创口的可先用消毒的敷料盖好，之后以绷带加压包扎，加压包扎法适用于小静脉和毛细血管出血的止血。

4. 加垫屈肢止血法

前臂、手和小腿、足出血时，如果没有骨折和关节损伤，可将棉垫或绷带卷放在肘或膝关节窝上，弯曲小腿或前臂，再用绷带做“8”字形缠绕。

5. 指压止血法

用手指腹直接压在伤口的出血点上，但不易持久，且此法易感染，除非万不得已，尽量不采用此法。为避免感染，可用消毒的敷料做衬垫。

6. 止血带止血法

止血带止血法适用于大动脉出血。用特殊的止血带或软布带、橡皮管、三角巾、扎带、手绢等代用品绑扎在伤口的近心端。

7. 充填止血法

充填止血法多用于躯干的大伤口或不能用止血带的部位，运动损伤中很少使用，主要是用消毒纱布垫充填伤口压迫止血。

（二）骨折的现场处理

在外力的作用下，骨与骨小梁的连续性或完整性遭到破坏叫作骨折。

1. 骨折的现场处理原则

（1）防治休克。严重骨折、多发性骨折或同时合并其他损伤，伤员均易发生休克。急救时注意预防休克，若有休克，必须先抗休克，再处理骨折。

（2）就地固定。骨折后及时固定，可避免断端移动，防止加重损伤。若未加固定，不可随意移动伤员，尤其是大腿、小腿和脊柱骨折的伤员。

（3）先止血再包扎伤口。伤员有伤口出血时，应先止血、清洗创面，再包扎伤口并固定。

2. 骨折的临时固定

骨折时，用夹板、绷带将折断的部位固定包扎起来，使伤部不再活动，称为临时固定。其目的是减轻疼痛，避免再伤和便于转送。临时固定的注意事项有以下几点。

（1）骨折固定时不要无故移动伤肢。

（2）固定时不要试图整复。开放性骨折断端外露时，一般不宜还纳，以免引起深部污染。

（3）固定用夹板或托板的长度、宽度，应与骨折的肢体相称，其长度必须超过骨折部的上、下两个关节。

（4）固定的松紧要合适、牢靠，过松则失去固定的作用，过紧会压迫神经和血管。

（三）心肺复苏

当人突然发生心跳、呼吸停止时，必须在4~8分钟内建立基础生命维持，保证人体重要脏器的基本血氧供应，直到建立高级生命维持或自身心跳、呼吸恢复为止，其具体操作即心肺复苏。

1. 人工呼吸

人工呼吸是借助人工方法来维持机体的气体交换以改善病人的缺氧状态，排除二氧化碳，为恢复伤员的自主呼吸创造条件。

人工呼吸的要领：伤员仰卧—松开衣服—清除异物——手置于伤员前额，拇指和食指捏住鼻孔，另一手抬下颌—深吸气，张嘴，双唇包住病人的嘴外缘

（图 7-1），用力吹气。吹气要深而快，其标准为 800~1 200 毫升/次。

2. 胸外心脏按压

在心脏停止跳动后，用胸外心脏按压的方法可使心脏被动射血，以带动血液循环。只要判断心脏停止跳动，应立即进行人工呼吸和胸外心脏按压。实施心脏按压首先要找准按压的位置，正确位置在胸骨中下 1/3 交界处。抢救者将一手的中指沿病人一侧的肋弓向上滑移至双侧肋弓的汇合点，中指定位于此处，食指紧贴中指并拢，以另一手的掌根部紧贴食指平放，使掌根的横轴与胸骨的长轴重合，此掌根部即为按压区，固定不要移动；此时可将定位之手重叠放在另一只手的手背上，双手掌根重叠，十指相扣（图 7-2），使下面手的手指抬起（以避免按压时损伤肋骨）。胸外按压的频率为 100 次/分左右，按压深度为 4~5 厘米，胸外按压次数与人工呼吸次数的比例为 30∶2。

图 7-1　人工呼吸

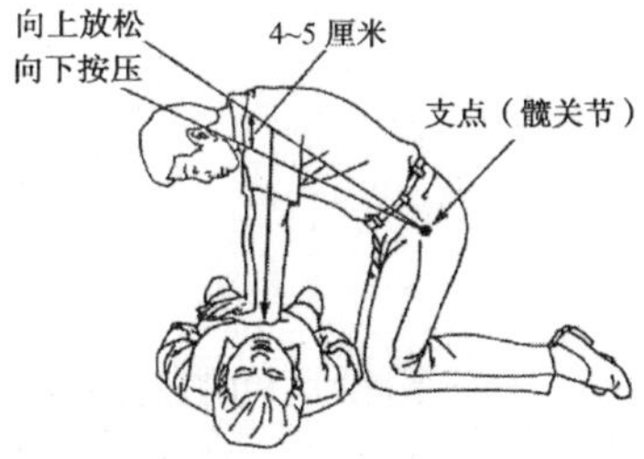

图 7-2　胸外心脏按压

运动实践篇

第八章 田径运动

第一节　田径运动概述

一、田径运动的起源与发展

（一）世界田径运动的起源与发展

田径运动是运动之母，是所有运动项目的基础，是从人类长期社会实践中发展起来的，一般包括径赛、田赛和全能三大项目。以时间计算成绩的项目叫“径赛”；以高度和远度计算成绩的项目叫“田赛”；以部分跑跳、投掷组成的项目叫全能运动。

公元前 776 年，在古希腊奥林匹亚村举行了第 1 届古代奥运会，从那时起，田径运动就正式成为比赛项目之一，随后每四年举行一次。人们为了准备奥运会，进行了系统的身体训练，这是传统的田径运动的开始。公元 394 年，罗马皇帝狄奥西多废止了奥林匹克运动会，致使开展了 1 170 年的田径运动被迫中止了。直至 19 世纪末法国教育家顾拜旦倡议恢复奥林匹克运动会。1894 年，在法国巴黎成立了现代奥运会组织。1896 年，在希腊举行了第 1 届现代奥运会，在这届奥运会上，田径中的走、跑、跳跃、投掷的一些项目被列为奥运会的主要项目。至今已举行的各届奥运会上，田径运动都是主要比赛项目之一。

（二）我国田径运动的发展

近代田径运动于 19 世纪末传入中国，当时主要在学校，特别是在教会学校中开展。1919 年五四运动以后，田径被列入学校体育课，女子也开始参加田径运动，使田径运动得到进一步开展。当时国内举办的主要赛事有全国运动会和华北运动会等，参加的国际比赛主要有远东运动会和奥运会。但由于当时政治环境恶劣，我国田径运动的水平较低且长期停滞不前，在亚洲没有地位，在世界大赛中更是鲜有表现机会。

中华人民共和国成立以后，党和政府高度重视体育运动，经济的发展、社会的稳定为体育运动的发展创造了良好的条件，群众性体育活动也得到了广泛开展，田径运动水平有了大幅度的提高。随着国民经济的恢复和经济建设的发展，各地逐步修建了田径场、田径馆，增设了田径教学训练器材等。从 1952 年起，国家不仅大量培养田径教学、训练、科学研究和管理人才，而且开始培养优秀田径运动员。1957 年 11 月，中国优秀女子跳高运动员郑凤荣跳过 1.77 米横杆，打破了女子跳高世界纪录，轰动了世界体坛。此后，中国田径运动员开始向世界田径运动高峰攀登，先后涌现了一大批优秀的田径运动员，如短跑运动员陈家全，跳高运动员倪志钦、朱建华，三级跳远运动员邹振先，女子投掷运动员李梅素、黄志红、徐德妹，等等。20 世纪 90 年代，中国女子中长跑运动员异军突起，成为中国田径运动冲出亚洲、走向世界的一支劲旅，先后涌现出曲云霞、王军霞等优秀中长跑运动员。2004 年，在雅典奥运会上，刘翔以 12 秒 88 创造了男子 110 米栏世界纪录。在 2015 年 5 月 30 日举行的国际田联钻石联赛尤金站比赛中，我国短跑名将苏炳添跑出了 9 秒 99 的成绩，成为亚洲本土第一个跑进 10 秒大关的运动员。2021 年 8 月 1 日，在东京奥运会男子 100 米半决赛中，苏炳添跑出 9 秒 83，成功闯入百米决赛并创造亚洲纪录，成为亚洲首次闯入奥运会百米决赛的运动员。

二、田径运动大型赛事简介

（一）奥运会田径赛

奥运会田径赛是奥林匹克运动会上的一个重要项目，由国际田联与国际奥委会共同举办。在 1896 年首届奥运会男子项目中就已列入田径比赛，女子田径赛于 1928 年列入奥运会。田径在奥运会项目中占有很大的比重，如 2008 年北京奥运会共设 28 个大项、302 个单项，田径占了其中的 47 个单项，列 28 个大项中单项数的首位。

（二）世界杯田径赛

1976 年 7 月第 21 届奥运会期间，国际田联会议正式通过决议，决定举办世界杯田径赛，每两年一届，赛期在奥运会前一年或后一年。1977 年在联邦德国杜赛尔多夫举办了首届世界杯田径赛，随后，1979 年在加拿大的蒙特利尔、1981 年在意大利的罗马举办了第 2 届、第 3 届世界杯田径赛。1981 年在第 3 届世界杯田径赛后，因国际田联首次主办的另一项世界赛——世界田径锦标赛定在该年，世界杯田径赛改期在 1985 年澳大利亚的堪培拉举行。并从此开始，世界杯田径赛由两年一届改为四年一届，赛期固定在奥运会后一年。

（三）世界田径锦标赛

1983 年开设的世界田径锦标赛，是由国际田联单独主办的世界性田径赛，对世界田径运动的发展起了一定的推动作用。

世界田径锦标赛每四年举办一届，因是在奥运会召开的前一年（或奥运会后第三年）举行，实际上是奥运会召开前的一次世界田径运动的实力大检验。

第二节 跑

一、健身跑

健身跑又称慢跑，它是采用较长时间、慢速度、较长距离的有氧锻炼方法。其技术特点简单、易掌握，男女老少均可参加，且不受场地、器材限制，是我国群众性体育活动中普遍开展的项目之一。

（一）健身跑的基本技术

1. 上体姿势

图 8-1 健身跑时上体姿势

慢跑时，上体呈稍前倾或正直姿势，胸部正对前方并稍向前挺，躯干自然、不僵硬。上体不能过分前倾，否则会影响步频，增加背部肌肉的负担；也不能后仰，否则会引起胸、腹部肌肉过分紧张；更不能左右摇晃，否则会引起不必要的体能消耗。因此，在跑进中要善于保持正确的身体姿势，要跑得自然、轻松、协调、有效率，要特别注意肩部肌肉的及时放松（图 8-1）。

2. 臂部动作

慢跑时手臂的摆动要配合上体及腿部动作，做到协调一致。正确的摆臂，有助于维持身体平衡，调节步频，提高腿部动作的效率。摆臂时，肩部要放松，两臂弯曲约成 90°角，两手半握拳，前后自然摆动，前摆时稍向内，后摆时稍向外。摆动的幅度不要大，用力程度也较小。另外，肘关节的角度也不是固定不变的，手臂处于垂直部位时的角度比向前和向后摆动时的角度要大一些，这样有助于两臂肌肉的放松。

3. 腿部动作

慢跑时，腿部动作应该放松，后蹬阶段不必蹬伸充分。后蹬的用力小一些，后蹬的角度大一些。一条腿后蹬的同时，另一条腿屈膝前摆。前摆时，小腿应自然放松，依靠大腿的前摆动作，膝部领先并带动髋部向前上方摆出。大腿前摆不要太高，前摆结束时，大腿开始向下运动，膝关节随之自然伸直（注意不要故意前甩）。以脚跟先着地后迅速滚动到全脚掌着地；也可用前脚掌或前脚掌外侧由上向下着地，然后过渡到全脚掌。着地动作要柔和、放松，不要有“扒地”动作。着地点距身体重心投影线应尽可能近些。

（二）呼吸的节奏与方法

练习者应有较稳定的步频和步长，形成适宜的跑的节奏。呼吸的节奏取决于个人的特点和跑的速度。正常情况下，跑 2~3 步一呼气，跑 2~3 步一吸气。速度加快时，呼吸的频率也加快，可采用两步一呼、两步一吸，或一步一呼、一步一吸的方法。呼吸应有一定的深度，一般用鼻子和半张开的嘴同时进行。冬季慢跑时，为了避免冷空气直接刺激咽喉，呼吸时候可用舌头抵住上颚。

慢跑一段距离后，由于肌肉活动产生的代谢产物不能及时运走，有时氧气的供给暂时落后于肌肉活动的需要，往往会出现胸部发闷、呼吸困难、下肢沉重、跑速下降的现象；这种情况是正常的生理反应，一旦出现时不要紧张，可以调整跑速，加深呼吸，坚持跑下去，经过一段时间，这种现象就会得到克服。

二、短跑

短跑的特点是速度快，锻炼强度大。如跑完 100 米后，呼吸频率增至 35 次/分，脉搏达到 150~180 次/分以上。经常练习短跑，能发展快速反应能力和速度耐力，提高大脑皮层的灵活性和身体无氧代谢的能力，同时培养勇敢、顽强、坚强的意志品质。

（一）短跑的基本技术

短跑的全程技术，可分为起跑、起跑后的加速跑、途中跑和终点跑四部分。

1. 起跑

起跑的主要任务是形成一个良好的加速形式，使身体迅速摆脱静止状态，为起跑后的加速跑创造有利的条件。短跑采用起跑器的蹲踞式起跑。安装起跑器的目的是使两脚有牢固的支撑，形成良好的预备姿势，为快速起跑和起跑后的加速跑创造有利条件。起跑器的安装有“普通式”和“拉长式”两种，通常采用“普通式”。普通式的前起跑器安装在起跑线后一脚半（40~60 厘米）处，后起跑器距离前起跑器一脚半长；前、后起跑器的支撑面与地面分别呈 40°~45°和 60°~65°角；两个起跑器的中轴线间隔约 15 厘米。“拉长式”的前起跑器在起跑线后两脚长处，后起跑器距离前起跑器为一脚长，起跑器的支撑面与地面的夹角和两个起跑器的间隔与“普通式”基本相同。现代短跑起跑主要采用“普通式”“拉长式”的方法（图 8-2）。

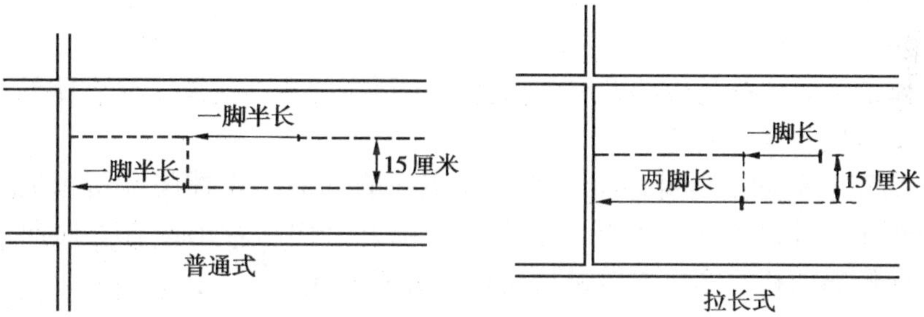

图 8-2 两种起跑器的安装方法

短跑的起跑过程包括“各就位”、“预备”和鸣枪三个阶段。

听到“各就位”口令后，轻快地走到起跑器前，双手撑地，两脚依次踏在前、后起跑器的抵足板上，后膝跪地，两手收回，紧靠起跑线后沿并撑地面，两臂伸直，两手间距离比肩稍宽，手指做弹性支撑，头与躯干保持在一直线上。身体的重心均衡地落在两手、前脚和后膝关节之间。此时，运动员必须高度集中注意力，排除一切外界的干扰。

听到“预备”口令后，吸一口气，逐渐抬起臀部，使身体重心向前上方移动，此时身体的重量落在两臂和前腿之间，其重心的投影线距离起跑线 15~20 厘米。臀部抬起稍高于肩，使两小腿趋于平行。前腿膝角为 90°~100°，后腿膝角为 110°~130°，这样有利于加快两手推离地面的速度，有利于双腿的快速蹬伸。

听到鸣枪后，两手迅速推地，两腿有力地蹬离起跑器，动作两臂前后积极摆动，使身体向前上方运动，躯干前倾，与水平线呈 15°~20°角。腿前摆时脚掌不应离地过高，以利于摆动腿迅速着地和过渡到下

图 8-3 起跑

一步。前腿有力地蹬伸，后腿蹬角为 42°~45°（图 8-3）。

2. 起跑后的加速跑

起跑后的加速跑（图 8-4）是从后腿蹬离起跑器到途中跑开始的一个跑段，其主要任务是充分利用向前的冲力，在起跑后的加速跑距离内，尽快地达到或接近自己的最高速度。

图 8-4　起跑后的加速跑

起跑后的加速跑的第一步，自前腿充分蹬伸到后腿蹬离起跑器前摆着地结束。这一步的摆动腿应积极下压，着地点在身体重心投影点的后方，以前脚掌着地并迅速过渡到有力的后蹬阶段，这一动作越快，越有利于下一步快速、有力地完成蹬地技术。

3. 途中跑

途中跑的主要任务是继续发展和保持较长距离的最高速度。途中跑的每一单步结构均由支撑期和腾空期组成。

（1）后蹬与前摆。当身体重心移过支点垂直面时，支撑腿开始积极有力地后蹬，用力顺序为伸展髋、蹬伸膝和踝关节。随之，摆动臂迅速有力地向前上方摆出，带动同侧髋前移，形成支撑腿与摆动腿协调配合。

（2）腾空。这是从支撑腿蹬离地面后的无支撑状态。当支撑腿蹬离地面，小腿即随着蹬地腿蹬地后的惯性和大腿的摆动，迅速向大腿靠拢，形成大、小腿边折叠、边前摆的动作。

（3）着地缓冲。腾空结束后，摆动腿积极下压，前脚掌着地，屈膝、屈踝缓冲形成支撑。在支撑腿着地缓冲时，摆动腿以大、小腿折叠姿势迅速向前摆动，直至摆过支撑腿的膝关节稍前部位。大、小腿折叠越好，越能缩短摆动半径，减小摆动时的阻力，并加快摆动速度。

途中跑时头部正直，上体稍前倾，两臂以肩为轴，进行前后轻快有力的摆动，手臂前摆时稍向内，高度稍超过下颌，并伴随同侧肩前送和异侧肩后引，手臂前摆过程中肘关节角趋于逐渐减小。另一手臂后摆，肘稍朝外，后摆过程中肘关节角从开始的 55°~60°摆至身体垂直部位时的 130°~135°，摆至体后部位时成 90°~95°（图 8-5）。

图 8-5 途中跑

4. 终点跑

终点跑是全程跑的最后一段。任务是尽力保持途中跑的高速度跑过终点。终点跑包括终点跑技术和撞线技术。

（1）终点跑技术：要求在离终点线 15~20 米处，尽量保持上体前倾角度，加快两臂摆动的速度，加大力量，保持途中跑的高速度跑。

（2）撞线技术：在运动员跑到距离终点线一步时，上体急速前倾，用胸部或肩部撞终点线，并跑过终点，然后逐渐减慢跑速（图 8-6）。

图 8-6 撞线技术

（二）弯道跑

从直道进入弯道跑时，身体应有意识地向内倾斜，加大右腿的蹬地力量和摆动幅度，同时右臂也应相应地加大摆动的力量和幅度，以利于迅速地从直道跑进弯道。

在弯道跑时，身体应向圆心方向倾斜，后蹬时，右脚前脚掌内侧着地，左脚前脚掌外侧着地。大腿前摆时右膝关节稍向内，摆动的幅度比左膝大，左脚前摆时应稍向外。右臂摆幅大于左臂摆幅，前摆时稍向左前方，后摆时偏向右后方，左臂则靠近体侧。弯道跑时的蹬地与摆动方向都应与身体向圆心方向倾斜趋于一致（图 8-7）。

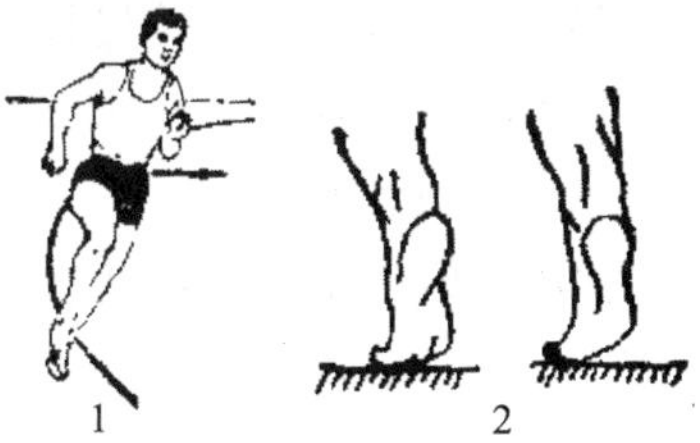

图 8-7 弯道跑

弯道跑时，速度越快，则身体越向圆心倾斜；从弯道跑进入直道跑时，应在弯道的最后几米处，身体逐渐减小内倾程度，并自然跑 2~3 步后转入正常的途中跑。

（三）接力跑

接力跑是运用集体合作的方式进行的。1912 年，4×100 米接力跑被正式列入奥运会比赛项目。

1. 起跑

第一棒起跑，若采用蹲踞式在弯道上起跑，握棒方法为用中指、无名指和小指握棒的末端，拇指和食指分开支撑地面。

2. 传接棒的方法

（1）下压式。接棒人的手臂向后伸直，四指并拢，虎口张开，掌心向上。传棒人将棒的前端由上而下地压入接棒人的手中（图 8-8）。

图 8-8　下压式传接棒

（2）上挑式。接棒人臂稍屈自然向后伸出，掌心向后，虎口向下。传棒人将棒由下向上挑，送到传棒人的手中。

（3）混合式。混合式是综合上述两种传、接棒方法的优点。例如，第一棒沿着跑道内侧跑，采用上挑式，用右手将棒传给第二棒左手中；第二棒沿跑道外侧跑，用下压式将左手棒传给第三棒右手中；第三棒沿跑道内侧跑，用上挑式将右手棒传给第四棒左手中；第四棒跑向终点冲刺。

三、中长跑

中长跑一般包括 800 米、1 500 米、3 000 米、5 000 米、10 000 米跑。男子 1 500 米、女子 800 米是发展耐久力的最好项目，经常练习中长跑，能提高心血管系统和呼吸系统的机能，改善中枢神经系统的协调性。

中长跑的技术由起跑、起跑后的加速跑、途中跑、终点跑四部分组成。

（一）起跑和起跑后的加速跑

中长跑采用站立式起跑。发令前运动员应站在起跑集合线后，听到“各就位”口令后，先做一两次深呼吸，然后慢跑或走到起跑线后。两脚前后间距约一脚长，左右间距约半脚长，两腿弯曲，上体前倾，身体重心落在前脚上，后脚用前脚掌着地，集中注意力听鸣枪或“跑”的口令。当听到枪声或“跑”的口令时，两腿用力蹬地，后腿蹬地后迅速前摆，两臂配合腿部动作，做快而有力的前后摆动，使身体迅速向前跑出，尽快发挥出正常跑速，并占据有利的跑进位置，然后进入匀速而有节奏的途中跑。

（二）途中跑

途中跑是中长跑的主要组成部分。它在技术结构上与短跑基本相同，但是，由于中长跑的距离长，速度没有短跑快，因此，在技术上两者就存在着不同程度的差异。

中长跑时，蹬地腿与地面夹角比短跑大。上体前倾角度稍小于短跑，这样比较省力，摆动腿的摆动高度也比短跑低。除起跑后的加速跑、途中跑和终点跑外，在跑程中的后蹬不是尽全力进行的。两臂肘关节弯曲成 90°角，摆动时稍离开躯干，要自然放松。

（三）终点跑

终点跑是各项中长跑全程结束前的最后一段冲刺跑。冲刺的距离要根据比赛的项目、个人的特点和战术需要来确定。速度好的运动员往往在跟随跑的前提下，在进入最后一圈跑道时，突然加速冲刺；耐力好的运动员，为了最后战胜对手，多采用更长距离的加速冲刺。冲刺时，运动员应加大摆臂、加快步频、增加躯干的前倾角度。

选择最后冲刺的时机很重要。在进入预定冲刺距离之前，必须抢占有利位置，并注意观察对手的情况，确定开始冲刺的时机。开始冲刺，一定要突然加速，一鼓作气地冲到终点。

（四）呼吸

中长跑的呼吸节奏应与跑的节奏相配合，可以两步一呼，两步一吸（四步为一个呼吸周期）；一步半一呼，一步半一吸（三步为一个呼吸周期）；一步一呼，一步一吸（两步为一个呼吸周期）。应当保持跑的呼吸节奏，在起跑、途中跑和终点跑时，都不能有任何闭气。每个呼吸周期的第二阶段，积极进行呼气很重要，因为只有充分地呼气，才能保证充分地吸气。在特别疲劳时，要加强呼气的速度和深度，以便呼出二氧化碳，吸入大量氧气。

第三节 跳 跃

一、跳远

跳远是田径赛中最基本的运动项目，主要分为蹲踞式、挺身式及走步式跳远技术。

（一）跳远的动作阶段

跳远技术可分为助跑、起跳、腾空和落地四个阶段。

1. 助跑

跳远助跑是由站立式起跑逐渐加速的过程。助跑的稳定性是非常重要的，理想的方式是通过逐渐、持续的加速跑来实现的。助跑的目的是获得较高的水平速度，并为准确地踏板起跳做好准备。

2. 起跳

跳远起跳技术分为踏板、缓冲和蹬伸三个阶段。

（1）踏板阶段。起跳脚应积极、主动地着地，这既可以减小着地时的冲撞力，又为着地后快速前移身体做准备。起跳脚着地时，足跟与足掌几乎同时着地。着地瞬间，上体与地面角度为90°～107°，小腿与地面夹角约为65°，膝关节为175°～178°角。

（2）缓冲阶段。起跳脚着地至膝关节的弯曲程度达到最大时，这一动作过程为缓冲阶段。缓冲的重要作用是减缓起跳的制动力，减少助跑速度的损失，积极前移身体，为蹬伸创造有利条件。

（3）蹬伸阶段。蹬伸阶段是由起跳腿膝关节最大弯曲时开始，至起跳腿蹬离地面瞬间止。起跳蹬伸时，整个身体快速向前上方伸展，起跳腿的髋、膝、踝各关节充分伸展，上体和头部保持正直，摆动腿的大腿摆至水平或高于水平，小腿自然下垂，起跳腿的同侧臂屈肘向前上方摆起，异侧臂屈肘向后摆，提肩、拔腰、挺胸、顶头。起跳蹬伸时，要充分利用肌肉的弹性，发挥肌肉的收缩力，“蹬”与“摆”协调配合，创造最大的起跳爆发功率。

3. 腾空

起跳腾空初期的姿势称为“腾空步”。起跳后的腾空步姿势，是身体起跳后进入腾空中的姿势，也是维持身体平衡和方便落地的动作，腾空步后摆动腿大腿下放，小腿向下、向后摆，挺胸抬头，伸展髋关节，形成展体挺身姿势。“腾空步”以后的空中动作一般有蹲踞式、挺身式和走步式三种。

（1）蹲踞式。在蹲踞式跳远技术中，起跳腾空后摆动腿充分前摆，运动员应保持尽可能长的腾空步姿势。在腾空初期，躯干保持正直，手臂完成从前上方向下方直至身体后方的半圆动作。准备落地时，起跳脚向前摆动。摆动腿的膝关节伸直，躯干向前倾。在着地的瞬间，置于身后的手臂要快速前摆（图 8-9）。

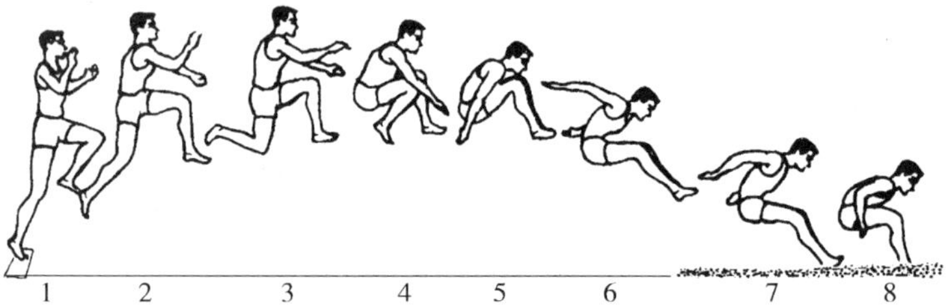

图 8-9　蹲踞式

（2）挺身式。在挺身式跳远技术中，起跳腾空后在空中摆动腿的膝关节下放，膝关节弯曲。当起跳腿与摆动腿靠拢时，膝关节也是弯曲的。双臂上举至头上方，人体在空中形成反弓姿势，为落地做准备。挺身姿势应在腾空阶段的前半段一直保持，直至开始最后的准备落地动作时结束。准备落地动作包括双腿前摆团身、上体前倾、手臂前伸和双腿向前提拉、伸腿着地（图 8-10）。

图 8-10　挺身式

（3）走步式。当起跳完成“腾空步”动作以后，摆动腿以髋为轴开始下压，并向后摆动，同时起跳腿屈膝，大腿向前摆动，随即向前伸小腿，形成空中换步动作。这时髋部要随着换步而转动，肩轴向反方向转动，并带动两臂做大幅度绕环摆动，以此配合腿的动作。接着，摆到身体后面的摆动腿向前收，与起跳腿靠拢，并向胸部提举，这时两臂摆到体前，随着向前摆小腿准备落地的动作，两臂同时向下、向右摆去，上体前倾，两腿前伸落地，形成在空中迈两步半的走步式。走步式动作如果比较自然，好像空中继续跑一样，容易维持腾空时的身体平衡，落地效果也比较好；但是由于动作比较复杂，女生不宜采用（图 8-11）。

图 8-11　走步式

4. 落地

落地前，大腿尽量上举靠近胸部，将要着地时，小腿积极前伸，两脚并拢，落地后迅速屈膝缓冲，臀部前移，上体前倾，双臂积极后摆，使身体重心迅速移过支撑点。

（二）三级跳远

三级跳远是在助跑以后沿直线连续进行三次不同形式跳跃的非周期性运动项目。它要求运动员具有良好的速度和专门弹跳能力，尤其两腿和腰腹部都必须具有强大的力量，是田径运动中技术比较复杂、难度较大的项目之一。

三级跳远的第一跳“单足跳”，须用起跳腿落地；第二跳“跨步跳”，须用摆动腿落地；第三跳“跳跃”，用双腿落入沙坑，才算完成三级跳远的完整动作。

三级跳远的成绩主要取决于助跑获得的水平速度和各次起跳的垂直速度，同时也和技术的合理性、维持身体平衡的能力及三次跳跃的远度比例有着密切关系。

1. 助跑

三级跳远的助跑距离一般为 35~40 米，跑 18~20 步。助跳起动姿势、加速方式及助跑标志的使用等均与跳远基本相同。由于三级跳远要连续进行三次跳跃，为获得必要的水平速度，准确地踏上起跳板，以有利的身体姿势起跳，助跑时应保持较高的身体重心，加速平稳，动作放松而富有弹性。最后几步步长要更加均匀，上体微前倾，两臂快速有力地摆动，尽力保持最后几步的快速节奏。三级跳远助跑的倒数第二步中身体重心几乎不下降，起跳脚上板更积极快速，落地点比跳远更接近身体重心的投影点。一般来说，助跑获得的水平速度越大，则越有利于运动成绩的提高。

2. 第一跳（单足跳）

接预备姿势，两臂由后向前带动上体快速前摆，同时双脚用力蹬地，腾空后有力腿快速屈膝提拉式前摆，下落时，大腿发力积极下压，膝、踝关节适度放松，以整个脚掌在身体重心投影点稍前（约 0.10 米）处积极地扒地式着地，稍屈膝缓冲。

3. 第二跳（跨步跳）

第一跳起跳着地后，当身体重心移到脚面正上稍前时，积极蹬伸髋、膝、踝三关节，同时双臂带动双肩和身体快速前上摆，前摆腿屈膝提拉式前摆至大腿接近水平位置，髋关节积极前送，保持腾空步姿势向前滑行，让身体在重力作用下自然下落。腿的蹬伸要充分有力，后蹬角度约为 78°。当摆动腿的脚底距地面约一脚高度时，大腿积极下压，小腿稍前伸，使脚的着地点落于身体重心投影点稍前（约 0.20 米）。

4. 跳跃（最后一跳为跳跃）

由于有前两跳所获得的水平速度，加上合理的团身和落地技术，因此，在三次跳跃的远度比例中，此跳应是最大的。此跳的起跳要求与第二跳一样。对于腾空后空中动作的选择，身体素质一般的学生应采用“蹲踞式”腾空的方法，这种方法有助于运动员迅速掌握平衡及向前甩腿的动作；对于身体素质超群的学生，宜采用“挺身式”腾空的方法，采用“挺身式”时，躯干前面的肌肉能充分拉长，很容易做出向前甩腿的动作。无论采用何种方法，都要强调保持腾空的平衡及稳定。

二、跳高

跳高是一项历史悠久的运动项目，这里重点介绍跨越式跳高和背越式跳高的基本技术。

（一）跨越式跳高

跨越式跳高为跳高技术中最简易的一种，从侧面直线助跑，用离杆远的一腿起跳，它由助跑、起跳、过杆和落地组成。

1. 助跑

采用侧面直线助跑，左侧助跑者右腿为起跳腿，左腿为摆动腿，右侧助跑者则相反。助跑应逐渐加速。

2. 起跳

用起跳脚全脚掌着地，摆动腿稍屈膝积极向前上方摆起，当摆过横杆后，向杆下内旋下压，两臂屈肘上摆。

3. 过杆

躯干向横方向侧倒并向起跳腿方向扭转，两臂上举，同时起跳腿迅速向上抬高，完成跨越动作。

4. 落地

过杆后，身体侧对横杆，用摆动腿先落地，接着起跳腿落地，稍有缓冲。

（二）背越式跳高

人体通过助跑、起跳，以背对横杆的姿势越过横杆的方法叫背越式跳高，背越式跳高是目前为止最为有效和最先进的跳高技术。

1. 助跑

背越式跳高采用的是弧线助跑形式，运动员一般采用 12~16 步助跑技术。助跑分为两个阶段，前段是直线助跑，助跑的技术与加速跑基本相似；后段是弧线助跑，跑时人体重心向弧心倾斜，两腿积极后蹬，上体和髋部快速移动，跑的节奏比前段直线助跑更快，这种快速的助跑给起跳提供了较高的水平速度，是提高起跳能力的主要因素。弧线助跑时，为克服离心力的作用，身体必须向弧心倾斜，人体重心比跑直线时的位置相对低些。在背越式跳高助跑起跳的最后一步着地制动时，地面给予人体的支撑反作用力与人体重心的运动方向形成一个夹角，相对减小了制动时给予起跳腿的压力，这有利于助跑速度的提高。

2. 起跳

起跳的目的在于使助跑获得的水平速度迅速转变为垂直向上的速度，以使身体充分向上腾起，并为过杆做好准备。背越式跳高的起跳点距横杆的垂直面为 60～80 厘米，随着高度的升高，起跳点越来越远。起跳时，一般与横杆垂直面成 10°～15°夹角，即与助跑弧线的切线方向一致。起跳脚沿弧线切线方向迈出时，用脚跟外侧先接触地面向前滚动并转成全脚掌着地。同时，身体由倾斜转为垂直，摆动腿以髋带动大腿迅速前摆，并带动骨盆扭转，同时蹬伸起跳腿。两臂配合腿的动作向上提肩摆臂，为身体腾空后完成过杆做好准备。

3. 过杆和落地

起跳结束后，身体沿弧线的切线方向腾起，腾起初期身体应保持起跳动作。当人体腾空后，身体继续转动成背对横杆的姿势。摆动腿的膝关节放松，起跳腿蹬离地面后自然下垂，肩部继续向横杆伸展，头和肩先过杆，髋部向上升起并充分顶髋，两膝关节弯曲，在杆上成背卧反弓形的姿势。髋部伸展动作要延续到臀部越过横杆后，借助后弓的反弹作用把未过杆的双腿上举，使其越过横杆，身体过杆后用肩背首先落于海绵垫上。

第四节 投 掷

投掷是用专门器械进行推远或掷远的练习，器械的形状、大小和重量应严格符合国际竞赛规则的要求。投掷成绩以米和厘米衡量。投掷时，不只是用臂部、肩带和躯干的肌肉力量，而且需要腿部肌肉在短时间高度用力。从事投掷练习，不仅能提高上述重要素质，而且有助于全身肌肉的协调发展。下面对推铅球的技术进行简单介绍。

一、推铅球

推铅球是在直径 2.135 米的圆圈内完成的，投掷时要以单臂从肩上把球推出去，球要落在圆心角为 34.92°的扇形区内。

（一）握持铅球（以右手推球为例）

五指自然分开，把球置于食指、中指、无名指的指根处，拇指和小指自然地扶在球的两侧，手腕背屈，保持球的稳定性（图 8-12）；然后将球放到右侧锁窝处，贴靠颈部，掌心向前，右肘自然下垂或微抬起，躯干与头部保持正直，左臂自然上举或自然垂于体侧，两眼平视前方（图 8-13）。

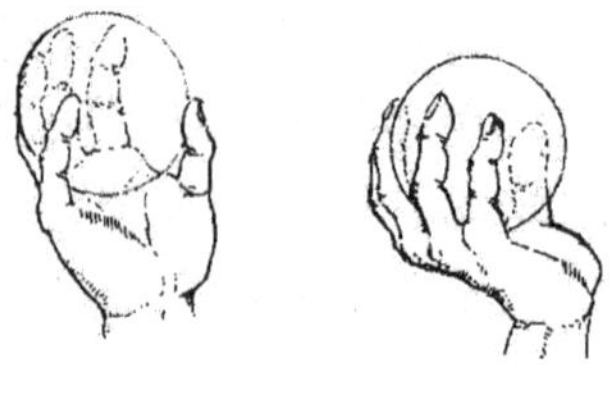

图 8-12 手握持铅球

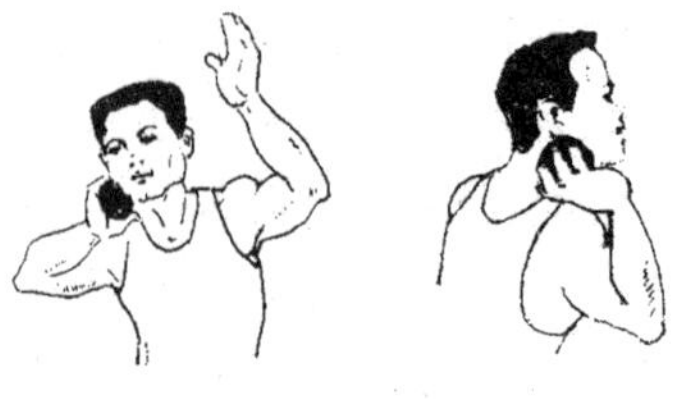

图 8-13 右手握持铅球于肩上

（二）滑步

完整的滑步技术包括预备姿势、团身、滑步三个部分。

1. 预备姿势

持好球后，两脚前后开立，站立于投掷圈内沿，身体重心落在右脚掌上，左脚脚尖点地于右脚脚跟后方 20~30 厘米处，上体与头保持正直，两眼平视，两肩与地面平行。

2. 团身

做好预备动作后，上体逐渐前屈，与地面平行，屈右膝下蹲，左臂自然下垂，左腿向右腿回收靠拢，身体重心集中在后腿支撑点上方，完成团身动作。

3. 滑步

团身后，身体重心稍后移，使其移离身体的支撑点（右腿），左腿向投掷方向伸摆，并以脚内侧落地于投掷圈中线偏左 10 厘米处，同时，右腿积极蹬伸，并及时拉收内旋，落于圈心中线附近，上体尽量保持原来的背向姿势，形成最后用力前的良好姿势（图 8-14）。

图 8-14 滑步

（三）最后用力

最后用力是推铅球的主要环节。滑步结束后，从左脚着地的一刹那开始，在左腿支撑配合下，积极蹬右腿，同时转髋向投掷方式转动，随之左臂向投掷方向摆动，使胸部适时地展开，髋轴超越肩轴，腰部扭紧，左腿压紧微屈支撑。在两腿继续用力蹬地时，右肩向前上方送，右臂推球的同时，抬头挺胸，手腕稍向外转，最后用手指把球拨出。

（四）维持身体平衡

铅球出手后，为防止犯规，应及时换步和降低身体重心，以此来减缓冲力，维持身体平衡。

二、掷实心球

掷实心球是一项力量性和动作速度项目，是以力量为基础，以动作速度为核心的投掷项目。实心球是一种很实用的健身器械，质量一般为 1~5 千克。由于球的内胆为实心，因此不能拍动。练习实心球，可锻炼腰腹力量和上肢力量。

影响实心球成绩的三个因素是实心球的出手速度、出手角度及出手高度，其中出手速度是最重要的因素。

实心球的出手速度主要是由最后用力投掷球的距离和时间决定的，用力距离越大，时间越短，则实心球的出手速度就越大，出手速度主要取决于学生的身体素质发展水平及正确的投掷实心球技术。

实心球的出手角度对投掷成绩也有较大的影响，最佳出手角度不是一成不变的，在一定范围内它随着出手速度的增大而增大，出手角度因不同身体素质的学生而变化，男生可以大一些，女生应小一些。

实心球的出手高度对每位学生来说是相对稳定的，它取决于学生的身高、臂长及对该项目技术动作的掌握程度。

（一）坐姿抛球

1. 坐姿前抛球（双手）

屈膝分腿坐，双手握持实心球于头后，双臂向前摆起，将实心球向前抛出（图 8-15）。

图 8-15 坐姿前抛球（双手）

2. 坐姿体侧抛球（单手）

屈膝分腿坐。左肩侧对抛球方向，右手持球于体侧，然后上体侧摆，右臂向上摆起，经头上向左侧方向抛球。左右手交替进行练习。

3. 坐姿后抛球（双手）

屈膝分腿坐，背对抛球方向，双手持实心球于大腿内侧，上体后仰，双臂用力将球向后抛出（图 8-16）。

图 8-16 坐姿后抛球（双手）

4. 坐姿转体抛球（单手、双手）

屈膝并腿坐，侧对抛球方向，双手持球于体侧，上体向右转动，双手预摆到体侧，然后上体向左转动，带动双臂向左侧方向抛球（图 8-17）。左右手、单双手交替练习。

图 8-17　坐姿转体抛球（双手）

5. 仰卧起抛球（双手）

屈膝并腿坐，双手持球于头上，然后上体后仰卧，此时迅速仰卧起坐，双臂同时向前抛球（图 8-18）。

图 8-18　仰卧起抛球（双手）

（二）跪地抛球

1. 跪地前抛球（单手、双手）

单膝跪地，面对抛球方向，双手握持实心球，掌心朝前，手臂稍弯曲，以肩为轴向后预摆，然后向前滚实心球或抛实心球（图 8-19）。

图 8-19　跪地前抛球（双手）

2. 跪地侧身抛球（单手）

双膝跪地，侧对抛球方向，右手握持实心球于体侧，掌心朝上，上体先向右预摆侧倒，然后向左用力，将球向左前方抛出。左右手交替练习。

3. 跪地转体抛球（单手、双手）

双膝跪地，面向抛球方向，右手握持实心球，向右后方摆动，此时肩轴与髋轴成交叉，腰部扭紧，然后利用上体的转动，将实心球抛出。

（三）原地抛球

1. 原地下手向前抛球（单手、双手）

两脚前后站立（左脚在前、右脚在后），单（双）手持实心球于右髋处，前后预摆一次，紧接着右腿蹬地送髋，带动单（双）臂向前抛球（图 8-20）。

图 8-20 原地下手向前抛球（单手）

2. 原地转体抛球（单手、双手）

两腿左右开立，与肩同宽，左肩侧对抛球方向，单（双）手握持实心球于体侧，弯曲右脚，然后右腿蹬地、转髋，带动躯干向抛球方向转动，并将实心球抛出（图 8-21）。

图 8-21 原地转体抛球（双手）

3. 原地侧身抛球（单手）

两腿前后站立，与肩同宽，左肩侧对抛球方向站立，右手握持实心球于体侧。右腿弯曲，上体适当向右侧倒，然后右腿快速蹬伸，躯干侧摆，将球向左侧前方抛出。

4. 原地正面上手前抛（双手）

两腿前后站立，左腿在前，右腿在后，双手握持实心球于头上，右腿弯曲，上体前仰，右腿快速蹬伸，上体前摆，带动手臂向前上方抛出（图 8-22）。

图 8-22 原地正面上手前抛（双手）

5. 原地后抛（单手、双手）

两脚前后开立，与肩同宽，背对抛球方向，双手握持实心球于头上，两腿弯曲，双手下摆于大腿内侧。然后两腿快速蹬伸，躯干后摆，双臂用力，将球向后方抛出（图 8-23）。

图 8-23 原地后抛（双手）

第九章 篮球运动

第一节　篮球运动概述

一、篮球运动的起源与发展

（一）世界篮球运动的起源与发展

篮球运动于1891年12月初由美国马萨诸塞州斯普林菲尔德市基督教青年会国际训练学校（后为春田学院）的体育教师詹姆斯·奈史密斯博士发明的。起初，奈史密斯将两只竹篮分别钉在健身房内看台的栏杆上，竹篮上沿距离地面3.04米，用足球作比赛工具，向竹篮投掷。投球入篮得1分，按得分多少决定胜负。以后，逐步将竹篮改为活底的铁篮，再改为铁圈下面挂网。

到1893年，形成近似现代的篮板、篮圈和篮网。最初的篮球比赛，对上场人数、场地大小、比赛时间均无严格限制，但双方参加比赛的人数必须相等。1892年，奈史密斯制定了13条比赛规则，主要规定是不准持球跑，不准有粗野动作，不准用拳击球，否则即判犯规。连续3次犯规判负1分；比赛时间规定为上、下半时，各15分钟；对场地大小也做了规定。上场比赛人数逐步缩减为每队10人、9人、7人，1893年，定为每队上场5人。

1904年，在第3届奥林匹克运动会上第1次进行了篮球表演赛。1908年，美国制定了全国统一的篮球规则，并有多种文字出版，发行于全世界，这样，篮球运动逐渐传遍全世界，成为世界性的运动项目。1936年，在第11届夏季奥运会上将男子篮球列为正式比赛项目，并统一了世界篮球竞赛规则。从此，篮球运动登上了国际竞技运动的舞台，成为一项世界性的运动项目。

（二）我国篮球运动的发展

篮球运动于1896年由美国国际基督教协会派往中国天津基督教青年会任职的第一任总干事来会理先生（David Willard Lyon）介绍传入我国的天津市。在天津中华基督教青年会举行了最早的表演赛，以后逐步由天津向北京、保定、上海、南京、广州、香港等地传播。1910年，在南京举行的旧中国第1届运动会上进行了篮球表演赛。1914年，篮球被列为第2届全国运动会的正式比赛项目。同年，女子篮球列为表演项目并在1930年的第4届全国运动会上成为正式的比赛项目。

虽然篮球运动在旧中国有50多年的发展史，但由于受到当时社会发展状况的制约，其开展并不广泛，只在一些大中城市和一些院校及军队中开展，且大多作为体育课和文化娱乐的一种手段，发展比较缓慢。

中华人民共和国成立后，国家非常重视体育活动的开展，篮球运动也得到了蓬勃发展。

1994年年底，我国开始对篮球赛制进行改革，尝试将以前联赛的“赛会制”改为主客场制，并在1995年年初试办了八强主客场赛，取得了巨大的成功。于是从1995年年底开始，中国篮球联赛的赛制改为了跨年度的主客场联赛，简称CBA联赛。这一改革举措促使中国的篮球运动进入了一个新的发展时期。2001年年底，中国女篮也开始效仿男篮，举办了主客场联赛，简称WCBA联赛。

中国国家男子篮球队作为亚洲男篮的代表，自首次参加男篮世锦赛以来，一直是亚洲球队在历届世锦赛中最好名次获得者，最高名次是第8名（1994年）；在奥运会男篮比赛中，最高名次是奥运会男篮第8名；自1975年首次参加亚洲男子篮球锦标赛以来，我国曾十几次夺得冠军；2012年7月10日，在斯坦科维奇杯洲际篮球赛决赛中，中国男篮以70∶51战胜澳大利亚队，获得冠军，史上首次问鼎斯坦科维奇杯。中国国家女子篮球队以巾帼不让须眉的气势获得过亚运会、亚锦赛冠军，世锦赛、奥运会亚军的好成绩。中国女篮的世界排名曾长期保持在世界前八，亚洲第一。中国女篮在奥运会上的最好成绩是在1992年巴塞罗那奥运会上获得亚军。

二、篮球运动大型赛事简介

（一）奥运会篮球赛

1936年，在柏林奥运会上，男子篮球比赛第一次被列为奥运会比赛项目；1976年，在蒙特利尔奥运会上，女子篮球比赛也被列为正式比赛项目。

奥运会篮球赛历届参加的办法不断变更，到1980年的第22届奥运会时，规定为12个国家参加，产生这12个国家的办法是：上届奥运会前3名；欧洲预选赛和美洲预选赛的前3名；亚洲、非洲和大洋洲各1名。分两组进行两个阶段的比赛决定名次。每四年举办一次，设男子比赛和女子比赛。

（二）世界篮球锦标赛

世界篮球锦标赛是国际篮球联合会举办的篮球赛事，男子从1950年开始，女子从1953年开始，男、女比赛分别举行。每届比赛间隔时间不定，一般是四年一届，历届世界男篮锦标赛的参加办法不完全相同，到1978年第8届时，参加办法是：上届奥运会前3名，上届锦标赛前3名，欧、美、亚、非、大洋洲锦标赛冠军队和主办国，被邀请国（按规程规定，主办国可邀请1~2个国家的球队参加比赛），共14个队分3组进行预赛，各取前两名，加上上届冠军和本届主办国队，共8个队采用单循环制决赛。世界篮球锦标赛共有六个，都是每两年举行一次：男子比赛，有16支球队参加；女子比赛，有16支球队参加；青少年比赛，有16支球队参加，年龄为18岁以下；22岁及以下年龄组比赛，这是一个新设的竞赛，举办目的是为青少年球员在参加成年组比赛之前提供转变期比赛；男子轮椅篮球比赛，于1973首次举办；女子轮椅篮球比赛，于1990年首次举办。

（三）美国职业篮球联赛（NBA）和中国职业篮球联赛（CBA）

NBA篮球赛被公认为世界最高水平的篮球比赛，它汇集了全世界最优秀的篮球运动员。1946年6月6日，NBA成立之初的名字是BBA——全美篮球协会，有11支球队，目前球队已扩大到30支。1995年12月至1996年4月，国家体育总局篮球运动管理中心首次举办了1995—1996赛季中国男子篮球甲A联赛，当时共有12支队伍参加比赛。2005年，中国男子篮球甲A联赛正式更名为中国男子篮球职业联赛（缩写仍然是CBA）。

（四）中国大学生篮球联赛（CUBA）和中国大学生超级篮球联赛（CUBS）

CUBA是由中国大学生体育协会主办，阿里体育独家运营、教育部认可的中国大学生五人制篮球联赛。第1届CUBA篮球赛于1998年开始正式推行。CUBS是篮球运动管理中心与中国大学生体育协会共同推出的赛事。第1届CUBS联赛于2004年开始正式推行。CUBA和CUBS的本质区别在于，CUBA的参赛队员必须是全日制在校大学生，不允许在中国篮协注册的专业运动员参赛；而CUBS允许在中国篮协注册并被高校录取的专业运动员参加比赛。因此，CUBA始终把维护业余体育的纯洁性放在第一位，而CUBS在技术性、对抗性等方面要更强一些。

第二节　篮球运动基本技术

篮球技术是比赛双方为了攻守目的所采用的各种专门动作的总称，也可理解为在规则允许的情况下所采用的各种合理动作的总称。

传统的篮球技术分为进攻技术和防守技术。其中，进攻技术主要包括传接球、投篮、运球、持球突破等。防守技术包括防守对手、抢球、打球、断球等。另外，移动和抢篮板球在进攻技术和防守技术中均有应用。

一、移动

移动是在比赛中为了争取攻守主动所采用的各种脚步动作的总称。移动的基本目标就是攻守双方努力争取时间上、位置上和空间上的优势。现代篮球运动的发展对移动质量的要求越来越高，移动技术已经成为篮球运动中重要的一环。

（一）进攻移动

进攻移动时队员的基本站立姿势为：两脚前后或左右开立，与肩同宽，两膝微屈，重心在前脚掌，上体稍前倾，两臂屈肘自然垂置于体侧，两眼注视场上情况，随时准备起动或进行运球、传球、投篮等。主要技术有起动、变速跑、变向跑、急停、转身、跳等。

1. 起动

起动是队员在球场上由静止状态突然起步，转为运动状态的一种脚步动作。快速、突然的起动，能及时有效地摆脱防守，占据有利位置。

起动时，上体向起动方向快速前倾，另一侧脚（或后脚）用力蹬地。同时，两臂用力摆动，向前跑出。面对防守者向两边的侧前方突然起动时，最好能在起动前有虚晃的动作，让对方无法判断自己的起动时机与移动路线，以更好地摆脱对方的纠缠。

2. 变速跑

变速跑是队员在跑动中利用速度的变化来摆脱防守者的一种跑动方法。速度的突然变化能破坏防守者的有利防守位置，及时地完成切入、突破和投篮等技术。

加速时，前脚掌用力蹬地，上体迅速前倾，两臂快速摆动。减速时，步幅适当增大，上体直起，前脚掌用力抵地以减缓向前的冲力。

3. 变向跑

变向跑是队员在跑动中突然改变方向来摆脱或者超越防守者的一种方法。

后脚前脚掌用力蹬地，移重心、转肩、转体、转方向，前脚向前迈出一小步，后脚迅速跨步，继续加速跑动。

4. 急停

急停分跨步急停与跳步急停，指队员在快速跑动中突然停住脚步的动作。

（1）跨步急停：队员正常跑动中先以左脚落第一步，而后右脚落第二步并停住，同时控制好身体重心，保持平稳。由于急停过程类似于跨步而得名。同时，又由于急停是在移动中的最后两步完成，因此也被称作“二步急停”。

（2）跳步急停：队员正常跑动需要急停时，先跳起，而后双脚同时落地，并控制好身体重心，保持平稳。由于急停过程只是借助一个跳步而完成，因此得名“跳步急停”或“一步急停”。

5. 转身

转身是队员以一只脚为轴，进行旋转，另一只脚蹬地向前或向后跨出，改变身体方向的一种动作方法。它可与其他进攻脚步结合运用，可有效地摆脱防守，创造传球、投篮的机会。

（1）前转身：移动脚向中枢脚脚尖方向跨出，改变身体方向为前转身。转身时，中枢脚前掌用力碾地，移动脚蹬地迅速跨步，降低重心，以保持身体平衡。

（2）后转身：移动脚向中枢脚脚跟方向跨出，改变身体方向为后转身。腰胯带动躯干旋转，蹬、跨有力，保持身体平衡。

6. 跳

篮球运动中的跳是在快速移动和对抗中进行的，是控制空间和争取主动的有效手段，包括单脚跳和双脚跳两种形式。

（二）防守移动

防守移动时，队员的基本站立姿势为：两脚开立，比肩稍宽，屈膝降重心，上体稍前倾，含胸，两臂根据进攻队员动作侧张，或一臂侧张、一臂上举。主要技术有滑步、攻击步、后撤步等。

1. 滑步

滑步是在防守时移动的一种主要动作方法，常用来阻截对方的移动路线，调整自己的防守位置。

（1）侧滑步：向左侧滑步时，左脚向左跨步，右脚蹬地滑动，向左靠拢，两脚不交叉，保持一定的距离，左脚继续跨出。向右滑步时，动作则相反。

（2）前滑步：向前滑步时，前脚向前跨出一步的同时，后脚前脚掌内侧用力蹬地向前跨出，前脚的同侧臂向前上举，另一臂向侧下伸出，保持前后开立的姿势。

（3）侧后滑步：动作与前滑步相同，方向是向侧后方。注意滑步时，保持屈膝、低重心，两脚不交叉，身体不上下起伏，两臂侧张开。

2. 攻击步

攻击步是防守队员突然向前跨步的一种动作。多运用于抢球、打球、断球或造成对手传接球、运球、投篮困难的动作。

后脚猛地用力蹬地，前脚迅速向前跨出逼近对手，同时前脚的同侧手前伸，做干扰和抢截性的防守动作。

3. 后撤步

后撤步是变前脚为后脚的一种防守移动方法。

前脚掌内侧用力蹬地，腰部用力向后转动，重心后移，然后将前脚移至后脚的斜后方，紧接前滑步，保持防守位置。后撤角度不宜过大，动作要迅速，身体不要起伏。

二、传接球

传接球是篮球比赛中应用最多的一项技术，一场篮球比赛有成百上千次的传接球。传接球的好坏直接影响战术的质量和比赛的胜负。

（一）传球

1. 双手胸前传球

双手胸前传球是一种在篮球比赛中最基本、最常用的传球方法，具有传球快速有力、准确性高、容易控制、便于变化的优点。

双手持球于胸腹之间，两肘自然弯曲于体侧，身体成基本站立姿势，眼平视传球目标，传球时后脚蹬地发力。身体重心前移，两臂前伸，两手腕随之旋内，拇指用力下压，食、中指用力拨球并将球传出，球出手后，两手向下略向外翻（图 9-1）。

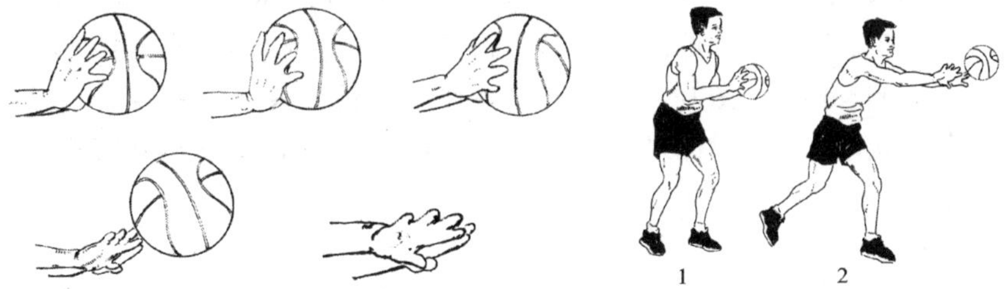

图 9-1　双手胸前传球

2. 单手肩上传球

单手肩上传球是一种常用于远距离传球的方法。传球时用力大，球飞行速度快，利于发动长传快攻。

双手持续于胸前，两脚平行开立，右手传球时，左脚向传球方跨出半步，右手靠左手指拨送球的力量将球引至右肩侧上方，右肩关节引展，大小臂自然弯曲；手腕稍后屈，持球的后下方，左肩对着传球方向，重心落至右脚上，传球时，右脚蹬地发力，同时转体带动上臂以肘领先前臂，手腕前屈，食、中、无名指用力将球传出。

3. 单手体侧传球

单手体侧传球是一种近距离隐蔽传球的方法。外围队员传球给内线同伴时常用这种方法。与跨步、突破等假动作结合运用效果较好。

双脚开立，双手持球于胸前，右手传球时，左脚向左侧前方跨步的同时将球引至身体右侧呈右手单手持球，出球前一刹那，持球手的拇指在上，手心向前，手腕后屈。传球时，前臂向前弧线摆动，手腕前屈，食、中、无名指拨球将球传出。

（二）接球

1. 双手接中部位的球

这是一种最基本的接球方法。

两眼注视来球，两臂伸出迎球，双手手指自然张开，两拇指成八字形，其他手指向前上方伸出，两手成一个半圆形。当手指触球时，双手将球握住，两臂顺势屈肘后引、缓冲来球的力量，两手持球于胸腹之间，成基本站立姿势。

2. 双手接高部位的球

接球方法与双手接中部位高度的球相同，但要求两臂必须向前上方迎球伸出。其他动作同双手接中部位的球。

3. 双手接低部位的反弹球

接球时要及时迎球跨步，上体前倾，眼睛注视来球方向，两臂迎球向前下方伸出，掌心斜对来球的反弹方向，五指放松、自然张开，手指触球后，两手握球顺势将球引至胸腹之间，保持身体平衡，成基本站立姿势。

4. 单手接球

单手接球范围大，能接不同方向和部位的来球，有利于队员接球后的快速行动，但没有双手接球牢稳。接高部位球、中部位球、低部位球的动作方法基本相同，只是在接高部位球时掌心向上。

原地单手接球，接球手向来球方向伸出，五指自然张开，掌心正对来球，腕、指放松。当手指接触时，顺球的来势迅速收臂，置球于身体前方或体侧，另一手迅速扶球，保持身体平衡，做好下一个进攻动作的准备姿势。在移动中接球时，要判断来球的时间和落点，及时向来球方向跨步移动，接球后要迅速降低重心，衔接下一个进攻动作。

三、投篮

投篮是进攻队员为使球自上而下穿过篮筐而采用的各种专门动作的总称，是篮球运动所有技术、战术、技能的最终目的，是篮球比赛中唯一的得分手段。投篮的能力和水平是比赛制胜的最关键因素。

在篮球比赛中，所有的进攻行动都是为了创造出更好的投篮机会，即所有的进攻技术、战术都是在为投篮服务。而所有防守的努力也都是为了阻止和破坏对手的投篮。由此可见，投篮能力是篮球运动中最核心的基本技能。

（一）投篮技术分析

1. 投篮前的持球手法

每一种持球手法都有高位持球（将球置于头上）和低位持球（将球置于腹

前），但无论在身体何处，触球手形都是不变的，区别只是持球手的手腕角度发生了变化而已。

（1）双手持球：双手手指自然张开成球状，两大拇指相对成“八”字形，双手指根以上部分及大拇指内侧充分与球接触并用力握球，手心自然突出，如图 9-2 所示。

图 9-2 双手持球

图 9-3 单手持球

（2）单手持球：单手的五指自然张开成球状，指根以上部分及大拇指内侧充分与球接触，手指应有“握球”的感觉，手心自然突出，如图 9-3 所示。

2. 瞄准点

瞄准点是指投篮时眼睛注视篮圈或篮板的某一点。瞄准是为了精确地目测投篮的方向、距离，从而决定投篮出手的角度、用力的大小和球的飞行弧度的高低，是提高投篮命中率的重要环节。由于投篮有直接命中和碰板命中两种，所以瞄准点也有两种。

（1）直接命中的瞄准点：是指篮圈距投篮队员最近的一点，这种瞄准点在球场的任何地方投空心球都适用。

（2）碰板投篮的瞄准点：是指以篮板的某一点作为瞄准点，在投篮时将球投向篮板上能够碰板入篮的一点。

3. 出手力量

出手力量是指投篮过程中身体各部位综合协调用力的过程。从投篮准备姿势开始，由下肢蹬地发力，然后随着投篮出手的方向伸展身体，特别是借助脊柱伸展的惯性促使下肢、躯干和上肢连贯协同配合，把身体各部位肌肉的力量聚于手臂、手腕、手指部位，最后以手腕的抖屈及手指的弹拨或挑、点等动作将球投出。

4. 出手角度

出手角度是指投篮时球离手一瞬间运动方向与出手点水平面所构成的夹角（图 9-4）。它决定球在空中飞行弧度的高低和入篮角的大小。

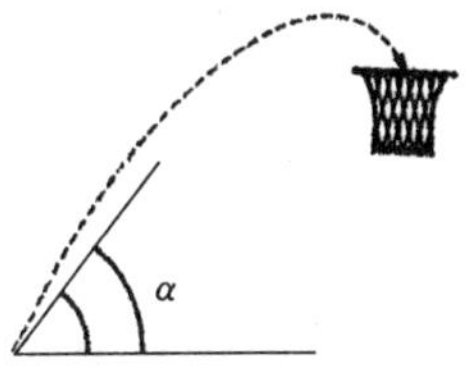

图 9-4 出手角度

5. 出手速度

出手速度是指投篮时球出手的一瞬间，综合身体各部位的肌力作用于球体的效果，经过手腕和手指的调节，使球离手进入空间获得运动的初速度。合理的投篮速度，取决于出手力量和手腕、手指动作的速率。手腕的前屈和手指拨球动作的突然性、连贯性和柔和性，对取得合理的出手速度起着关键作用。

6. 抛物线及入篮角

投篮的球出手后，在空间飞行过程中受重力的影响，成抛物线运行。所谓入篮角，是指球进入篮圈前一瞬间，其运行轨迹在该点的切线与平面形成的夹角。

7. 球的旋转

球的旋转是影响投篮准确性的因素之一。投篮出手时手腕、手指的动作和力量决定球的旋转方向和速度。正确的投篮手法会使球适当地旋转。一般中、远距离投空心篮和正面碰板球时，大多使球沿着球的横轴向后旋转，这样不但有助于保持球飞行的稳定性，还有助于提高飞行弧度，在碰到篮圈时球的反弹方向是向下的，比不旋转的球更容易落入篮圈内。在篮的侧面碰板投篮时，应使球向侧面旋转；做行进间单手和双手低手投篮时，则应使球向前旋转。

（二）投篮动作方法

1. 原地单手肩上投篮

原地单手肩上投篮是各种投篮方法的基础，具有出手点高、便于结合其他技术动作和不易被防守的特点，是应用较广泛的投篮方法。

以右手投篮为例，依照单手持球的方法，从准备姿势开始，右手持球置于肩膀的前上方，左手辅助在球的左侧，右臂屈肘，上臂与地面接近平行，两脚自然开立，重心稍降落在两脚之间。投篮时，下肢蹬地发力，带动身体向上方伸展，右臂向前上方伸出，同时左手自然撤离球，右手的手腕顺势前屈，手指拨球，使球通过指端后产生自然向后的旋转而出。球离手时，身体及手臂随投篮出手方向自然伸展。整个动作中应该是全身自然协调用力，肘关节不要外张。出手后的球应该以均匀的旋转和适宜的弧度飞向瞄篮点（空心篮或打板）。

2. 原地双手胸前投篮

原地双手胸前投篮是双手投篮中最基本的动作方法。它的优点是投篮的力量大，距离远，而且便于和传球、运球突破相结合；缺点是投篮时持球和出手部位较低，容易被防守方干扰。

双手持球于胸前，肘关节自然下垂，两脚前后或左右开立，两膝微屈，重心在两脚之间，目视瞄准点。投篮时，上肢随着脚蹬地，两臂向前上方伸出，同时两手腕内旋，拇指下压，手腕前屈 ，食、中指用力拨球，通过指端将球投出，球出手后，两手心自然向下、向外翻，脚跟提起，身体随投篮出手方向自然伸展。

3. 行进间单手肩上高手投篮

行进间单手肩上高手投篮是在比赛中切入到篮下时常用的一种投篮方法。

以右手投篮为例，右脚向前跨一大步的同时接球，接着迅速上左脚蹬地起跳，左脚屈膝上抬，双手举球于右肩前上方，腾空后，上体稍后仰，当身体跳到最高点时，右臂向前上方伸展，手腕前屈，食、中指用力拨球，通过指端将球投出。球出手后掌心向下，球向后旋转。

4. 行进间单手肩上低手投篮

行进间单手肩上低手投篮是在快速跑动中超越对手后在篮下时最常用的一种快速投篮方法。它具有伸展距离远、动作速度快、出手平稳的优点，多在快攻或强行突破时应用。

以右手投篮为例，跑动中步法与行进间单手肩上高手投篮基本相同，只是在接球后第二步要继续加速速度，向前上方起跳，腾空时间要短。右手将球引至右肩侧前上方，持球手五指自然分开，手心朝上，托球的下部。投篮时，借助身体上升的惯性，手臂向前上方伸展，用屈腰、挑指的动作，使球由食、中指端向前柔和地投出。出手后掌心向上，球向前旋转。

5. 原地跳起单手肩上投篮

原地跳起单手肩上投篮是在原地单手肩上投篮基础上的一种投篮方式，也是现代篮球运动普遍应用的主要投篮方式。它具有突然性强、出手点高而快和不易防守的优点，动作方法与原地投篮相同，只是跳起后在空中完成投篮动作。

以右手投篮为例。两手持球于胸前，两脚左右或前后开立。两膝微屈，重心落在两脚之间。起跳前，迅速屈膝，脚掌用力蹬地向上起跳，同时双手举球到右肩上方，右手持球，左手扶球的左侧方，当身体接近最高点时，左手离球，右臂向前上方伸展，手腕前屈，食、中指拨球，通过指端将球投出，落地时屈膝缓冲。

6. 接球急停跳起投篮

接球急停跳起投篮是在原地跳起投篮的基础上，在移动中接球后常用的一种投篮方法。

在移动中用跨步或跳步接球急停，两膝微屈，重心下降，突然向上起跳，同时持球上举，当身体腾空至最高点时，前臂向前上方伸展，手腕前屈，食、中指用力拨球，通过指端将球投出。

7. 运球急停跳起投篮

运球急停跳起投篮是在运球过程中寻找战机，突然急停快速进行跳起投篮的一种投篮方法。

在快速运球中，采用一步或两步急停接球，两膝微屈，重心快速移至两脚之间并迅速蹬地向上起跳，同时双手举球，当身体接近最高点时，右臂向前上方伸展，手腕前屈，食、中指拨球，通过指端将球投出。

四、运球

持球队员在原地或行进中，用单手连续按拍借助地面反弹起来的球叫运球。通过运球可以发动进攻、突破等，给同伴创造进攻机会，组织全队的战术配合。

运球的技术动作方法很多，关键是手对球的控制支配能力，脚步移动的熟练程度及手、脚、身体的紧密配合。各种运球技术动作的过程，都是由身体姿势、手臂动作、运球的落点和手脚配合四个环节组成的。

（一）运球的技术动作

1. 身体姿势

运球时，两脚前后开立，两膝微屈，身体略前倾，抬头，眼平视，非运球手臂探肩、屈肘保护球。

2. 手臂动作

运球时，手指自然张开，以手指和指根部位控制球。低运球时，以腕关节为轴，用手腕、手指的力量控制球。高运球时，以肘关节为轴，靠前臂和手指的力量控制球。在体侧或侧后提拉式运球时，主要以肩关节为轴，用手臂、手腕和手指的力量控制球。

3. 运球的落点

运球的具体落点与运球的速度、方向及防守的情况有关。无人防守时，落点在运球手的同侧的前外侧；运球速度越快，球的落点越靠前，离身体越远，反之则越近；在紧逼防守时，球的落点在体侧或侧后方；变向运球时，球的落点在运球手的异侧或侧前方。

4. 手脚配合

运球时，手脚动作节奏和速度要保持一定的比例关系，协同配合。

（二）各种运球动作方法

1. 高运球

高运球是进攻队员在没有防守干扰的情况下，为了加快球的推进的速度，和在进攻中调整进攻速度，以及进攻队员处于攻击位置时常采用的一种运球方法。

运球时两脚前后开立，两腿微屈，上体稍前倾，目平视，手用力向前下方推按球，球的落点在身体侧前方，球反弹的高度在腰腹之间，手脚协调配合，使球有节奏地向前运行。

2. 低运球

低运球是进攻队员受到对手紧逼或抢阻时采用的运球方法，以达到保护球的目的。

运球时两腿弯曲，降低重心，上体前倾，用上体和腿保护球。同时，用手短促地拍按球，使球从地面向上反弹的高度在膝部以下。行进间低运球拍球的部位在球的后方或后侧方。

3. 运球急停急起

运球急停急起是进攻队员利用速度的变化摆脱防守的运球方法。

运球急停时，利用跨步急停动作，用手拍按球的前上方，变为原地运球，用臂、身体和腿保护球，然后重心突然前移，后脚用力蹬地跨出，手拍按球的后上方，迅速向前推进（图 9-5）。

图 9-5　运球急停急起

4. 体前变向换手运球

体前变向换手运球是当对手堵截运球前进路线时，突然向左或向右改变运球方向，借以摆脱防守的一种运球方法。

运球队员从对手右侧突破时，先向对手左侧变向运球，然后突然改变方向向对手右侧运球。变向时，右手拍按球的右后上方，把球从自己的右侧拍按到左侧前方。同时，右脚向左前方跨出，上体左转，用肩保护球，然后换手运球加速前进。

5. 转身运球

当对方逼近，不能用直线运球或体前变向运球突破时，可用此方法摆脱防守。

以右手运球为例。变向时，左脚在前为轴，做后转身的同时，右手将球拉至身体的左侧前方，然后换手运球，加速前进。

6. 体后变向运球

当对手堵截运球一侧，距离较近，不便运用体前变向运球时，运球队员可采用体后变向运球，以改变方向突破防守。

以右手运球为例，变向时，右手将球控制到身后，按拍球的右侧上方，使球拍至左脚的侧前方，并立即换左手运球，右脚迅速向左、向前跨出，用左手运球突破对手。

五、持球突破

持球突破是持球队员运用脚步动作和运球技术快速超越对手的一项攻击性很强的技术。

（一）交叉步突破

以右脚做中枢脚为例。两脚左右开立，两膝微屈，身体重心降低，持球于胸腹之间。突破时，左脚前脚掌内侧迅速蹬地，上体稍后转，左肩向前下压，重心向右前方移动，左脚向右侧前方跨出，将球引于右侧，接着运球，中枢脚蹬地向前跨出，迅速超越对手（图 9-6）。

图 9-6 交叉步突破

（二）同侧步突破

准备姿势和突破前的动作要求与交叉步相同，突破时，右脚向右前方跨出一步，向右转体探肩，重心前移，右手运球，左脚前脚掌迅速蹬地，向右前方跨出，突破防守（图 9-7）。

图 9-7 同侧步突破

六、抢篮板球

抢篮板球是投篮不中时双方争夺控球权的一项技术。抢篮板球技术是一项联合技术动作，由抢占位置、起跳动作、空中抢球动作和获球后的护球动作所组成。

（一）双手抢篮板球

起跳后，身体在空中充分伸展，尽量增加滞空时间，两臂同时伸向球的落点方向，当身体和手至最高点时，双手将球握住，腰腹用力，迅速收臂将球持于胸前。

（二）单手抢篮板球

起跳后，身体和手臂充分向球的落点方向伸展。在最高点指端触及球时，用力屈腕、屈指迅速握球，随之屈臂拉球于胸前，另一手护球。

七、防守

防守是防守队员合理地运用脚步动作和身躯及手臂动作积极地抢占有利位置，阻挠、破坏对方进攻的行动。防守最根本的任务是从对方手中把球抢断回来，或造成对方失误，增加本方进攻次数。

（一）防守基本技术

两脚平行或前后开立，比肩略宽，上体前倾，重心在两脚之间，两眼注视前方，张开双臂，站在对手和篮圈之间的有利位置上。

（二）防守无球队员

防守时，防守队员要根据球和对手的位置，合理地运用上步、撤步、滑步、交叉步、碎步和快跑等脚步动作，并配合身体动作抢占有利防守位置，堵截其摆脱移动路线。在与对手发生对抗时，重心下降，双腿用力，两臂屈肘外展，扩大站位面积，上体保持适宜紧张度，在发生身体接触瞬间提前发力，主动对抗。合理使用手臂动作不仅能扩大防守空间，干扰对手视线，还能辅助保持身体平衡，快速移动，抢占有利位置。

（三）防守有球队员

平步防守时，两脚平行站立，两手臂侧伸不停地挥摆，适合于防运球和突破。采用斜步防守时，两脚前后站立，前脚同侧手臂向前上方伸出，另一手臂侧伸，适合于防守投篮。

（四）抢、打、断球

1. 抢球

抢球是从进攻队员手中夺取球的方法。多在防守者离持球者近，而且持球者保护球不好时运用。

2. 打球

打球是指击落对方手中球的方法。包括打原地持球队员的球、打运球队员手中的球和打行进间投篮队员手中的球三种情况。

3. 断球

断球是截获对方传接球的方法。根据传球方向和防守队员断球前所处的位置，一部分为横断球，纵断球和封断球三种。

（1）横断球：是从侧面跃出截获进攻队的传球。

（2）纵断球：是从接球队员身后或侧后方突然用绕前防守步法跃出，截获进攻队的传球。

（3）封断球：是在封堵持球队员传球时截获球的动作。

4. 盖帽

进攻队员投篮或上篮时，当球刚离手的一刹那（或球的上升过程），防守队员立即跳起将球打落，称为“盖帽”。

第三节 篮球运动基本战术

篮球战术是在比赛中队员所运用的攻守方法的总称，是个人战术的合理运用和队员之间相互协同配合的组织形式。任何战术的目的都是为了制约对方，掌握比赛的主动权，争取比赛的胜利。

一、个人战术

个人战术是队员在比赛中根据本队战术的需要、对方攻防的特点和临场的变化情况有针对性地运用技术和独立作战的能力。个人战术包括个人进攻战术和个人防守战术两种。

（一）个人进攻战术

个人进攻战术是通过队员在比赛中运用进攻技术来实现的。

1. 队员无球时的动作

在比赛中，队员大部分的时间都处于无球状态。队员在无球时，应根据战术的需要和比赛的实际情况进行移动，改变自己的位置以配合全队进攻。主要通过摆脱防守、调整位置及掩护来完成战术的任务。

（1）摆脱防守。如二对二（图 9-8），④向⑤做移动要球的假动作，诱使❹跟上阻截后，突然变向，快速向篮下切入。

（2）调整位置。若对方采用联防时（图 9-9），④与⑤相互传球，⑥应向边线一侧移动调整位置，以便接⑤的球进行配合，⑦应从底线向右侧场角移动来调整位置，以便与⑥进行配合。同时，外线④应沿左边线移动调整位置，以符合进攻联防的落位，点面结合，组织进攻。

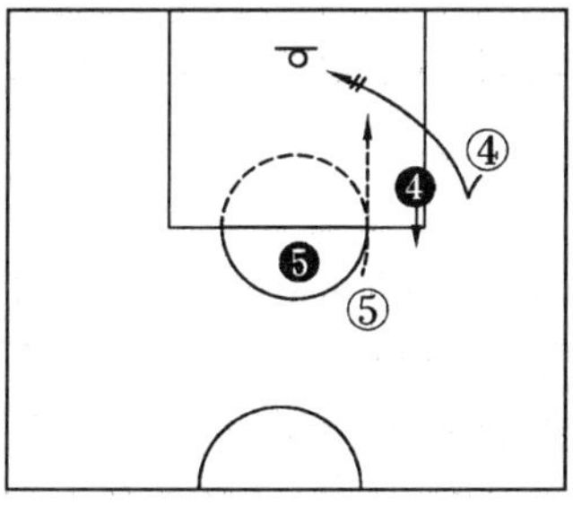

图 9-8 摆脱防守

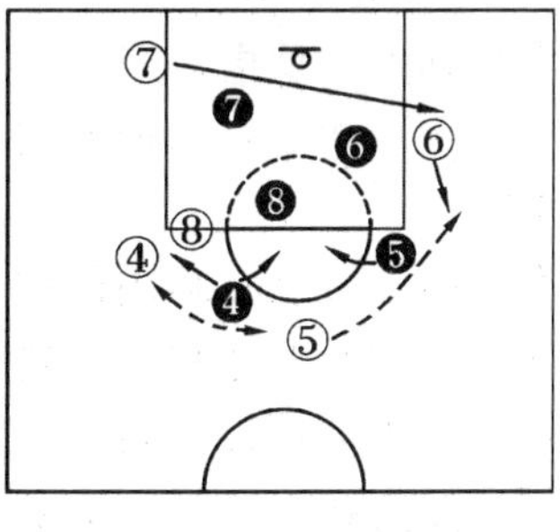

图 9-9 调整位置

（3）对方采用紧逼盯人时，利用掩护创造进攻机会（图 9-10）。如中锋队员⑧

根据战术的需要，可以给⑤⑥或⑦做掩护，使之摆脱防守，获得切入篮下的机会。

2. 队员持球时的动作

队员持球时若为主攻，应根据自己的位置、本队战术的需要及比赛中的实际情况，及时做出突破上篮、运球、投篮的决定；若为助攻，给同伴创造进攻机会，如中锋在抢占位置后进行策应接球，注意护球动作，及时将球传给摆脱防守的同伴投篮。

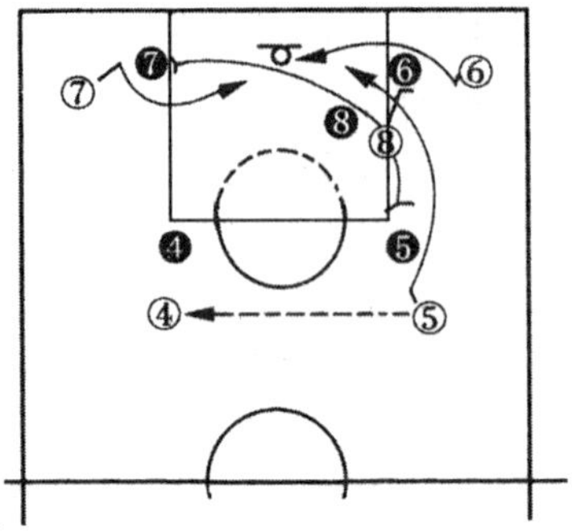

图 9-10 利用掩护进攻

（二）个人防守战术

个人防守战术是根据本队所采用的防守战术、对手的动作和场上的具体情况，合理地运用防守技术，阻挠和破坏对方的进攻意图，并以争夺控制球为目的来进行的策略行动。

个人防守战术包括防守无球队员和防守持球队员两种。

1. 防守无球队员

防守无球队员有两个任务：一是不让对方跑向篮下有利的位置接球；二是抢断传向对方或传越自己防区的球。

2. 防守持球队员

防守持球队员主要有传球、运球、投篮等技术动作。

（1）防守投篮较准的对方，如果对方习惯起跳投篮，防守队员可上左脚进行阻挠破坏，迫使其变换其他动作。

（2）防守突破能力较强的对方，如对方习惯以右脚为中枢脚，又经常从防守者左侧突破，则防守队员应采取堵左放右，迫使对方无法突破或只能向右侧运球，以削弱其攻击力。

（3）防守运球队员时，一般是堵中逼边，使他运向远离球篮的地区。

（4）防守助攻传球队员时，应重点阻挠他向内线传球。

二、战术基础配合

战术基础配合是2~3队员之间的配合形式，它包括进攻与防守两部分，它是组成全队战术的基础。

（一）进攻战术基础配合

进攻战术基础配合是指2~3名进攻队员合理地运用个人技术，为创造攻击机会而采取的合作方法。主要有四种形式：

1. 传切配合

传切配合是指队员之间利用传球和切入技术所组成的配合。它包括一传一切和空切。传切配合是利用传球和切入技术组成的简单配合。要求各个跑动队员之间都要相互观察自己的跑动路线，假动作要逼真、变向切入动作迅速、侧身看球并且要求传球队员动作要隐蔽、及时、准确。

一传一切：持球队员传球后，利用自己的速度摆脱防守，向篮下切入接回传球投篮的配合。图 9-11(a)中⑤传球给⑥后向左做假动作，然后突然向右侧切入，接

⑥的传球投篮。

空切：无球队员掌握时机，摆脱对手切向防守薄弱区域接球投篮或做其他的配合。图 9-11(b)中④传球给⑤时，⑥突然横切或沿底线切入接⑤的传球投篮。

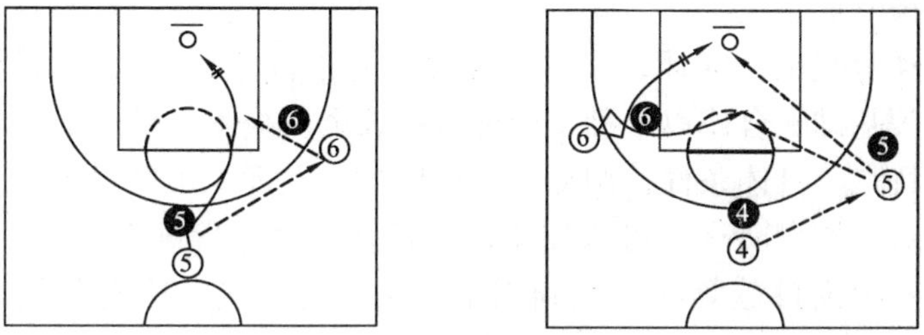

（a）一传一切　　（b）空切

图 9-11　一传一切和空切

2. 突分配合

突分配合是指持球队员在突破对手后，遇到对方的补防或者协防时，及时将球传给进攻时机最佳的同伴进行攻击的配合方法。

3. 掩护配合

掩护配合是指进攻队员选择正确的位置，用自己的身体以合理的技术动作挡住同伴的防守者的移动路线，使同伴借以摆脱防守，获得投篮攻击或其他攻击的一种的配合方法。根据掩护队员的掩护位置可分为前掩护、侧掩护、后掩护。

前掩护：是指掩护队员站在同伴的防守者身前所组成的掩护配合。

侧掩护：是指掩护队员站在同伴的防守者侧面所组成的掩护配合。

后掩护：是指掩护队员站在同伴防守者身后所组成的掩护配合。在做后掩护时，通常要与防守者保持半步的距离，避免发生非法掩护造成犯规。

4. 策应配合

策应配合是指进攻队员背对或侧对球篮接球后，通过各种传球方式与外线队员的密切、绕切相结合，借以摆脱防守，创造各种里应外合的进攻机会的配合方法。

（二）防守战术基础配合

1. “关门”与夹击配合

“关门”与夹击配合是指邻近的两个防守队员协同防守突破的配合和积极防守一名进攻队员的配合。

2. 挤过、穿过、绕过配合

挤过、穿过、绕过配合是指当进攻队员进行掩护时，防守掩护者的队员主动让同伴从自己身旁挤过、穿过、绕过去继续防守对手的一种配合。

3. 补防配合

补防配合是指两三个队员之间协同防守的配合。当同伴被进攻者突破而有可能得分时，邻近防守队员立即放弃自己的对手进行补防。

4. 交换配合

交换配合是指为了破坏进攻队员的掩护配合，防守队员之间彼此及时地交换自己所防对手的一种配合。

三、全队战术配合

（一）全队进攻战术配合

1. 进攻半场人盯人防守

要积极移动、跑位、穿插，比赛时能主动起来，寻找机会，通过传切、策应、掩护、突分球等基础配合或以某种基础配合组成全队战术。针对对方防守情况和本队身高、技术特点等具体条件，调动全队积极性，发挥每个队员的技术特长，争取主动进攻。若对方扩大防区，可采用策应、传切、突分等配合；若对方缩小防区，可采用掩护、中距离投篮等配合或利用中锋策应配合等，给同伴创造良好的进攻机会。

2. 进攻区域联防

进攻队针对布置好的防守阵式、特点和薄弱环节，根据本队的情况，组织针对性的以多打少的进攻战术。以“2-1-2”联防为例，其薄弱区在两腰和罚球区端线处。进攻时采用“1-3-1”联防，这种阵式，队员分布面广，攻击点多，便于内外联系，左右配合，有利于组织抢篮板球和保持攻守平衡。“3-2”联防阵式的薄弱区是底线两角和中区地带。“2-3”联防的防守薄弱区主要在侧面的两腰（图 9-12）。

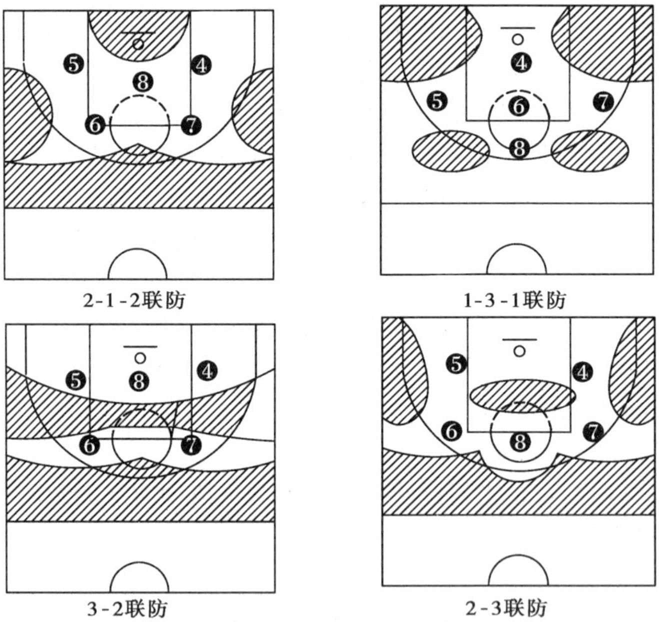

图 9-12　进攻区域联防

3. 快攻

快攻是指由防守转入进攻时，以最快的速度、最短的时间在人数上造成以多打少的优势，或趁对方立足未稳时，果断地进行攻击的一种进攻战术。

快攻的组织形式：长传快攻、短传快攻、运球突破快攻。

发动快攻的时机：抢到防守篮板球时，后场掷界外球时，跳球得球时，抢、断球后。组织快攻应在对方还未部署好防守之前，给对方以突然袭击，要起动快、传球快、运球快、突破快，并要求有较强的快攻意识和顽强的意志品质，力争形成无人防守或以多打少的有利进攻局面。

（二）全队防守战术配合

1. 半场人盯人防守

当进攻转入防守时，迅速退回后场防守。有半场紧逼和半场松动人盯人防守。每个队员盯住自己的对手，以一防一。同时进行集体防守，防守时对有球一侧持球者采取紧逼防守。防无球队员都要错位防守，积极控制对方的进攻重点，干扰其接球。对无球一侧的防守人向有球一侧靠拢，积极移动，抢占有利位置，以加强协防（图 9-13）。

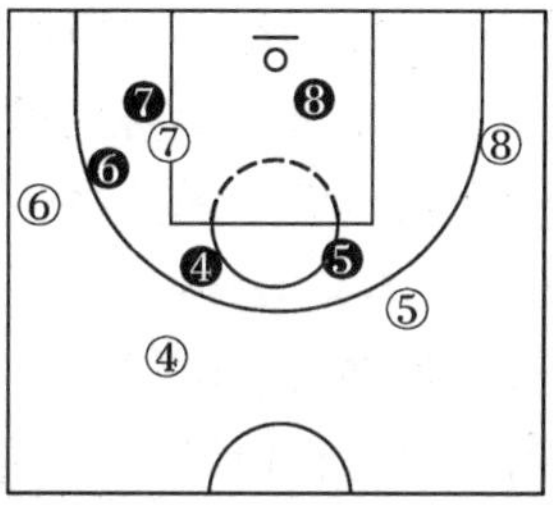

图 9-13 半场人盯人防守

2. 半场区域联防

当进攻转入防守时，全队迅速退回后场，每人负责一定的防守区域，严密防守进入该区的球和进攻队员，同时又进行联合防守。区域联防时，要以球为主，根据球的不同位置，进行及时、快速的移动，互相补防，动作协调，紧密配合。观察对手的传球方式，了解对手的进攻意图。区域联防的队形有“2-1-2”“2-3”“3-2”“1-3-1”联防等。其中以“2-1-2”为基本形式，这种站位队形易于联系协作，外围队员能防守中远距离投篮，篮下经常保持三角形的防守范围，可以有效地控制篮板球和中锋的进攻。进攻队员利用运球突破时，要快速夹击，同时兼顾自己的防守。

3. 对快攻的防守

首先要堵截快攻一传和接应一传。制造进攻队员的运球、传球、跑动上的困难，减慢进攻速度，为本队防守积极争取时间。防堵进攻快下的队员，提高 1 防 2、2 防 3、以少防多的配合。积极拼抢进攻篮板球的同时提高进攻成功率。

第四节 篮球竞赛主要规则简介

一、篮球场地与器材

（一）场地

国际比赛标准场地：长 28 米、宽 15 米。球场丈量从界线的内沿量起，线宽 5 厘米。

（二）篮球、球筐、比赛球

篮板尺寸为：横宽 1. 80 米，竖立 1. 05 米，下沿距地面 2. 90 米，篮板的支柱要距端线外沿至少 2 米。

球筐一般包括篮圈和篮网。篮圈离地板 3. 05 米，篮网长度为 0. 40~0. 45 米。

篮球必须是用过的球，从 1. 80 米的高度落在比赛场地上，反弹高度应为 1. 20~1. 40 米。

二、篮球竞赛规则简介

（一）比赛时间、暂停及犯规次数

比赛由 4 节组成，每节 10 分钟。在第一半时（第 1 节和第 2 节）的任何时间，每队有 2 次暂停机会；在第二半时（第 3 节和第 4 节）的任何时间内，每队有 3 次暂停机会；每一次决胜期，每队有 1 次暂停机会。一名队员已发生 5 次侵人犯规或技术犯规时，他必须退出比赛。每节一个队侵人犯规或技术犯规累计已达 4 次后，所有以后发生的队员犯规均要处以两次罚球，除非发生了控制球队犯规。

（二）替换

裁判员鸣哨停止比赛后，双方均可以换人。在第 4 节或决胜期的最后 2 分钟内，投篮得分时，非得分队可以替换，同时对方也可要求替换。执行罚球的队员不能由其他队员替换，除非是该队员受伤或犯规已达 5 次。在同一替换期，已被替换出场的队员不得再进入场地。

（三）篮球裁判员

正式的篮球比赛应有一名主裁判员和一名副裁判员。在国际篮联的适当部门如地区委员会或国家联合会有权运用三人裁判制，即一名主裁判员、两名副裁判员。主裁判员负责第 1 节比赛的跳球。

（四）违例

违犯规则：将球判给对方队员在最靠近发生违例的地点掷球入界，篮板后面的除外。

违例包括带球走、3 秒钟、5 秒钟、8 秒钟、24 秒钟、球回后场、干涉得分和干扰得分等。

（1）带球走。队员在场上带球走或持球移动必须符合规则，即当持球队员用一脚向任何方向踏出一次或数次时，另一脚即为中枢脚，它必须保持不离开地面，中枢脚再产生移动就为带球走违例。当一名队员持球跌倒并在地面上滑行，或躺在地面上或坐在地面上时获得了控制球，是合法的，如果该队员随后持球滚动或尝试站起来，是违例。其罚则是由对方获得掷界外球权。

（2）运球违例。当某一队员开始运球后，如果用双手同时触球或使球在手中停留即为运球结束。第一次运球结束后不得再运球，否则即为运球违例。其罚则是由对方获得掷界外球权。

（3）球回后场。当球触及后场时；球触及有部分身体与后场接触的进攻队员或被他合法地触及时；球触及有部分身体与后场接触的裁判员时，即球进入该队的后场。一名控制活球球队的队员在他的前场最后触及进入前场的球之后，该队员或他的同队队员又首先触及进入后场的球时，球已非法回到后场。这个限制适用于在该队前场的所有情况，包括掷球入界。然而，它不适用于一名从他前场跳起的队员，他停留在空中时建立了新的球队控制球，并随后落回自己的后场。其罚则是由对方获得掷界外球权。

（4）3 秒钟。当某队在前场控制活球并且比赛计时钟正在运行时，该队的队员不得停留在对方队的限制区内超过持续的 3 秒钟。必须默许试图离开限制区的队员在限制区内时，他或他的同队队员正在做投篮动作，并且球正离开或恰已离开投篮队员的手及队员在限制区内已接近持续的 3 秒钟时运球投篮。为证实队员自身位于限制区外，他必须将双脚置于限制区外的地面上。其罚则是由对方获得掷界外球权。

（5）5 秒钟。进攻球员必须在 5 秒钟之内掷出界外球；在被严密防守时，必须在 5 秒钟之内传、投或运球；当裁判员将球递给罚球队员时，该队员必须在 5 秒钟内传球、投篮或运球。违反这一规则，其罚则是由对方获得掷界外球权。

（6）8 秒钟。由于球出界、一名同队队员受伤、一次跳球情况、双方同时犯规、判给双方球队的相等罚则相抵消，原先控制球的队在后场获得了掷球入界，8 秒钟应从剩余的时间处连续计算。其罚则是由对方获得掷界外球权。

（7）24 秒钟。当一名队员在场上获得控制活球时，该队应在 24 秒内设法投篮出手，球必须触及篮圈或进入球篮。如果防守队员合法防守使球出界，则 24 秒钟连续计算，否则被判为 24 秒钟违例。在临近 24 秒钟结束时做投篮尝试，并且球在空中时 24 秒计时钟信号响：如果球进入球篮，不发生违例，忽略该信号并且中篮应计得分；如果球触及篮圈但没有进入球篮，不发生违例，忽略该信号并且应继续比赛；如果球没有触及篮圈，一次违例发生。若对方队员已经立即控制了球，忽略该信号并且应继续比赛。其罚则是由对方获得掷界外球权。

（8）脚踢球和拳击球。队员不得故意地用腿的任何部位去踢球或拦截球，或用拳击球。当球偶然地碰到腿的任何部位，或腿的任何部位意外地触及球，不算违例。其罚则是由对方获得掷界外球权。

（9）干涉得分和干扰得分。一次投篮中，当一名队员触及完全在篮圈水平面之上的球并且此时球下落飞向球篮或球触及篮板一次罚球中，当一名队员触及飞向球篮但尚未触及篮圈的球时，有队员触及球，都应判违例。其罚则是如果进攻队员发生了违例，不可判给得分，将球判给对方在罚球线的延长线掷球入界；如果防守队员发生了违例，应该判给进攻队：对罚球已离手的球，得 1 分；从 2 分投篮区域已离手的球，得 2 分；从 3 分投篮区域已离手的球，得 3 分，判给的得分就如同球进入球篮一样。如果防守队员在最后一次或仅有一次的罚球中发生干涉得分违例，则判给进攻队得 1 分，随后执行防守队员技术犯规的罚则。

（五）犯规

犯规是对规则的违犯，含有与队方队员的非法身体接触和违反体育道德的举止。

犯规包括撞人、阻挡、拉人、推人、打手、违反体育道德、技术犯规及取消比赛资格的犯规。

（1）侵人犯规：在活球、球进入比赛状态或死球时涉及与对方队员接触的球员犯规，罚则是在所有情况下都要登记犯规队员一次侵人犯规。如果是对非投篮队员犯规，对方在距犯规地点最近的界外掷界外球重新开始比赛；如果是对正在做投篮动作的队员犯规，当球投中，则再判给一次罚球，当投篮未中，在 2 分区判给两次罚球，在 3 分区判给三次罚球；如果控制球队的队员发生犯规，在距犯规地点最近的界外对方掷界外球重新开始比赛。

（2）双方犯规：双方两名对抗的队员大约同时互相发生接触而犯规的情况。其罚则是各登记一次犯规，根据交替拥有原则继续比赛。

（3）违反体育道德的犯规：裁判员认为队员不是在规则的精神和意图的范围内合法地直接地试图抢球，造成的侵人犯规是违反体育道德的犯规；如果队员与对方队员身体发生过分的接触，那么这样的接触被认为是违反体育道德的犯规。其罚则是登记犯规队员一次违反体育道德的犯规，判给对方两次罚球和一次中线掷界外球，并计入全队犯规次数；如果对方正在投篮并命中，不管是在 2 分区还是在 3 分区都再判给一次罚球，再加掷界外球；如未投中，根据地点判给两次或三次罚球，冉加掷界外球，同样计入全队犯规次数。当运动员被登记两次违反体育道德的犯规时，应取消他的比赛资格。

（4）技术犯规：所有不与对方发生接触的犯规，包括队员、教练员及随从人员的技术犯规。其罚则是场上队员技术犯规，判给对方两次罚球和一次中线掷界外球，并计入全队犯规次数；教练员及随队人员技术犯规，判给对方两次罚球和一次中线掷界外球，但不计入全队犯规次数。

（5）取消比赛资格的犯规：对比赛中犯有十分恶劣的不道德犯规的队员、教练员及随从人员取消其比赛资格，并要求他们必须离开比赛场地。其罚则是判给对方两次罚球和一次掷界外球。

（6）队员五次犯规：在全场比赛中，任何一名队员犯规次数累计达五次，就必须自动退出比赛。

（7）全队四次犯规：在每单节比赛中，一方全队犯规次数累计已达四次时，全队处于处罚状态，在以后发生的防守犯规都要处以两次罚球。

（8）罚球：在罚球线后的半圆内不受干扰下的投篮，投中一次得 1 分。罚球时罚球队员得球后应在 5 秒内投篮出手，在球触及篮圈前不得触及罚球线和罚球线前的地面，否则投中无效，并由对方掷界外球。

第十章 排球运动

第一节　排球运动概述

一、排球运动的起源与发展

（一）世界排球运动的起源与发展

排球运动起源于美国。1895 年，美国麻省霍利约克城基督教青年会干事威廉·摩根从网球运动中受到启发。他构思将网球的运动形式加以改造，使它成为一种多人参加的隔网用手直接拍击球的游戏性活动，从而创造出了一项球类新游戏，这就是排球运动的雏形。

首次排球比赛是 1896 年在美国春田体育专科学校举行的。1912 年规定双方上场的队员必须轮转位置，1917 年规定每队上场队员为六人，1922 年规则已趋完备，规定每方必须在三次以内将球击过网。

排球运动在美国产生后，通过教会和美国军队的军事活动逐渐传播到世界各地。

1900 年，排球首先传入加拿大，之后在美洲流行开来。第一次世界大战期间，排球运动传入法国、意大利、苏联、捷克斯洛伐克、波兰等国。在相当长的一段时间内，东欧各国的排球运动水平始终名列世界排坛前列。

排球运动 1900 年传入印度、1905 年传入中国，之后传入日本、菲律宾等国。排球运动在亚洲的发展过程先后经历了 16 人制、12 人制、9 人制的比赛形式，直到 20 世纪 50 年代初才正式开展 6 人制排球运动。

1947 年，国际排联成立后，6 人制排球在世界范围内得到了广泛的推广。

（二）我国排球运动的发展

1905 年，排球运动传入我国，首先在广州、香港的一些中学开展，1913 年，中国组队参加了在菲律宾举行的第 1 届远东运动会排球赛，回国后这些参赛队员将这种正式的排球比赛带到了广州、台山、文昌等地，次年广州一些学校就举行了“华利波”联赛，以后就陆续传播到内地。

中华人民共和国成立之后，1950 年中华全国体育总会在暑期全国体育工作者学习会议上首次介绍了国际排联制定的 6 人制排球竞赛规则和方法，第二年在首届篮、排球比赛大会上正式组织了 6 人制排球比赛，并选拔组建了国家队。之后，我国各省、市排球队根据自己的特点形成了不同风格的技战术打法。简而言之，20 世纪 50 年代的我国排球运动是一手抓普及、一手抓提高，在普及的基础上提高，在提高的指导下普及，因此，运动技术水平提高很快。

1972年，周恩来总理发出“要把体育运动搞上去”的号召，国家体委恢复了体育竞赛制度，召开了“三大球工作会议”，确立了排球运动的指导思想及发展规划，在各地建立了排球训练基地，开始有计划地组织集中训练工作，通过集训促使各队相互学习、相互促进，这对迅速提高我国排球运动的水平起了催化作用。中国女子排球队在日本举行的第3届世界杯排球赛中，7战7捷，第一次获得了世界冠军的称号，之后一鼓作气又连续4次捧回世界大赛的金杯，荣获五连冠美称。中国男子排球队也同样取得过很好的战绩，曾在世界大赛中进入前8位，当时的中国男队实力不仅冲出了亚洲，而且可以向世界强队挑战。这一时期，我国的排球技术水平以“快速多变，高快结合”见长，代表了世界排坛的新潮流。

进入21世纪后，我国排球运动水平稳中求升。2004年，伴随着中国排球的是欢笑和泪水。雅典奥运会上的夺冠不仅使中国女排重归世界排坛的巅峰，也使顽强拼搏的女排精神再度焕发出新的活力和感染力。

2008年北京奥运会上，中国女排团结一心，众志成城，先后力克众多强手，获得了一枚宝贵的铜牌；中国男排获得第5名的历史最好成绩。

2013年9月1日，中国女排又获得了2013年世界女排大奖赛总决赛亚军。2016年，中国女排在里约热内卢奥运会上再次夺冠。

二、排球运动大型赛事简介

（一）世界排球锦标赛

世界排球锦标赛是由世界排球联合会主办，是最早的、规模最大的世界性排球比赛，每四年举办一届。它起始于1949年，该项赛事不限制各洲参赛队数，各国、各地区都可申请参加，因而参加的队越来越多。

（二）世界杯排球赛

世界杯排球赛的前身是“三大洲”排球赛，是由世界高水平的男、女球队参加的国际性的排球比赛，每四年举办一届。该项赛事的参赛队要经过严格的选拔，参加的队数规定最多不超过12个队，一般由东道主、上届“世界杯”冠军、上届锦标赛冠军及各区预选赛的冠军队参加决赛。从1991年起，改为在奥运会的前一年举行。

（三）奥运会排球赛

奥运会排球赛始于1964年的第18届奥运会，它被认为是世界最高水平的排球比赛，每四年举办一届。参加该项赛事的队要经过严格的选拔，通常一个洲只允许一个队参加比赛，东道主、世界排名前五及选拔赛胜出队伍，共有12个队有机会参加比赛。

（四）世界青年排球锦标赛

世界青年排球锦标赛始于1977年，最初每四年举办一届，以后改为每两年举办一届。人们通常把该项赛事与奥运会、世界排球锦标赛、世界杯排球赛同等看待，称为“世界四大赛”，其举行的顺序为：世界杯排球赛、世界排球锦标赛、世界青年排球锦标赛、奥运会排球赛。一般由东道国代表队、上一届冠军队和各洲青年锦标赛的前 2~3 名组成，参赛队员年龄不能超过 20 岁。

（五）世界男排联赛和世界女排大奖赛

这两项比赛都是国际排联举办的商业性大赛。世界男排联赛始于 1990 年，每年举办一次，该项比赛采用主客场制。世界女排大奖赛始于 1998 年，也是每年举办一次，该项比赛采用巡回赛的方法进行。

（六）世界沙滩排球锦标（巡回）赛

世界沙滩排球锦标（巡回）赛始于 1989 年，最初称为世界沙滩排球大奖赛，首届比赛分别在巴西、意大利、日本和美国分 4 站进行。1997 年，改为世界沙滩排球锦标（巡回）赛，每年举办一次。

三、沙滩排球运动的诞生

沙滩排球起源于美国，后传入巴西、意大利、澳大利亚、墨西哥、法国等国家，20 世纪 70 年代逐渐在日本等亚洲国家广泛开展。1976 年，在美国加利福尼亚的帕里塞德斯海滩举行了首次正式比赛。1979 年，出现职业沙滩排球赛。1987 年，全美职业沙滩排球协会成立，同年在巴西举行首届世界沙滩排球锦标赛。

沙滩排球比赛场地长 18 米、宽 9 米，2001 年改为长 16 米、宽 8 米。沙地由至少 40 厘米厚的细颗粒沙铺成。球网长 9. 50 米、宽 1 米，男子网高 2. 43 米，女子网高 2. 24 米。球可为浅黄色或其他颜色，质量为 260~280 克。比赛由两队参加，每队两名运动员，必须赤足参赛。每队可击球 3 次（包括拦网），将球击回对方场区，一名运动员不得连续击球 2 次。只有发球方可得分（决胜局除外），接发球方胜一球时，获发球权（决胜局则得分），2001 年改为每球得分制。运动员必须轮流发球。每场比赛采用三局两胜制。

第二节 排球运动基本技术

排球基本技术是指运动员在比赛中采用的各种合理击球动作和为完成击球动作而必不可少的其他配合动作的总称。

一、击球动作准备

（一）准备姿势

为了便于完成多种技术而采取的合理姿势称为准备姿势。按照身体重心的高低，可分为半蹲准备姿势、稍蹲准备姿势和低蹲准备姿势。

1. 半蹲准备姿势

两脚左右开立同肩宽，一脚在前，两脚尖稍内扣，脚跟稍提起，膝关节适当弯曲稍内收，上体前倾，身体重心落于两脚间稍偏前，两臂放松，自然弯曲，双手置于胸腹之间，身体适当放松，始终保持微动状态，两眼看球［图 10-1(a)］。

图 10-1 半蹲准备姿势

2. 稍蹲准备姿势

稍蹲准备姿势比半蹲准备姿势重心稍向前移，两腰弯曲程度小于半蹲准备姿势［图 10-1(b)］。

3. 低蹲准备姿势

两脚左右、前后开立的距离比半蹲准备姿势更宽一些，两膝弯曲程度更大一些，身体重心更低、更靠前，膝部的垂直线超过脚尖，两手臂置于胸腹之间［图 10-1(c)］。

（二）移动

从起动到制动的过程称为移动。常用的步法有并步、跨步、交叉步、跑步和综合步法。

1. 并步

当来球距身体一步左右时可采用并步移动。移动方向的异侧脚蹬地，同侧脚向来球方向跨出的同时制动，异侧脚迅速跟上成击球前准备姿势，当球距身体一侧稍远时，可快速连续并步。

2. 跨步

当来球较低，距身体较远时，应跨出一大步，同时屈膝，上体前倾，身体重心移至跨出的腿上，向前、侧或侧前方跨出。

3. 交叉步

当来球在体侧约 3 米时可采用交叉步移动。例如，向右侧交叉时，上体稍向右转，左脚从右脚前面向右交叉迈出一步，然后右脚再向右跨出一大步，同时身体转向来球方向，保持击球前的姿势。

4. 跑步

当来球远时，可采用跑步。采用跑步时，两臂要配合摆动，不要过早做击球动作的准备，以免影响跑步的速度。球在侧方或后方时，应边转身边跑。

二、垫球

垫球是排球的基本技术之一，是用手臂从球的下部，利用来球的反弹力向上击球的技术动作。垫球主要用于接发球和防守，是组织一攻和反攻战术的基础。垫球主要有正面双手垫球、侧面双手垫球、体侧垫球、背向垫球、跨步垫球、滚翻垫球、鱼跃垫球、单手垫球和挡球等。

（一）正面双手垫球

正面双手垫球是最基本的垫球方法，是各项垫球技术的基础，适合于接各种发、扣球和拉回球。

正对来球方向移动成半蹲准备姿势。当球至腹前时，两手掌根迅速紧靠，两手手指重叠后合掌互握，两拇指平行，手腕下压，两臂外翻并夹紧伸到球下。同时配合蹬地、跟腰动作，使身体重心向上方移动，在腹前击球的后下部。触球时，用前臂腕关节以上 10 厘米左右桡骨内侧面为宜。要根据来球角度和要求垫至的位置，控制好垫球方向（图 10-2）。

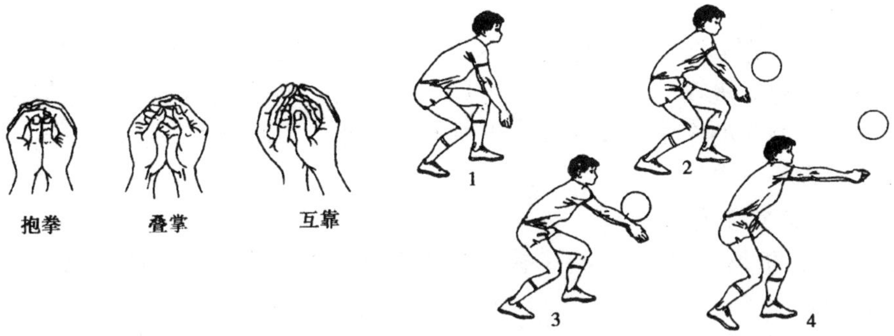

图 10-2 正面双手垫球

（二）体侧垫球

当来球飞向体侧，队员来不及移动正对来球，可用双臂在体侧进行垫击。体侧垫球可以扩大控制范围但不易控制垫球方向。

当球从左（右）侧飞来时，右（左）脚前脚掌内侧蹬地，左（右）脚向左（右）侧跨出一步，身体重心随即移至左（右）脚上，左（右）膝弯曲。同时两臂夹紧向左（右）侧伸出，用向右（左）转腰的动作，配合两臂自左（右）侧向前截住球的飞行路线，用两前臂垫击球的后下部（图 10-3）。

图 10-3 体侧垫球

（三）背向垫球

背对垫出方向，从身前向背后垫球叫“背向垫球”。

背垫一般在接发球或防守起球后，球飞得较远而又无法进行正面调整传球时采用。控制得好可以组织进攻，第三次被动击球过网时也可以采用。背向垫球是身体背对垫球方向的一种垫球方法，因此不易控制方向和落点，垫球时要有较好的位置感。

判断好来球的方向，迅速移动到球的落点处，背对触球方向，两臂夹紧伸直，击球点高于膝部。击球时，抬头挺胸，展腹后仰，直臂向后上方摆动抬送（图 10-4）。

图 10-4 背向垫球

三、发球

发球是在本方端线后将球抛起，用一只手将球击出而进入比赛的过程。发球是比赛的开始，也是进攻的开始。发球可以直接得分，也可以破坏对方的战术组成，可以起到先发制人的作用。发球分为正面下手发球、侧面下手发球、正面上手发球和正面上手发飘球等。

（一）正面下手发球

这种发球的动作简单，容易掌握，准确性高，速度慢，力量小，攻击性不强，适用于初学者。

以右手发球为例，两脚前后开立，左脚在前，两膝微屈，上体稍前倾，左手持球于腹前。左手将球抛起在身体右侧，离手约 20 厘米高，抛球的同时右臂伸展，以肩为轴向后摆。击球时，右脚蹬地，右臂由后向前摆，在腹前用“虎口”或掌根击球的后下部（图 10-5）。

图 10-5　正面下手发球

（二）侧面下手发球

侧面下手发球动作简单，容易掌握，由于它是借助腰腹转动力量带动手臂挥动击球，比较省力，稳定性较高，但攻击性较小，特别适合于初学的女生。

以右手发球为例，左肩对网，两脚左右开立，与肩同宽，两膝微屈，上体稍前倾，重心落在两脚之间，双手持球置于腹前。左手将球平稳上抛于胸前约一臂距离，球离手高度约一个半球。在抛球的同时，右臂摆至右侧后下方，接着利用右脚蹬地向左转体的力量，带动右臂向前上方摆动，在腹前用全掌、虎口或掌根击球的后下方（图 10-6）。击球后，立即进场比赛。

图 10-6　侧面下手发球

（三）正面上手发球

这种发球由于面对球网站立，便于观察对方，发球的准确性高，易于控制落点，并能充分地利用转体收腹动作带动手臂加速挥动及手腕的推压作用，使发出的球呈上旋，不易出界，因此可以加大力量和速度。

以右手发球为例，面对球网，两脚前后开立，左脚在前，左手托球于体前。左手将球平稳地抛于右肩前上方，高于击球点 2~3 个球，抛球的同时右臂抬起屈肘后引，手指自然分开，上体稍向右转。击球时，利用蹬地转体动作带动手臂快速挥动，在右肩前上方用全手掌击球的后中下部。触球时手腕有向前推压动作，使球呈上旋飞行（图 10-7）。

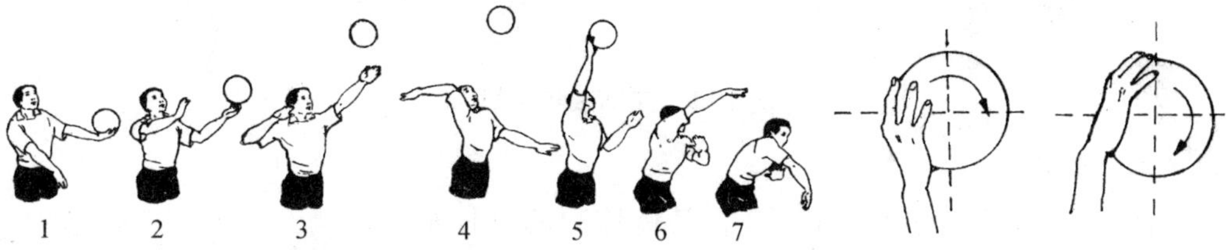

图 10-7 正面上手发球

（四）正面上手发飘球

这是一种发球时不使球产生旋转，而使球不规则地向前飘晃飞行的发球方法。目前正面上手发飘球已成为一种主要的发球方法。

以右手为例，面对球网，两脚前后开立，左脚在前，左手持球于体前。当球升到最高点时，身体重心前移，前臂突然加速挥动，用掌根平面击球的后中下部，使作用力通过球重心（图 10-8）。击球时，手腕紧张，用力短促。

图 10-8 正面上手发飘球

四、传球

传球是指利用手指、手腕和全身的协调力量，通过手指击球，将来球传递给同伴进攻的技术动作。传球是排球运动的基本技术之一，主要用于衔接防守和进攻。传球的种类很多，向前传球是传球的基础动作，传球前要求人必须及时移动到适当位置，保持好人与球的合适位置。

（一）正面双手传球

正面双手传球是传球中最基本的方法，是掌握和运用其他各种传球技术的基础。正对来球方向，成半蹲准备姿势，两臂屈肘置于胸前，两手张开，手腕稍后仰，手指屈成半球状，小指在前，两拇指靠近成八字形。当来球接近脸前上方一个球的距离时，利用蹬地、伸膝、伸臂和翻腕拨指的协调力量将球送出。以拇指、食指、中指负担球的重量，无名指和小指协助控制球的方向（图 10-9）。

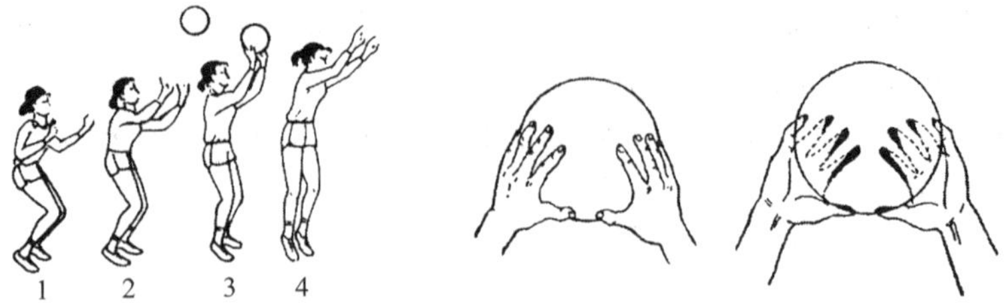

图 10-9　正面双手传球

（二）背传球

向后上方传球，称为“背传”，是传球中的一种基本方法。

背部正对传球方向，抬头挺胸，手上举，手腕后仰，掌心向上，击球点保持在额前上方。击球时，利用向后上方蹬腿、展腹、伸肘的动作和手指、手腕的力量，将球向后上方传出（图 10-10）。

图 10-10　背传球

五、扣球

扣球是跳起在空中将高于球网上沿的球击入对方场区的技术动作。扣球是排球的基本技术之一，也是攻击性最强的进攻手段。扣球是在二传配合的基础上，完成进攻战术的最后关键一环，是得分的重要手段。扣球分为正面扣球、调整扣球、勾手扣球和自我掩护扣球等。这里仅介绍正面扣球。

正面扣球是扣球中的一种基本方法。由于面对球网，便于观察，准确性较高。且挥臂动作灵活，能根据对手防守情况随时改变扣球路线和力量，便于控制球的落点，因而进攻效果较好。

以右手扣球为例，助跑时，左脚先向前迈出一步，接着右脚再迅速跨出一大步，左脚及时跟上，在右脚之前踏地制动，随之蹬地起跳，两臂自后经体侧积极上摆。起跳后，挺胸展腹，上体稍右转，右臂向后上方抬起，身体成反弓形。接着，以转体、收腹、挥臂、甩腕的协调力量，用全手掌击球的后中上部，将球击入对方场区。落地时以前脚掌着地过渡到全脚掌着地，同时屈膝、收腹，以缓冲下落的力量（图 10-11）。

图 10-11　正面扣球

六、拦网

拦网是排球的基本技术之一，是防守的第一道防线。拉网不仅是消极阻拦和被动防守，而且具有一定的攻击性，成功的拦网不仅可以直接拦死或拦回对方的扣球，还可为后排防守减轻压力。此外，有效的拦网还可以给对方心理上造成很大的压力，更加突出拦网的重要性。

（一）单人拦网

单人拦网技术是拦网最基本的形式，它是集体拦网的基础，是由准备姿势、移动、起跳、空中拦击和落地五个相互衔接的部分组成的。

两脚左右开立，约与肩同宽，距球网约 40 厘米。两膝弯曲，上体稍前倾，两臂在胸前自然屈肘张开，准备随时向来球方向并步或跨步移动。移动时，身体重心不要上下起伏，两臂摆动幅度不宜过大，最后一步要迅速降低重心。起跳时两脚迅速蹬地，两臂在体侧向上方摆动，带动身体垂直起跳，并稍收腹，以控制身体平衡，注意手臂摆动幅度不要过大，以免触网犯规。两臂充分伸直，两手自然张开，并紧张用力屈腕，两手之间的距离略小于一个球的直径，当两手触及球时，手掌和手腕要紧张用力，防止球打手出界。落地时应稍收腹，以保持身体的平衡，先以两脚前脚掌着地并屈膝缓冲，为下一个动作迅速做好准备。

（二）双人拦网

双人拦网是集体拦网的主要形式，它是由前排两个相邻的队员同时起跳拦网所组成的，目的是增大拦网面积。双人拦网一般应该以其中一人为主，另一人协同配合，距扣球点较远的队员应主动向扣球点移动。两人起跳时，应保持适当的距离，避免互相干扰。起跳后，手臂要靠近，手掌之间的距离应小于一个球，四只手应在球网上沿形成一道屏障，以阻拦对方扣球进攻的主要路线。

（三）三人拦网

三人拦网是集体拦网的另一种形式，一般是在对方扣球进攻火力较强，路线变化多，而且很少轻扣或轻吊时采用。三人拦网技术动作与双人拦网技术动作相同。组成三人拦网的关键在于迅速移动，取位恰当，密切配合。无论对方从哪个位置扣球进攻，防守队员都要向对方扣球的进攻点迅速移动，协调配合。

第三节 排球运动基本战术

排球战术是指运动员在比赛的攻防过程中，根据排球运动的规律及双方的具体情况和临场的发展变化，运用合理的技术，组织有预见性、针对性的配合行动。

一、进攻战术

接发球进攻也称第一次进攻，简称“一攻”。即接起对方发过来的球，将球垫、传到位，并组织起进攻战术，争取得分。它的战术形式有“中一二”“边一二”“插上”“两次球”4 种。

（一）“中一二”进攻战术

接发球时把球垫或传给前排 3 号位队员，3 号位队员做二传，将球传给 4 号位或2号位两个前排队员进行扣球进攻。这种进攻形式具有易组成、分工明确、战术变化较少、攻击性和突然性较小的特点。“中一二”进攻战术所需要掌握的技术有接发球一传技术，二传技术和4号位、2号位扣一般高球技术（图10-12）。此阵形适合初级水平球队运用。

（二）“边一二”进攻战术

由2号位队员做二传，将球传给3号位或4号位队员进行扣球进攻。这种进攻形式可组织“快球掩护拉开”“前交叉”“快球掩护夹塞”“短平快掩护拉开”等战术变化（图10-13）。

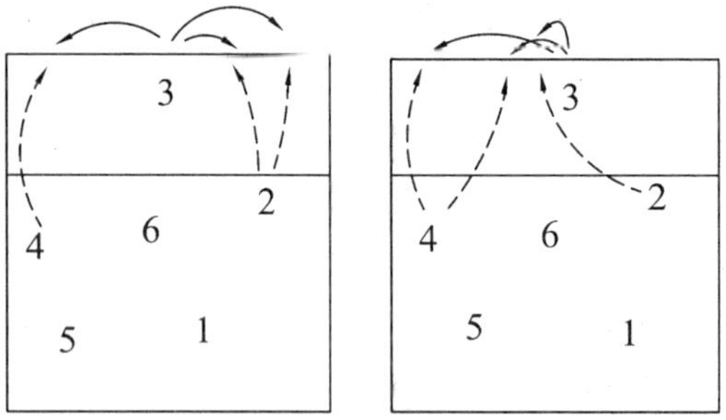

图10-12 “中一二”进攻战术

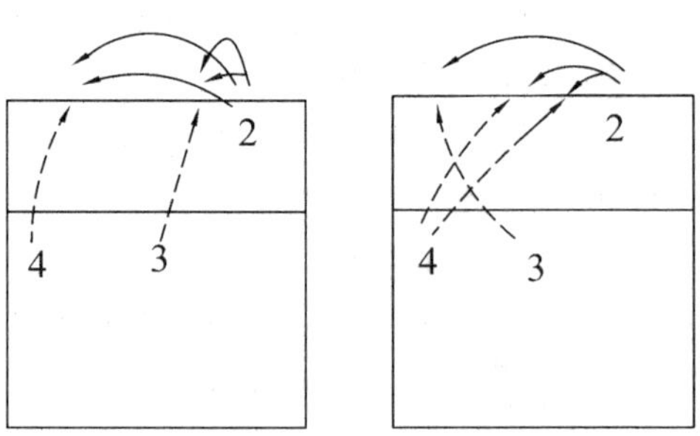

图10-13 “边一二”进攻战术

（三）“插上”进攻战术

这是在对方发球后，一个后排队员不接发球，及时插到前排网边做二传，组织前排3名队员的进攻战术配合。“插上”进攻战术最大的特点是能保持前排3人进攻。进攻时能充分利用球网的长度，能够发挥每个队员的特点，可以组成以快球战术为核心的跑动配合，形成多种战术变化，如前交叉、后交叉、夹塞、梯次、背溜、假交叉等。这些战术进攻的突然性较大，突破点多，常使对方难以组织起有效的防守。

（四）“两次球”进攻战术

“两次球”进攻战术难度较高，不仅要求一传稳妥、准确地垫到网前适当位置，而且要求前排队员有较好的适应能力和跳传技巧，以便在腾空的一刹那，根据对方的拦网情况，立即决定扣两次球或者转移给同伴进攻。

二、防守战术

排球防守战术可分为接发球防守，接扣球防守，接传球、垫球防守等，防守战术在比赛中一旦运用成功，即可组织反攻。

（一）接发球的防守技术

接发球又称“一传”，在接起对方的发球后组织的进攻则称为“一攻”。排球比赛中，发球是比赛的开始，接好对方的发球就是组织进攻的开始，因此，接发球防守战术在排球比赛中占有重要的地位。根据参加接发球的人数不同，接发球防守战术有5人、4人、3人等几种方法。

1. 5人接发球

这是比赛中最常用、最基本的接发球方法（图10-14）。它要求除前排1名二传手或后排准备插上的二传手不接发球外，其他5名队员都要参加接发球。由于参加接发球的人数多，每人分工的区域小，移动的范围就小。5人接发球时，场上队员的位置应根据本方“一攻”战术来确定，同时也要考虑到对方所采用的发球方法。

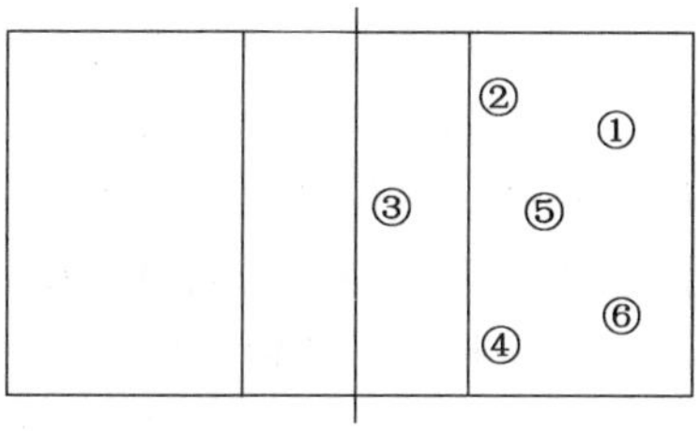

图10-14 5人接发球站位

2. 4人接发球

4人接发球的特点是可以缩短插上和扣快球队员跑动的距离，既便于后排队员上做好二传，又利于加快快攻的速度；可以把接发球技术差的队员隐蔽起来，不让他参加接发球；还能避免5人接发球时容易产生的前后排队员互相干扰的弊端，从而减少接发球的失误。但是4人接发球站位时，前场区容易出现较大空当，使接发球队员前后移动的距离增大，加大了接发球的难度。

3. 3人接发球

3人接发球，是指前排两名队员和后排插上的二传手不参加接发球，或前排3名队员都不参加接发球，而由后排队员负责全场接发球任务的站位方法。

（二）接扣球的防守战术

接扣球防守战术由拦网和后排防守两部分组成，其中拦网是第一道防线，其主要任务是力争从网上削弱对方的攻势，并尽可能争取将球堵回或直接拦死；后排防守的任务是配合拦网，把前排没有拦到的球防守好。两者是不可分割的整体，相辅相成，互为弥补。

根据前排参加拦网人数的多少，接扣球防守可分为无人拦网的防守、单人拦网的防守、双人拦网的防守及三人拦网的防守四种战术形式。

1. 无人拦网的防守战术

它是排球比赛中初级、简单的防守战术。初学打排球者，在尚未学会扣球和拦网技术时，为了通过比赛去掌握传球、垫球、发球等其他技术，或通过比赛达到锻炼身体的目的，常采用不拦网的防守战术。此外，如遇对方扣球力量较弱，或当对方的二传质量欠佳，甚至不能扣球时，就可采用无人拦网的防守形式。

2. 单人拦网的防守战术

若对方扣球手的扣球力量较小、路线变化不多时，采用单人拦网的防守比较恰当。其优点是加强了后场防守，便于组织反攻。但当对方扣球手的攻击力量较强时，若采用单人拦网防守战术，就显得第一道防线太单薄了。有时在水平较高的两支球队比赛中，也常出现单人拦网的防守形式，那是因为对方战术多变，来不及组成集体拦网而被迫采用的。

3. 双人拦网的防守战术

这是接扣球防守中最常用的战术。当对方扣球手的扣球力量较大、路线变化多，用单人拦网不能拦阻时，应采用双人拦网的防守战术。其防守方法有两种。

（1）双人拦网的“边跟进”战术。当对方在4号位进攻时，前排2号和3号位队员组成双人拦网；当对方在3号位进攻时，前排3号和2号或4号位队员组成双人拦网；当对方在2号位进攻时，4号位队员阻拦，与球相近一侧的队员配合组成双人拦网。后排的1号和5号位队员则伺机跟进到进攻线附近形成保护（图10-15）。

（2）双人拦网的“心跟进”防守战术。当对方在4号或2号位进攻时，本方前排2号和3号位队员或3号和4号位队员组成双人拦网，4号或2号位队员后撤至进攻线后1米左右处防守，6号位的保护队员跟进至进攻线的附近，在拦网队员身后进行保护，1号和5号位队员负责后场的防守（图10-16）。

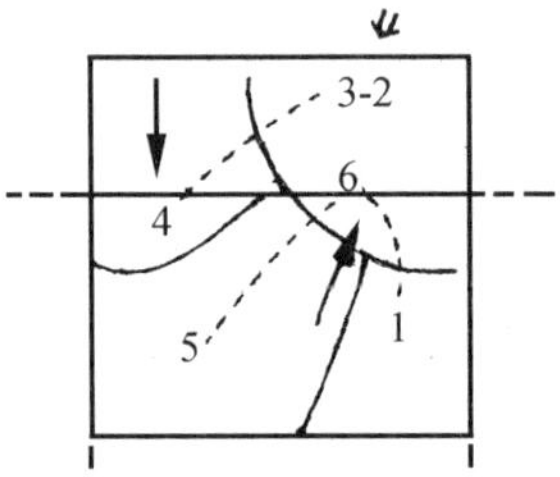

图10-15　“边跟进”防守战术

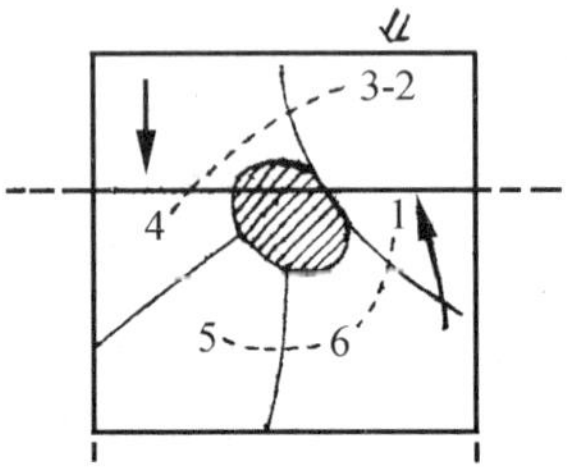

图10-16　“心跟进”防守战术

4. 三人拦网的防守战术

当对方扣球手的进攻凶狠有力、路线变化多、重扣多、轻打少时，可采用三人拦网防守战术。由于前排3人都参加了拦网，第一道拦网防线加强了，但后场空当相对地增加了。后排3人要担负全场区的防守任务，防守的难度较大，一旦防守成功后，组织反攻也有所不便。因此，采用三人拦网防守战术时，应有针对性，要根据对方扣球手的情况灵活应用，不能一用到底。

（三）接传球、垫球的防守战术

排球比赛中，除接发球、接扣球、接拦网球三种防守战术外，还有一种是要防对方无法组织强有力的进攻而被迫用传、垫动作打过网的球。由于这种来球的攻击性小，本队又已做好充分准备，因而是组成快速多变战术的极好机会。

第四节　排球竞赛主要规则简介

排球比赛的目标就是每队采用符合规定的方法击球过网，使球落于对方的场地上，同时防止球在自己的场地上落地。比赛由发球开始，发球队员击球过网进入对方的场区，双方往返击球，直到球触地、出界或一队无法正确地回击为止。

一、场地设备

（一）球场

球场长18米，宽9米，四周留有一定的无障碍区，上空也应有一定的无障碍空间。球场中间挂网，网下面画有中线，把球场划分为两个区。中线两侧3米处画有两条平行线，称为进攻线。进攻线把每个场区分为前、后场区。场上各线宽为5厘米，端线的宽度包括在球场面积内（图10-17）。

（二）球网

球网长9.50米，宽1米，网孔为10厘米见方。网上沿缝有5厘米宽的双层白色帆布。球网挂在两侧的球网柱上，与中线垂直。男子网高为2.43米，女子网高为

2.24 米。球网两侧与场地边线相垂直处挂有一条宽 5 厘米的白色标志带。在标志带外侧各竖一根长 1.80 米、红白相间的标志杆，杆的顶端高出球网上沿 80 厘米。

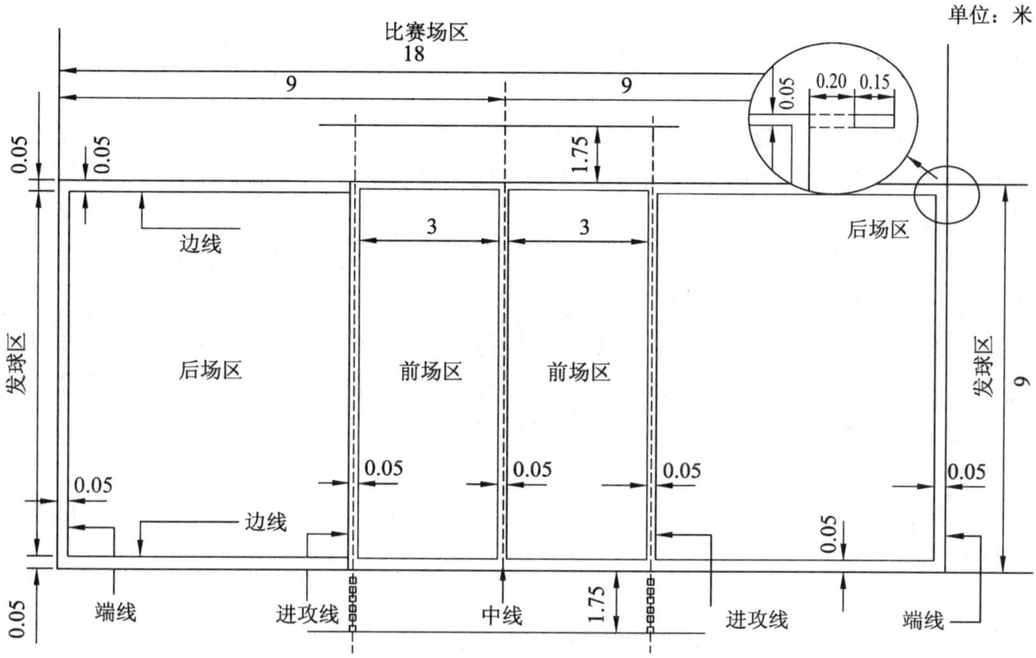

图 10-17 比赛场地

（三）比赛用球

比赛用球用柔软、有弹性的皮革制成，内有以橡胶或类似材料制成的球胆；球颜色一致且为浅色或是由国际排联（FIVB）批准的彩色球；球的圆周、气压、质量分别为 65~67 厘米、0.30~0.325 千克/厘米^2（30~32.5 千帕）、260~280 克。

二、排球竞赛主要规则

（一）站位

竞赛场上每方均分为前、后两排，每排各有三个位置，分别称其为 1~6 号位，当发球队员击球时，如果场上队员不在其正确的位置上，则构成位置错误犯规。另外，发球队员击球时，下列情况也属位置错误犯规：

（1）场上其他队员未完全站在本场区内。

（2）不符合“每一名前排队员至少有一只脚的一部分比同列后排队员的双脚距中线更近”规则。

（3）不符合“每一名左边（右边）队员至少有一只脚的一部分比同排中间队员的双脚距左（右）边线更近”规则。

（二）发球

获发球权的一方发球，当发球队员出现下列情况之一为发球犯规：

（1）发球次序错误。

（2）击球时踏及场区（包括端线）或发球区以外的地面。

（3）球未抛起就击球。

（4）球抛起准备发球却未发。

（5）第一裁判鸣哨后8秒内未将球发出。

（三）击球

比赛中运用的传、垫、扣等技术统称为击球，当击球队员出现下列情况之一为击球犯规：

（1）连击犯规。身体任何部位均可触球，但一名队员（拦网队员除外）连续触球两次，即为连击（第一次击球，队员在同一动作中出现连续触及身体不同部位情况时除外）。

（2）持球犯规。触球时，球必须被击出（单一的击球反弹动作），不允许有停滞，更不可接住或抛出，否则即为持球。

（3）四次击球与借助击球。规则允许每方最多击球三次（拦网除外）将球从网上的过网区击回对方，超过规定次数的击球，判为四次击球犯规。击球队员借助同伴或任何物体的支撑进行击球，即为借助击球犯规。

（四）进攻性击球

发球、拦网除外，所有向对方的直接击球都属进攻性击球。进攻性击球的犯规主要有以下几种。

（1）过网击球（在对方场区空间击球）。

（2）后排队员犯规（后排队员到前场区完成进攻性击球，并且击球时球的整体高于网上沿）。

（五）触网

触网（包括标志杆）不为犯规，但队员在试图击球或影响比赛时的触网或触标志杆则算犯规。队员击球后可以触及网柱、全网长以外的网绳或其他任何物体，但不得影响比赛。

（六）界内、界外球

球触及比赛场区的地面包括界线为界内球。下列情况为界外球：球触及标志杆、网绳、网柱、场外物体、天花板或非比赛人员；球的整体或部分从过网区外过网；球落地的部分完全在界线以外。

（七）正常比赛间断

正常的比赛间断有“暂停”“换人”。每队每局有两次暂停机会，每次30秒（两次可以合用），每队每局有6人次换人机会（一人从场上下来，另一人换上场，为一人次换人）。另外，规则规定在每局的比分出现8分、16分时各有一次技术暂停，这两次暂停是为了适应市场经济的需求，为资助比赛的赞助商播放电视商业广告而设。

（八）每球得分制

当接发球队胜一球时，该队得一分并获得发球权，队员按顺时针方向轮转一个位置；发球队胜一球时，也得一分，原发球队员继续发球。先得25分同时超过对方2分的队胜一局，当比分为24∶24时，比赛继续进行至某队领先2分为止，2∶2平局时，决胜局（第5局）采用15分并领先2分为胜，胜三局的队为该场的获胜队。

第十一章

足球运动

第一节　足球运动概述

一、足球运动的起源与发展

（一）我国是古代足球运动的发源地

足球运动是目前世界上发展最为广泛、影响最大的体育项目，被誉为“世界第一运动”。它的起源可以追溯到人类社会的史前时代，世界不少民族都有过用脚玩球进行身体活动的历史。据有关史料，我国古代开展足球运动要早于其他国家，在战国时代就有了叫“蹴鞠”的游戏活动。《战国策》和《史记》是最早记录蹴鞠的文献典籍，前者描述了战国时期齐国都城临淄流行的蹴鞠活动；后者则记载，蹴鞠是当时训练士兵、考查兵将体格的方式。到了唐宋时期，“蹴鞠”活动已十分盛行，成为宫廷之中的高雅活动。1985 年 7 月，国际足联主席阿维兰热博士来中国时曾表示：足球起源于中国。2004 年 2 月 4 日，国际足联副秘书长热罗姆·项帕涅在伦敦举行的新闻发布会上正式宣布，中国是足球运动的发源地。

（二）世界现代足球运动的诞生与发展

现代足球运动诞生于英国。1863 年 10 月 26 日，英国成立了英国足球联合会。这是世界上成立的第一个足球组织，足球联合会还制定了 14 条足球规则。从此，国际足坛把这一天定为现代足球运动的诞生日。

随着国际交往的增多，现代足球运动被传播到了世界各地，首先传播到了欧洲，再传到南北美洲，继而传到亚洲、大洋洲，最后传播到非洲等地。足球运动所到之处都是沿用英国足球联合会制定的足球规则，连踢球的技术和攻防模式也都是效仿英国人的。

1904 年 5 月 21 日，由法国发起，并邀请比利时、西班牙、荷兰、丹麦、瑞典、瑞士等国的足球协会的代表在巴黎召开了会议，成立了足球运动的国际性组织——国际足球联合会。

现代足球运动从诞生、发展到现在已经进入一个崭新的阶段。当今世界足球水平以欧洲、南美洲最高。由于足球运动本身的魅力，加之世界通信、传媒的迅速发展，各大洲不同国家之间的足球交流也越来越多，大家在竞争中相互学习、借鉴、融合、促进，既完善自己，又推动足球运动的进步，共同朝着技术、战术、身体、心理素质全面发展的方向努力。

（三）我国足球运动的发展

19 世纪末 20 世纪初，上海的圣约翰大学、南洋大学及北京的协和书院、汇文书院等校师生相继开展了足球运动，并举行了足球比赛。此后在广州、厦门、南京、青岛、天津等地的各类学校也开展了足球运动。

党的十八大以来，以习近平同志为核心的党中央把振兴足球作为发展体育运动、建设体育强国的重要任务摆上日程，坚定不移地推进改革、振兴足球，并以此为突破口深化体育管理体制改革，这是顺应人民群众新期待、实现体育强国梦的实际行动。为贯彻落实党中央、国务院决策部署，有关部门密切合作，经过长时间的调研论证，国务院于 2015 年印发了《中国足球改革发展总体方案》。此方案的出台，极大地促进了我国足球运动的长远发展。

二、足球运动大型赛事简介

（一）世界杯足球赛

世界杯足球赛是由国际足联组织的规模最大、水平最高的足球比赛，国际足联下属的协会成员均可报名派一个队参加，职业和业余队员均可报名参赛。比赛分预赛和决赛两个阶段，决赛队数由最初的 12 个增加到 24 个，到 1998 年第 16 届世界杯比赛增加到 32 个。冠军奖杯原为“雷米特”杯，后被三次夺冠的巴西队永久占有，故从 1974 年第 10 届比赛开始改为国际足联世界杯的新杯，又称为“大力神杯”。

（二）奥运会足球赛

从 1896 年第 1 届现代奥运会到 1908 年第 4 届奥运会，足球是表演项目，直到 1912 年第 5 届奥运会时足球才成为正式比赛项目，但是奥运会足球比赛对参赛队员年龄加以限制，1993 年召开的国际足联执委会决定，允许每个参加奥运会足球决赛的队有三名年龄超过 23 岁的队员。这一规定标志着奥运会比赛成为年轻足球选手的竞技舞台，它检阅着各国足球的后备力量。

（三）世界青年足球锦标赛

该赛事始于 1977 年，最初的两届世界青年足球赛属试办性质。1981 年，在澳大利亚举办的第 3 届世界青年足球赛得到了国际足联的正式承认，被命名为国际足联世界青年足球锦标赛（即可口可乐杯赛），因此第 3 届世界青年足球赛又叫第 1 届世界青年足球锦标赛。国际足联所属协会会员均可报名参加，队员必须在 20 岁以下。比赛分为预选赛和决赛两个阶段，各洲青年足球锦标赛为预选赛，决赛参赛队为 16 个。

（四）世界女子足球比赛

为推动世界女子足球运动的发展，国际足联决定模仿世界杯赛的原则，创办世界女子足球锦标赛。1991 年，在中国举行了首届女子足球世界杯比赛。1996 年第 26 届奥运会上，女子足球正式成为比赛项目。中国女足曾在 1999 年女足世界杯比赛中一路过关斩将杀入决赛，最后以点球惜败于美国获得亚军。

（五）欧洲足球锦标赛

该赛事始于 1958 年，最初两届比赛（1960 年、1964 年）称为欧洲国家杯赛，后改为现名，也称“欧洲杯”，1996 年前，仅有 8 支球队进入决赛阶段。此后，改为16支球队参加决赛阶段的比赛。2016年，法国欧洲杯决赛又增加至24支队伍参加比赛。欧洲足球锦标赛是欧洲大陆各国间水平最高的比赛，其激烈程度、综合水平甚至高于世界杯赛。

（六）欧洲三大杯赛

欧洲三大杯赛是世界足坛最完善、影响力最大的俱乐部比赛，由欧洲足球协会联盟主办，其他各洲俱乐部比赛基本上是模仿三大杯赛而创设的。三大杯赛的诞生正逢现代电视、新闻媒介发展高峰之时，使得它们的发展得益匪浅。欧洲三大杯赛是指欧洲冠军杯赛、欧洲优胜者杯赛和欧洲联盟杯赛，它们都是每年一届。其中，冠军杯赛水平最高，它始于1955年，由历史成绩最好的8个欧洲国家的联赛冠、亚军参加。欧洲优胜者杯赛由各国足协杯赛冠军队参加，始于1960年。欧洲联盟杯赛正式始于1972年（前身为欧洲博览会城市杯赛），它旨在使各国联赛中取得较好成绩的球队有机会参加全欧洲范围内的比赛。1972年，欧洲足协又创办了欧洲超级杯赛，它由当年欧洲冠军杯赛冠军对阵优胜者杯赛冠军，比赛实行主、客场制。

（七）欧洲足球五大联赛

欧洲足球五大联赛，指西班牙足球甲级联赛、德国足球甲级联赛、英格兰足球超级联赛、意大利足球甲级联赛和法国足球甲级联赛。这五大联赛吸引了全世界90%以上的球星参加，代表了当今世界足坛的最高水平。

第二节 足球运动基本技术

足球技术是由特定的动作结构所组成的、贯穿于整个足球活动的一种基本运动形式。常见的足球技术包括踢球、接球、头顶球、运球、抢截球和颠球等。

一、踢球

踢球是足球基本技术中的主要技术。踢球是有目的地把球传给同伴或射门，它是完成战术配合的主要手段。无论哪种踢球技术，都包括助跑、支撑脚站位、踢球腿摆动、脚触球和踢球后的随前动作五个组成部分。根据踢球的身体部位，踢球的方法主要有：脚内侧踢球、正脚背踢球、脚背内侧踢球、脚背外侧踢球，此外还有脚尖踢球和脚跟踢球等。根据球的运动状态，分为踢定位球、踢地滚球、踢反弹球、踢空中球等。

（一）脚内侧踢球

脚内侧踢球由于脚内侧接触球的面积大，故出球平稳、准确，常用于近距离的传球和射门及“二过一”的战术配合。

踢定位球时，直线助跑，助跑的最后一步稍大，支撑脚踏在球的侧面约15厘米处，脚尖正对出球方向，膝关节微屈，踢球脚以髋关节为轴，稍向后摆，大腿带动小腿前摆，膝外转，脚迅速外转90°，脚尖稍翘起，脚掌与地面平行，脚腕用力绷紧，脚内侧触球的后中部（图11-1）。踢球后，脚随球前摆，但不宜过大。

图 11-1　脚内侧踢球

图 11-2　脚背正面踢球

（二）脚背正面踢球

脚背正面踢球由于踢球腿的摆幅大、摆速快，所以踢球力量大、准确性高，但出球的变化较小，比赛中常用于射门和传球。

踢定位球时，直线助跑，助跑的最后一步稍大，支撑脚踏在球的侧面约 10～12 厘米处，脚尖正对出球方向，膝稍屈；同时踢球腿向后摆起，膝弯曲。踢球腿前摆时，要用大腿带动小腿。当大腿前摆至垂直地面位置时，小腿加速前摆。在脚触球刹那，脚背绷直，并稍收腹，以脚背正面部位触球的后中部（图 11-2）。踢球后，身体要有随前动作，并跨出一两步。

（三）脚背内侧踢球

脚背内侧踢球由于踢球腿的摆幅大、摆速快，所以踢球的力量大，适用于远距离传球、各种定位球和中远距离的射门。

踢定位球时，沿着与球运行方向成 45°的斜线助跑，助跑的最后一步稍大，支撑脚踏在球的侧后方 20～25 厘米处，膝弯曲，脚尖正对出球方向，以脚掌外侧着地支撑身体重心，上体稍向支撑脚一侧倾斜，踢球脚自然后摆。踢球时，以髋关节为轴，大腿带动小腿，呈弧形迅速前摆，脚稍向外转，脚面绷直，脚趾扣紧，脚尖斜指前下方，以脚背内侧触球的后中部（图 11-3）。踢球后，腿随球摆出。

图 11-3　脚背内侧踢球

图 11-4　脚背外侧踢球

（四）脚背外侧踢球

脚背外侧踢球由于踢球方法类似于脚背正面踢球，所以它除具有脚背正面踢球的特点外，同时还有踢球时脚踝灵活性较大、摆腿方向变化较多等优点，适用于中远距离的传球、射门和“二过一”战术配合。

踢定位球时，与脚背正面踢球的动作基本相同，只是用脚背外侧触球。在触球的一刹那，脚背要绷直，脚趾用力下扣，脚尖向内转，踢球的后中部（图 11-4）。

二、接球

接球是用身体的有效部位，有意识地将球停接下来，控制在自己所能控制的范围以内，以便更好地衔接下一个技术动作。接球的方法可以根据身体部位划分为以下几类：脚底接球、脚背正面接球、脚背外侧接球、大腿接球、胸部接球和头部接球。根据球的活动状态可分为接地滚球、接反弹球和接空中球。无论哪种接球技术，都包括四个环节：观察和移动、选择合理的接球部位和方法、改变来球力量、随球移动。

（一）脚底接球

脚底接球动作简便，易将球接稳，比赛中常用于接地滚球和反弹球。

图 11-5 脚底接球

接地滚球时，身体正对来球方向，支撑腿稍屈，上体稍前倾，保持身体平衡，接球脚提起，不超过球的高度，屈膝，脚尖跷起高过脚跟。当球滚到脚前侧时，脚掌轻轻下压，以前脚掌将球接在脚下（图 11-5）。这种接球方法比较容易掌握，接球稳，便于控制，一般用于接正面地滚球和反弹球。

（二）脚背正面接球

脚背正面接球一般用于接有较大弧度的空中球。

身体正对来球，接球腿屈膝提起，以脚背对准来球。当球与脚接触的一刹那，小腿和脚腕放松下撤，缓和来球力量，使球落在身前（图 11-6）。另外一种接法是：接球腿稍抬起，在球接近地面时，用正脚背触球，随球下撤落地。如要改变方向，可在球下落刚触及脚背时，接球脚轻轻往后撤，同时向左（右）转身，用右（左）脚接球。这种接球方法适用于接空中下落的球。

图 11-6 脚背正面接球

图 11-7 脚背外侧接球

（三）脚背外侧接球

脚背外侧接球常与假动作结合起来使用，具有一定的隐蔽性，比赛中常用于接地滚球和反弹球。

接地滚球时，身体重心先放在支撑脚上，支撑腿稍屈，同时接球脚提起，膝稍屈，放在支撑脚的侧前方，脚背外侧对准来球的方向。在球与脚接触时，接球脚轻轻下压，将球接于身前（图 11-7）。如欲将球接向体侧时，脚尖和髋部外展，将球接于身旁。脚背外侧接球常与假动作结合运用。这种接球具有隐蔽性，但因重心移动较大，较难掌握。

（四）胸部接球

挺胸接球［图 11-8（a）］适用于接弧度较大的来球。胸部由于具有部位较高、面积大、富有弹性等特点，故采用胸部接球能较早控制高球。

身体正对来球，两脚左右开立或前后开立，两膝弯曲，上体稍后仰。当球到头部前上方时，两臂自然向两侧张开。在球触及胸部时，要挺胸憋气，使球触胸后向前上方弹起，然后用头或脚将球控制好。

收胸接球［图 11-8（b）］多用于接速度快、力量较大的平球和反弹球。

身体正对来球，两脚左右开立或前后开立。接球时，胸部对准来球，并稍前挺迎球。球一接触胸部，两肩前引，迅速收胸、收腹缓冲来球力量，将来球接在身前。用胸部接球时，由于胸部面积大，接球稳当，便于接空中高球。

（a）挺胸接球　　（b）收胸接球

图 11-8　胸部接球

（五）脚内侧接球

脚内侧接球动作简单，容易掌握，由于脚触球面积大，所以传球成功率高，比赛中常用于接地滚球、反弹球和空中球。

接地滚球时，身体正对来球，判断来球的速度和方向，选好支撑脚的位置，膝关节微屈。接球脚根据来球的状态相应提起，膝、踝关节旋外，脚趾稍翘，用脚内侧对准来球，触球刹那，接球部位做相应的引撤或变向接球动作，将球控在所需的位置上［图 11-9（a）］。接反弹球时，接球腿小腿应与地面形成一定的夹角，向下做推压动作时，膝要领先，小腿留在后面［图 11-9（b）］。接空中球时，接球腿要屈膝抬起，可根据需要采用引撤和切挡的动作，接球落地后应随即在地面控制住［图 11-9（c）］。

（a）　　（b）　　（c）

图 11-9　脚内侧接排

三、运球与运球过人

运球是足球运动员在跑动中用脚的推拨动作，使球保持在自己控制范围内的连续触球动作。利用运球可以变换进攻的速度和调节比赛的节奏。在对方紧逼和密集防守的情况下，利用运球和运球过人可以摆脱对方的阻截；引诱对方离开防守位置，打乱对方的防守队形；突破对方的防线，为传球或射门创造有利时机。

（一）脚背正面运球

脚背正面运球适用于直线运球，一般在快速运球前进或越过对手后，前方纵深距离较长的情况下使用。

运球时，身体自然放松，运球脚提起，膝稍屈，脚尖朝下，在迈步向前着地前用脚背正面推球的后中部（图 11-10）。

图 11-10 脚背正面运球

图 11-11 脚背内侧运球

（二）脚背内侧运球

脚背内侧运球适用于变向（向支撑脚方向）运球，多在向内改变方向并需要用身体掩护球的情况下使用。

运球时身体稍向运球方向侧转，重心在支撑脚上，运球腿膝稍屈，脚尖稍外转，用大脚趾对准球，在迈步向前着地前用脚背内侧推、拨、扣球前进（图 11-11）。

（三）脚背外侧运球

脚背外侧运球多在快速奔跑和向外改变方向时使用。

运球跑动时，身体自然放松，上体稍前倾，两臂自然摆动，步幅不宜过大，运球脚提起时，膝关节稍屈，脚跟提起，脚尖稍内转。在迈步前伸着地前，用脚背外侧推拨球（图 11-12）。

图 11-12 脚背外侧运球

（四）脚内侧运球

脚内侧运球是运球技术中最慢的一种运球方法。但是当带球接近对方需要用身体掩护时，多采用脚内侧运球。

运球时，支撑脚向前跨出一步，踏在球的前侧方，膝关节稍弯曲，上体前倾并向里转。随着身体的向前移动，运球脚提起，用脚内侧推球的后中部（图 11-13）。

图 11-13 脚内侧运球

（五）运球过人

运球过人技术动作虽然很多，但就动作的过程来说一般分运球逼近对手阶段、运球越过对手阶段和摆脱对手继续运球前进阶段。

运球逼近对手在于吸引对手的注意，给对方心理上造成一定的压力。因此，在向前运球时要坚定信心，敢于逼近对手。当对手距球较远时，运球的动作频率要快，触球要轻，步幅要小，上体略前倾，重心稍降低，随时抬头注视对手的行动和意图。当对手距球较近时，在运球过程中要严格掌握触球的力量和控制人与球的距离，运球动作频率和球向前滚动的速度都要相应降低。

运球越过对手时，应从对手重心移动的方向的异侧越过。摆脱对手继续运球前进时，要与推、拨、拉、扣等动作紧密衔接，防止球虽越过对手而自己却被对手挡在身后，或给对手转向追抢的机会。

1. 强行过人

控球者以中等速度运球逼近对手，迫使其上抢或后退，当对手重心移动的瞬间，控球者用突然推、拨球后的加速跑动，乘对手转身之机强行突破越过对手。

2. 晃拨过人

运球接近对手，突然用上体或腿向左、右虚晃迷惑对手，诱使对手重心移动；在其重心移动的瞬间，将球向另一侧推、拨，越过对手。

3. 推球过人

运球逼近对手，诱使对手伸腿抢球，或当对手积极后退阻截站位、失去身体平衡的刹那间，运球人加快起动速度，快速推球，使球从对手胯下或体侧越过。

4. 拉球过人

控球者遇对手正面抢截时，可有意识地将球向左、右拨出，使球稍远离身体，诱使对手上抢；在其出脚抢截瞬间，突然向反方向扣球并迅速越过对手。

四、头顶球

头顶球是传跨、射门和抢截球的有效手段。进攻时，可利用头顶球直接攻门或直接传球进行战术配合；防守时，可利用头顶球阻截、破坏对方的传球配合或抢救险球，解除门前危急，转守为攻。

图 11-14　原地前额正面顶球

（一）原地前额正面顶球

身体正对来球，两脚前后或左右开立，膝微屈，上体稍后仰，重心置于后脚上，下颌平收，两臂自然张开。当来球接近身体垂直部位时，蹬地、收腹、摆体，用前额正面将球顶出（图 11-14）。

（二）跳起前额正面顶球

两眼注视来球，判断好落点，以备起跳。单脚用力蹬地的同时，另一腿屈膝上摆，两臂向上摆起，身体腾空后，上体后仰成背弓，两臂自然张开，维持身体平衡，用力顶击球，方法与前额正面顶球相同。顶球后，两腿屈膝、屈踝落地缓冲（图 11-15）。

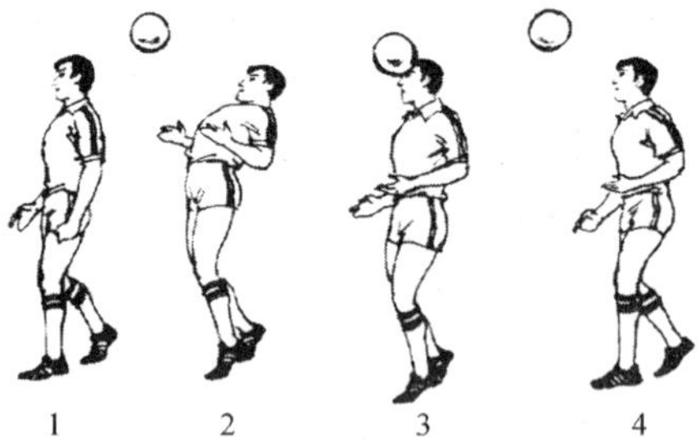

图 11-15　跳起前额正面顶球

（三）前额侧面顶球

1. 原地前额侧面顶球

两脚前后开立，两膝微屈，上体和头部向来球方向的异侧转动，身体重心放在后脚上，后膝微屈，两臂自然张开，两眼注视来球。头部触球时，后脚用力蹬地，上体迅速向来球方向扭转，同时甩头。当球运行到与来球方向同侧肩的前上方时，用前额侧面击球的后中部（图 11-16）。

图 11-16 原地前额侧面顶球

2. 跳起前额侧面顶球

一般用单脚起跳，在起跳后腾起的过程中，上体侧屈，侧对来球。在跳到最高点顶球时，急速转体、甩头，用前额侧面将球顶出。顶球后，两膝微屈，缓冲落地（图 11-17）。

3. 跳起前额向后顶球

跳起后，身体向上伸展，当球运行至头顶上空时，挺胸、仰头，用前额正面击球的底部，将球顶出。落地时，收腹屈膝缓冲（图 11-18）。

图 11-17 跳起前额侧面顶球

图 11-18 跳起前额向后顶球

五、抢截球

抢截球是转守为攻的积极手段，是防守技术的综合体现。抢截球包括抢球和截球。抢球是用规则所允许的条件和动作，把对方控制的或将要控制的球夺过来、踢出去或破坏掉。截球是把对方队员传递的球（空间运行或地滚球）堵截住或破坏掉。一旦把球争夺过来，就意味着进攻的开始。

（一）正面抢截球

正面抢截球是控制对方队员从正面运球前进时采用的方法。正面抢截球包括正面跨步抢截球和正面铲球两种方法。

1. 正面跨步抢截球

两脚前后稍开立，膝稍屈，身体重心下降，落在两脚上，面向对方。趁对方带球距离较大或脚下触球未着地时，一只脚立即用力蹬地，抢球脚屈膝向前跨出，用脚内侧挡住球的正面；另一只脚立即前跨，上体前倾，保持身体平衡，把球控制住（图 11-19）。如抢不到球，可用脚尖把球捅掉。

图 11-19 正面跨步抢截球

2. 正面铲球

两脚前后开立，两膝弯曲，身体重心下降，重心落在两脚上，面向对方。对方运球前进，当脚触球即将着地或刚着地时，一只脚立即用力后蹬，另一只腿前伸，然后蹬地腿迅速跟上，并以脚跟着地沿地面前滑铲球。铲球时上体后仰，两臂屈肘，两手指、掌向前撑地。

（二）侧面抢截球

侧面抢截球是指与对方带球队员并肩跑动时，抢球者所采用的一种争夺球的方法。

进行合理冲撞抢截球，要与运球者平行跑动或从后面追成平行时，突然从其侧面抢截球。

当与对方并肩时，接触一侧的臂要紧贴身体，用肘关节以上部位冲撞对方的相应部位，使对方失去平衡而离开球，乘机将球控制过来（图 11-20）。

图 11-20 侧面抢截球

（三）侧后铲球

一般是在对方运球或接球越过自己，来不及运用其他方法抢球时，可采用侧后倒地铲球。侧后倒地铲球包括同侧脚铲球、异侧脚铲球两种方法（同侧指与对方靠近的一侧，异侧指离对方远的一侧）。

1. 同侧脚铲球

当对手推拨球后不能马上触球时，抢球者用异侧脚用力蹬地，同侧脚的脚外侧沿地面向前滑行，同时向外摆踢，用脚背或脚尖将球踢或捅出去，接着小腿外侧、大腿外侧和臂部依次着地滑动。

2. 异侧脚铲球

当运球者推拨出球的刹那，抢球者同侧脚用力蹬地或跨步，异侧脚以脚外侧沿地面向球滑出，用脚底蹬球。接着小腿外侧、大腿外侧和臂部依次着地。

六、颠球

颠球是用身体的各个有效部位连续触球，并加以控制，尽量使球不落地的技术动作。按颠球部位可分为脚背正面颠球、脚内侧颠球、脚外侧颠球、大腿颠球等。

（一）脚背正面颠球

支撑腿的膝关节微屈，身体重心移到支撑脚上，当球落至低于膝关节时，膝、踝关节要适当放松，并柔和地向前上方甩动小腿，脚尖稍翘起，将球颠起（图 11-21）。

图 11-21 脚背正面颠球

（二）脚内侧颠球

支撑腿膝关节微屈，身体重心在支撑脚上。当球落至膝关节高度时，颠球腿屈膝盘腿，脚内侧向上摆，脚内翻，轻击球的底部，将球颠起，全身放松。

（三）大腿颠球

支撑腿膝关节微屈，身体重心在支撑脚上，两臂自然张开。当球落至髋关节高度时，颠球腿的大腿屈膝上摆，当摆至水平时轻击球的底部，将球颠起，全身放松。

七、守门员

守门员技术是比赛中守门员所采取的各种有效防御动作和接球后所做的助攻动作的总称。它包括选位、准备姿势、移动、接球、拳击球、托球、掷球和抛踢球等。

（一）选位

选位根据对方射门的地点和射门的角度来确定，一般情况下，应站在两球门柱与射门时所处的位置形成的分角线上。当对方近射时，守门员应靠前些，这样可以缩小对方的射门角度；当对方远射时，站位可稍后移，以防对方吊球进门（图 11-22）。

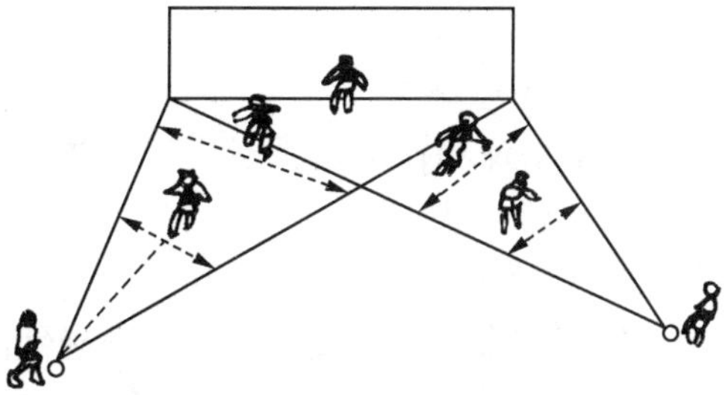

图 11-22 守门员选位

（二）准备姿势

两脚左右开立，约与肩同宽，两膝自然弯曲并稍内扣，脚跟稍提起，身体重心投影在前脚掌上，上体稍前倾，两臂于体前自然屈肘，两手五指自然张开，掌心相对，两眼注视来球。

（三）移动

根据来球的方向变化调整自己的站位，向左右调整位置的移动多采用倒滑步和交叉步，前后移动多采用跑动和跨步。

（四）接球

1. 直腿式接地滚球

两腿自然分开，脚尖正对来球，上体前倾，两臂自然下垂，两手小指靠近，手掌对球稍前迎，两手接球的后底部，在手触球的一刹那立即后引，屈肘、屈腕，两臂靠近，将球抱于胸前。

2. 单腿跪撑式接球

身体正对来球，两腿前后开立，前腿弯曲，后腿跪撑，膝盖接近地面并靠近前脚脚踵，上体前屈，手臂下垂，两手手指相对，手掌对准来球，稍向前迎，在手触球的刹那，两手随球后引并屈肘、屈腕，两臂靠近，将球抱于胸前，然后起立（图 11-23）。

图 11-23 单腿跪撑式接球

3. 接平直球

身体正对来球，两脚左右开立，上体稍前倾，两臂自然下垂，屈肘前迎，两手小指相靠，手掌对球，在手触球的一刹那，两臂后引并屈肘，顺势将球抱于胸前。

4. 接高球

当确定接球点后，迅速移动并跳起，两臂上伸迎球，两手拇指呈“八”字形，手指微屈，手掌对球；当手触球时，手腕和手指适当用力将球接住，顺势屈肘，回缩下引，并转腕将球抱于胸前。

（五）拳击球

1. 单拳击球

单拳击球动作灵活，活动范围较大，击球点高，击球力量大，多用于击侧面的传中球和高角球。

2. 双拳击球

双拳击球动作接触面积大，准确性高，多用于击正面高球或平高球。

（六）掷球

1. 单手肩上掷球

两脚前后开立，两膝弯曲，单手持球，屈臂于肩上，掷球前，持球手臂后引，同时身体随之侧转，重心移到后脚上；掷球时，利用后脚向后蹬地、转体和挥臂、甩腕的力量将球掷向较远距离的目标。

2. 单手低手掷球

两脚前后开立，两膝弯曲，单手持球于体侧，掷球前，持球手臂后摆，同时身体随之侧转成侧前屈，重心移到后脚上；掷球时，利用后脚向后蹬地和挥臂、甩臂、手指拨球的力量将球掷向近距离的目标。

第三节　足球运动基本战术

足球战术是足球运动的重要组成部分，是构成足球打法与全队配合体系的重要元素。足球战术虽然丰富多彩、变幻莫测，但都是一种由个体到整体、由局部到全面的相互交融的过程。足球基本战术通常分为进攻战术和防守战术两大体系。

一、进攻战术

（一）个人进攻战术

个人进攻战术包括摆脱、跑位、运球突破等。它是在对方紧逼防守的情况下采取的有效措施，从而摆脱自己的对手，跑到有利的位置，接应控制球的同伴并进行巧妙的传球配合，达到进攻的目的。

1. 摆脱

摆脱可以采用突然起动、冲刺跑、急停、突然变向、突然变速和假动作等。

2. 跑位

跑位可以起到接应、策动、牵制、突破等作用。

3. 运球突破

运球突破是在运球中利用各种手段和方法摆脱对方的一种个人进攻战术，是突破对方防守，制造传球和射门机会的有效手段。

（二）局部进攻战术

局部进攻战术是两人以上的战术配合行动。它可以丰富和完善全队的进攻战术，是实施全队战术的基础。

1. 传切配合

传切配合是指控球队员将球传给空切的同伴。控球队员要掌握好传球时机和传球力量，做到人到球到；切入队员插上要突然快速。

2. 交叉掩护配合

交叉掩护配合是指防守队员紧逼运球队员时，接应同伴，迎面快速交叉跑动并将球运走，从而甩掉防守队员的紧逼（图 11-24）。

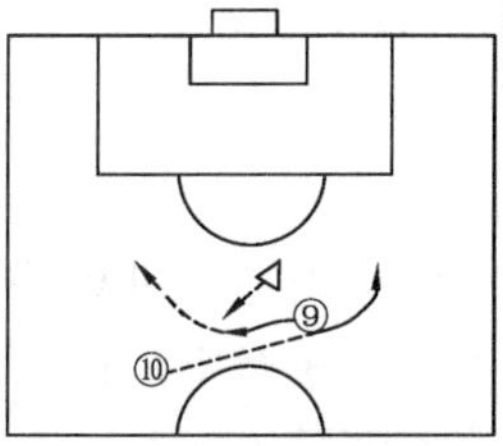

图 11-24 交叉掩护配合

3. "二过一" 战术配合

"二过一" 战术配合是指在局部地区两个进攻队员通过连续两次以上传递球和跑位，突破一个防守队员的配合。常用的"二过一"战术配合有斜传直插"二过一"［图 11-25(a)］、直传斜插"二过一"［图 11-25(b)］、回传反切"二过一"等［图 11-25(c)］。

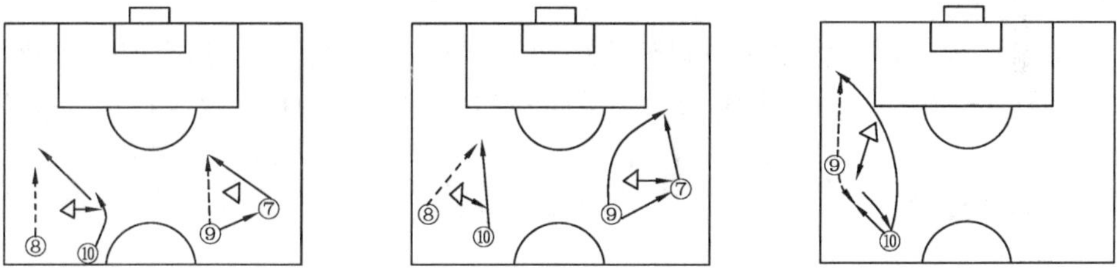

（a）斜传直插"二过一"　（b）直传斜插"二过一"　（c）回传反切"二过一"

图 11-25 "二过一" 战术配合

（三）全队进攻战术

1. 边路进攻

在对方半场两侧地区发展的进攻称为边路进攻。边路的防守队员相对较少，空隙较大。边锋组织边路进攻时，要求边锋具有较强的个人突破能力、传中能力及快速奔跑能力。

边路进攻的配合方法有边后卫插上配合。边后卫插上参与进攻是现代足球"总体"式打法的特点之一。

边路传中的最佳时机是对方队员正面向自己球门方向移动、阵形未稳时，这时包抄队员一定要及时到位。传中方法一般有四种：向远门柱外侧传高球；向罚球区中间或近门柱前传平直球；下近底回扣传地滚球；在罚球区角附近传对方守门员与后卫之间的地滚球或平高球。

2. 中路进攻

从对方半场中间地带发展的进攻称为中路进攻。中间地带正对着球门，防守队员相对较密集，进攻空隙小，较之边路进攻难度大。但是，中路进攻的进攻面宽，而且中路进攻射门角度大，一旦突破对方防线，就能直接威胁球门。中路进攻常常能获得在对方罚球区前罚任意球的机会，这也是破门得分的良机。

3. 转移进攻

这是将边路进攻与中路进攻相结合的打法，体现了战术运用的灵活。单一的边路进攻或中路进攻显得呆板，对方容易适应；转移进攻，则有利于调动对方，掌握时机。当一方进攻受阻时，马上运用准确的以中长传为主的方式，从另一方进攻对手，造成对手阵形不稳，防守空隙大，形成以多打少的局面，令对手措手不及，而一方则乘虚而入。其配合方法有边传中、中传边配合，以及两翼大范围的转移配合。转移配合可通过长传和快速短传实现。

4. 快速反击

所谓快速反击，就是在对方立足未稳、阵形松动的情况下用最短的时间、最快的速度突破对方防线，造成以多打少的局面，从而发动进攻的一种方式。其主要进攻方式是采用准确的中长传将球传至对方身后，前锋快速插上，从而制造“杀机”。这样不但可以减少进攻的层次，而且容易及时捕获有利时机，使进攻更具有突然性和隐蔽性。

5. 定位球战术

定位球战术，是指在比赛中利用“死球”后重新开始比赛的机会组织进攻与防守配合的战术方法。定位球战术包括中圈开球、角球、任意球、点球、掷界外球等。

二、防守战术

（一）个人防守战术

它是局部和集体防守的基础，包括堵（迎面堵、贴身堵）、抢（迎面抢、侧面抢、侧后抢）、断等技术在防守中的运用。选位与盯人也是重要的防守技术。

1. 选位

防守队员一般在被防守队员与本方球门中心所构成的一条直线上，与对手的距离要根据场区及球所处的位置来决定。此外，防守者的选位还应考虑使自己能够观察场上的情况和球的移动情况，使球处在自己的视野之内。防守者选位还应占据有利于抢截球的位置，并随时依据对手位置的变化移动自己的位置，有时防守队员可以离开正常的防守线，如球在另一侧时，防守队员可向内收缩，以便协助防守中路和保护同队防守队员。

2. 盯人

盯人是指防守者所处的位置能够限制对手的活动并能及时封堵对手接球或传球路线。盯人分紧逼盯人和松动盯人两种。紧逼盯人是贴近对手，不给对手从容得球和处理球的机会；松动盯人是以区域站位为主，既盯住对手，又保护同伴。

（二）集体防守战术

有全攻全守的全场防守、半场防守、紧逼防守、区域防守，也有盯人结合区域防守、密集防守等多种防守战术。不论采用哪种战术，都要考虑到本队的特长，更要针对对方的进攻技术，采用有效的防守战术，阻止对方的进攻。

1. 保护和补位

保护和补位是局部地区集体防守的基础。保护是指防守持球进攻队员时，该队员身后或侧后一定距离有同伴随时准备补位。补位是指防守队员堵截同伴在防守中出现的漏洞。保护是补位的前提，没有保护，也不可能有效地补位。

补位可以去补空当，如边后卫插上助攻时，可由其他临近位置的同伴暂时补他的位置，也可以临近队员相互补位。

在补位防守时，防守队员之间要协调、默契。一般只要还有可能被突破的防守队员追上或未被甩掉，不轻易交叉补位。补位以邻近位置补位为好，这样便于行动和争取时间。防守队员间不要站成平行线，应适当地采用斜线站位保护。

2. 围抢

围抢是指几名防守队员对局部区域内的控球和接应队员进攻围堵和抢断。在局部区域进行以多防少紧逼对方控球和接应球员，对其施以最大的防守压力，达到破坏进攻甚至断球后反守为攻的目的。

（三）制造越位战术

这是防守队员主动制造对手越位的配合。它可以破坏对方的进攻节奏和攻势，是由守转攻的一种良好手段。

由于这种防守战术是比较冒险的防守战术，碰到有经验的进攻队员，就可能给球队带来灾难性后果。因此，运用这种战术时应慎重，需要有一定的战术意识和良好的训练水平，而且不宜在一场比赛中多次反复地运用。

三、比赛阵型

为了适应攻守战术的需要，全队队员在场上的位置排列和职责分工，称为比赛阵型。

（一）“WM”式阵型

如图 11-26 所示，在防守上让一防守能力最强的队员紧盯攻方突前射手中锋，控制禁区中路最要害的地区，两个后卫分别把守左右两侧以控制两边锋的传中球。中场由两个前卫和两个撤后的内锋组成“魔术四方形”以控制中场，组织进攻和防守。前锋线有突前的中锋和左右两边锋。这种“WM”式阵型使攻防力量的分布趋于平衡，并符合攻防的基本原则，促进了技术、战术和比赛水平的提高。

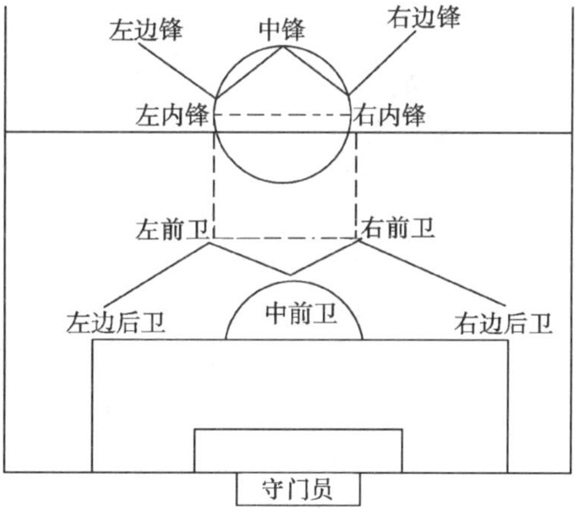

图 11-26 “WM”式阵型

（二）“四二四”阵型

“四二四”阵型是一种攻守队员位置排列极为平衡的阵型（图 11-27）。在此阵型运用中，两前卫是承上启下的中坚力量。当进攻时，他们积极组织策应；当防守时，则迅速回撤堵截。由于活动频繁，该阵型对两前卫的体力及技术的全面性有着特殊的要求。

该阵型最大的弱点是中场力量相对薄弱。特别是当两前卫队员在体力及全面技术上不足时，就更是如此。这一阵型也要求锋线及卫线在攻守的不同阶段，积极策应中场的进攻或防守。

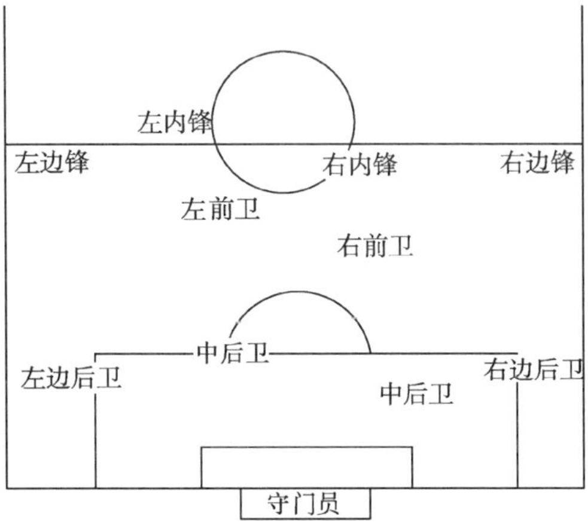

图 11-27 **“四二四”阵型**

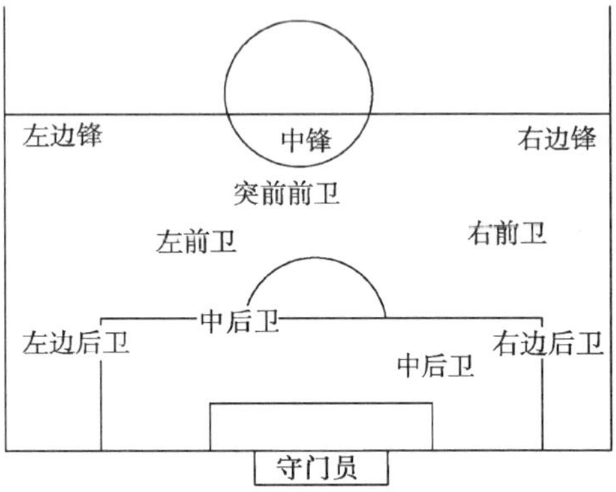

图 11-28 **“四三三”阵型**

（三）“四三三”阵型

这一阵型是当代足坛流行的阵型之一，它与“四二四”阵型的区别点在于，它需要撤回一个前锋至中场，加强中场人数的力量（图 11-28）。

“四三三”阵型的位置是比较灵活的，它要求队员能根据战势机动调整位置，同时在位置变换中又始终保持整体的组织性。从防守上看，“四三三”阵型至少有 7 个防守者，而一般来说，大多数队常是 6 个人参加进攻。当进攻时，3 个前锋和 3 个前卫是必有者，但由于前锋与前卫总是受到严密盯防，这样“四三三”阵型特别强调后卫突然插上。在后卫插上时，该阵型一方面要求插上者必须把握时机，慎重行事；另一方面则要求其他队员必须注意对手反击时的补位。当进攻一方后卫频频参与助攻时，防守方面也要求本队前锋队员回撤参与防守。

（四）“四四二”阵型

“四四二”阵型是在 1966 年世界杯赛中得到确认的。当时英国队教练拉姆塞因缺乏世界级的优秀边锋，便拉回一个边锋组成“四四二”阵型（图 11-29）。

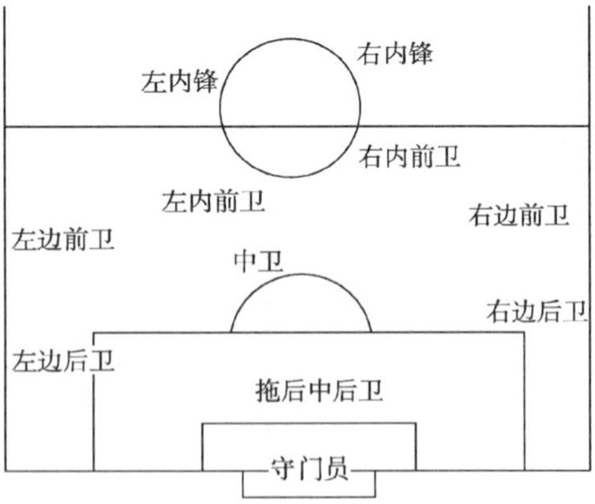

图 11-29 **“四四二”阵型**

这一阵型的进攻特点之一是中场和后卫队员频频靠边活动，以构成对方门前险情；另一常见进攻打法是两内锋拉边制造宽度，中场两前卫以插入禁区得分；第三个常见进攻方式是利用两前锋速度快、技术好的特点，在抢断球后迅速长传发动快速反击。

在防守上，该阵型主要强调队员回位和密集防守下的组织与协调配合。

（五）全攻全守

快速的全攻全守战术，是整个攻防战术指导思想的发展，它要求运动员的意志、技术、战术、身体和心理素质全面化，从而达到实际上的攻守平衡。

第四节 足球竞赛主要规则简介

一、比赛场地

足球比赛场地必须是平整的长方形，其长为90~120米，宽为45~90米，球场地面必须平坦（图11-30）；国际比赛场地的长度为100~110米，宽度为64~75米，一般取中间值。场内有球门区、发球区、旗杆、角球弧、中圈、大禁区、小禁区等。球门在场地两条底线的中央，宽7.32米，高2.44米，挂以球网。

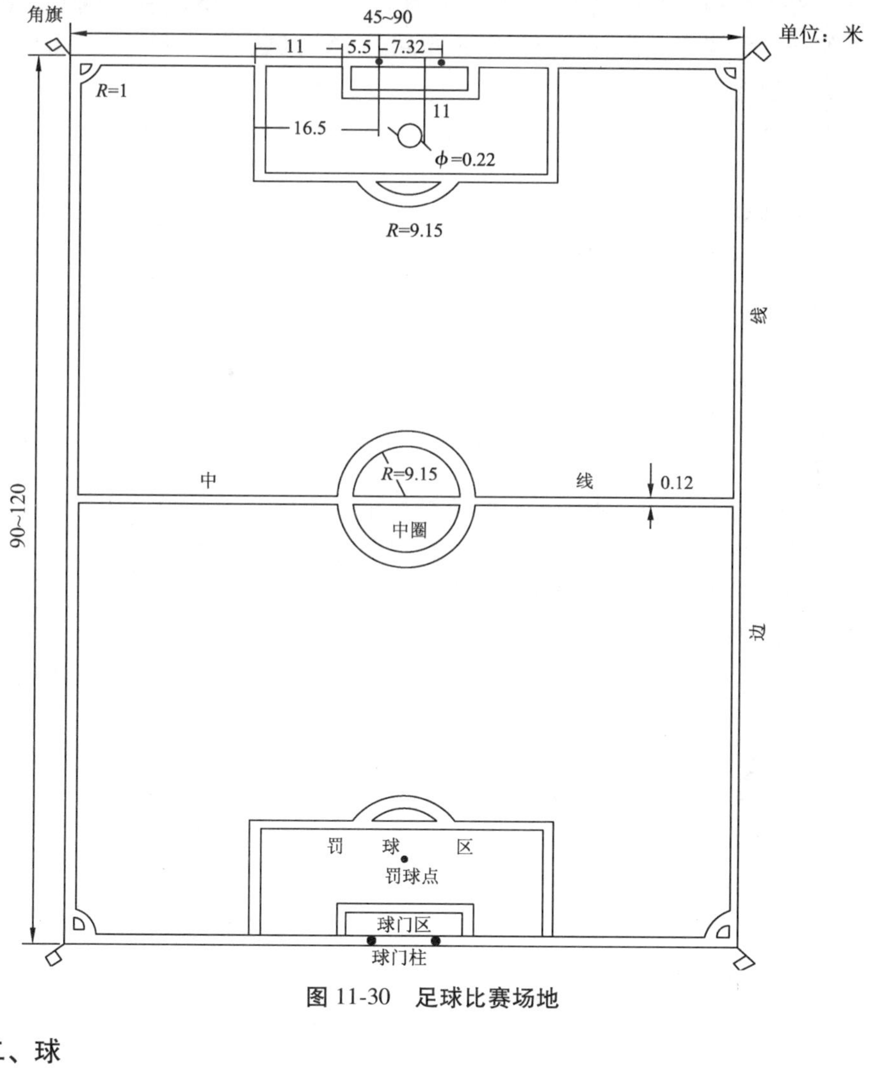

图11-30 足球比赛场地

二、球

比赛用球必须是圆形，在比赛开始时球的圆周为68~70厘米，质量应为410~

450 克，压力应为 $0.7\times10^5\sim1.2\times10^5$ 帕（0.6~1.1 个大气压）。在比赛中未经裁判员许可，不得更换比赛用球。

三、队员人数

正式足球比赛的上场比赛人数不得多于 11 人或少于 7 人，其中必须有 1 名为守门员。场上队员可与守门员互换位置，但必须事先通知裁判员。被替补下场的队员和被罚出场的队员不得再次参加本场比赛。

四、队员装备

正式比赛上场队员必需的装备是：运动上衣、短裤、护袜、护腿板和足球鞋。同队队员的服装颜色必须一致，队长须有队长袖标，守门员的服装颜色必须有别于其他上场队员和裁判员。

五、比赛时间

正式比赛时间应为 90 分钟，分上、下两个半场，各为 45 分钟。除非经裁判员同意，否则上、下半场之间的休息时间不得超过 15 分钟。

六、比赛进行及死球

当球不论在地面或空中全部越过球门线边线，或由裁判员鸣哨停止比赛成死球为比赛停止。除此之外，比赛始终应在进行之中。

七、计胜方法

凡球的整体从门柱间和门梁下越过球门线的外沿的垂直线时，为攻方进一球。

八、越位

1. 越位位置

当一方队员在对方半场并位于球的前面，且在他和对方球门线之间，对方队员不足两人时，该队员即处于越位位置。

2. 判为越位

当队员踢或触及球的一瞬间，同队队员处于越位位置，裁判员认为该队员正在干扰比赛或干扰对方，或企图从越位位置获得利益时，则应判为越位。队员被判罚越位后，应由对方在越位地点罚间接任意球。

3. 不应判为越位

（1）队员仅仅是处于越位位置或直接接得球门球、角球或界外掷球不应被判为越位。

（2）如果进攻队员平行于对方倒数第二个防守队员或平行于对方最后两名以上（含两名）防守队员，那么该队员就不算越位。

九、犯规和不正当行为

1. 直接任意球的判罚

足球比赛中，当队员有下列行为时应判为犯规并由对方罚直接任意球：

（1）踢或企图踢对方队员；

（2）绊摔或企图绊摔对方队员；

（3）跳向对方队员；

（4）冲撞对方队员；

（5）打或企图打对方队员；
（6）推对方队员；
（7）为了得到对球的控制而抢截对方队员时，于触球前触及对方队员；
（8）拉扯对方队员；
（9）向对方队员吐唾沫；
（10）故意手球（不包括守门员在本方罚球区内）。

2. 间接任意球的判罚

当队员有下列行为时，应判由对方罚间接任意球：
（1）守门员用手控制球时，持球超过6秒，且未将球发出；
（2）守门员在发出球之后未经其他队员触及，再次用手触球；
（3）守门员用手触及同队队员故意踢给他的球；
（4）守门员用手触及同队队员直接掷入的界外球；
（5）守门员拖延时间；
（6）队员动作具有危险性；
（7）队员阻挡对方队员；
（8）队员阻挡对方守门员从其手中发球；
（9）队员违反以前未提及的任何其他规则，而停止比赛被警告或罚令出场。

十、罚球点球

在比赛过程中，一个队在本方罚球区内由于违反了可判为直接任意球的10种犯规之一而被判罚的任意球，应执行罚球点球。罚球点球时，除了罚球队员和守门员以外，其他所有队员必须在罚球区以外，直至比赛重新开始。

十一、掷界外球

比赛进行中，当球的整体不论从地面或空中越过边线时，应由最后触球队员的对方从球越过边线处掷界外球。掷界外球时，队员应面向场地，任何一只脚的部分站在边线上或站在边线外的地上，使用双手将球从头后经头上掷出。掷界外球不可直接得分。

十二、球门球

比赛进行中，当球的整体不论从地面或空中于球门外越过球门线，而最后触球的队员为攻方队员，则由防守一方踢球门球。踢球门球时，可在球门区内任意一点踢球，当球被踢出罚球区后，比赛才为重新开始。踢球门球可以直接得分。

十三、角球

比赛进行中，当球的整体不论从地面或空中于球门外越过球门线，而最后触球的队员为防守队员，则由进攻一方踢角球。踢角球可以直接得分。

第十二章

乒乓球运动

第一节　乒乓球运动概述

一、乒乓球运动的起源与发展

（一）世界乒乓球运动的起源与发展

乒乓球运动是一项历史悠久且深受人们喜爱的体育运动，19 世纪末起源于英国，流行于欧洲，最早叫“Table Tennis”（桌上网球），它是由网球派生而来的。1926 年 12 月 6 日至 12 月 11 日，在英国伦敦举行了第 1 届欧洲乒乓球锦标赛。比赛期间，召开了国际“乒联”全体代表大会。会议通过了正式成立国际乒乓球联合会的决议和国际“乒联”的章程，讨论了乒乓球的比赛规则。

世界乒乓球技术的发展，从某种意义上讲，是在不断革新，使球在速度和旋转之间相互竞争过程中向前推进的。从 1926 年第 1 届世界乒乓球锦标赛到现在，乒乓球的发展经历了五个时期：稳削防守打法的欧洲全盛时期（1926—1951 年）；长抽加快打打法的日本称雄时期（1952—1959 年）；近台快攻打法的中国崛起时期（1961—1969 年）；欧洲复兴欧亚激烈对抗时期（1971—1988 年）；奥运会时代（1988 年至今）。1988 年，乒乓球被列入奥林匹克运动会的正式比赛项目，大大推动了世界乒乓球运动的进一步发展。世界各国尤其是欧亚乒乓球强国，如瑞典、波兰、匈牙利、德国、朝鲜、韩国、日本和中国等，更加重视乒乓球的普及和提高。进入奥运会时代的乒乓球运动，欧亚竞争更加激烈。

总括起来，世界乒乓球技术将朝着“更加积极主动，特长突出，技术比较全面，战术变化多样”的方向发展。

（二）我国乒乓球运动的发展

我国的乒乓球运动有着自己的独特之处。20 世纪 50 年代，我国参加了几次世界大赛，通过认真总结经验，狠抓基本功训练，技术水平提高很快，1959 年首次获得男子单打世界冠军，1961 年首次获得男子团体冠军。在第 26 届至第 28 届的 3 届世界锦标赛中，中国运动员夺得了半数以上的冠军，为中国乒乓球运动开辟了通往世界乒坛顶峰的道路。近年来中国队在与外国队的比赛中常占有压倒性的优势，成为世界公认的乒乓球强国。

中国乒乓球队为国争光、顽强拼搏、锐意创新、勇攀高峰的精神，已成为中华民族的骄傲和精神财富及其他体育项目的楷模。

二、乒乓球运动大型赛事简介

（一）世界乒乓球锦标赛（简称“世乒赛”）

世乒赛是历史最长、规模最大、技术水平最高的乒乓球比赛。第1届世乒赛于1926年12月在英国伦敦举行，1926—1939年每年举行1届，1940—1946年由于第二次世界大战而停办，1947年恢复第14届比赛，1957年第24届比赛后改为每两年举行一次。2000年2月，国际乒联代表大会在吉隆坡通过一项决议，从2003年开始，将世乒赛的团体赛和单项赛分开举行。

世乒赛共设男单、女单、男双、女双、男团、女团和混合双打7个比赛项目。世乒赛各项奖杯都是流动的，冠军获得者可保存该项奖杯至下一届世乒赛开始，并可在奖杯上刻上名字以示纪念。

（二）奥运会乒乓球赛

经国际乒联多年努力，国际奥委会最终做出决定，将乒乓球列为第24届奥运会正式比赛项目。从1988年汉城（今首尔）奥运会开始，比赛暂设男、女单打和男、女双打4个项目，2008年，男双、女双变为男团、女团，并采用新的奥运团体规则。乒乓球运动自被列为奥运会正式比赛项目后，更受世人关注，世界乒乓球运动有了更广阔的发展前景。

（三）世界杯乒乓球赛

1980年，国际乒联首次举办了第1届世界杯乒乓球赛，并以前国际乒联主席伊·埃文斯命名（埃文斯杯）。该比赛最初只设男子单打项目，每年举办一次，至2012年已举办了33届。后于1990年又增设每两年一次的团体和男、女双打比赛，但团体和双打比赛常因故暂停和不定期举行。1996年开始举办首届世界杯女子单打比赛，比赛基本由国际知名大公司赞助并冠名。

（四）国际乒联职业巡回赛

国际乒联职业巡回赛是仅次于世乒赛、奥运会和世界杯赛的国际第4大乒乓球赛事。1996年，国际乒联首次举办了职业巡回赛，比赛设男、女单打和男、女双打4个项目，采用7局4胜制。该赛事分巡回赛和总决赛两个阶段进行，第一阶段设数站巡回公开赛，然后根据全年的巡回赛成绩，统计积分和排名；其中最为出色的前16名男、女单打和前8对男、女双打选手参加第二阶段比赛，角逐总决赛的4项冠军。参加总决赛的选手均是世界级顶尖高手。

第二节　乒乓球运动基本技术

技术是战术的基础，技术动作的好坏不仅关系到击球的稳健性和击球的质量，同时也影响战术的质量和变化。基本技术掌握得越全面、正确、实用，战术的运用就会越灵活多变，就越得心应手，就会取得较好的效果。

一、乒乓球击球动作结构

乒乓球的技术动作和方法一般包括以下几个环节：击球前的选位、引拍和迎球挥拍，击球时击球时间、击球部位、拍面角度和挥拍方向，击球后的随势挥拍动作和还原。

（一）选位

击球位置是根据对方来球的落点和旋转性质及本方准备采用的还击方法来确定的。当主观上对合理击球位置做出判断后，就应迅速移动步法，调整好身体重心，做好击球的准备。

（二）引拍

引拍是迎球挥拍前的准备动作。引拍是否到位，是能否击中球的首要条件。引拍是否及时，是保持合适击球点的重要因素之一。引拍的方向决定着回球的旋转性质，要使回球呈上旋，就必须向下引拍；要使回球呈下旋，就必须向上引拍。引拍动作正确与否，影响击球的命中率和击球效果。

（三）迎球挥拍

迎球挥拍是指从引拍后的位置挥动到击中来球这段过程。但必须强调引拍与迎球挥拍是一个连贯的不停顿的动作。挥拍的方向决定着回球的旋转性质，并影响回球的路线，但它受引拍方向的制约。挥拍加速度的快慢决定球的飞行速度和旋转强度。挥拍动作正确与否，直接影响击球的命中率和击球效果。

（四）球拍触球

球拍触球是指球拍与球接触时一刹那的动作。球拍触球时，拍面所朝方向决定击球线路。拍面角度决定触球部位，并直接影响动作的准确性。这一环节是决定击球方向和落点的关键。

（五）随势挥拍

随势挥拍是指球拍击球后随势前挥的动作。可在击球结束阶段保证击球动作的准确性。

（六）身体的协调配合和击球后的放松动作

身体的协调配合是指击球过程中不持拍的手臂、身体的转动，重心的移动等与整个击球动作的协调配合用力。击球后的放松动作是指击球动作完成后，随着挥拍的结束而出现的一个短暂的放松阶段。放松动作是保证有节奏连续击球的关键。

以上六个击球动作结构是一个完整的统一体，不能割裂开去强调某一动作结构的重要性。了解了这一点，在实践中去规范击球动作，对掌握高质量的击球动作大有帮助。

二、乒乓球击球技术要素

速度、力量、旋转和飞行弧线是乒乓球击球技术的四大要素，也是乒乓球运动的主要制胜因素。

（一）击球速度

“快”是乒乓球运动的主要制胜因素之一，也是争取主动、制造扣杀机会及给对方措手不及而直接得分的重要手段。

（二）击球力量

击球力量也是乒乓球运动的主要制胜因素之一。我国乒乓球界历来都把落板的轻重视为进攻型运动员基本功夫深浅和技术水平高低的重要标志之一。

击球力量的轻重主要取决于击球瞬间球拍摆速的大小，因此，要打好乒乓球，必须提高速度素质、力量素质（特别是击球爆发力）及全身协调用力的能力。

（三）球的旋转

在乒乓球运动中，绝对不转的球是没有的。我们通常把旋转速度很小的、显示不出明显旋转性质的球叫作不转球；把旋转速度较大的、具有明显旋转性质的球叫作转球；把旋转速度大的球叫作加转球；此外，还把旋转特别强烈的球叫作强烈旋转球。

旋转是乒乓球运动的主要制胜因素之一，现代乒乓球运动的各种主要技术都离不开旋转球，习惯上把球的基本旋转分为三大类：上旋、下旋和侧旋。

（四）球的飞行弧线

乒乓球在飞行中受重力作用而形成一条曲线，叫作球的飞行弧线。由于击球位置多半低于球网，所以良好的飞行弧线是飞越球网并落到对方台面的必要条件，同时又能使球落点和高度适宜而增加对方回击的难度。弧线的高度必须高于球网，以保证球能飞越球网，但又不能过高，以免给对方造成扣杀机会。球的射程不可过远或过近，否则将不落入对方台面。

三、握拍法

握拍法指运动员手握乒乓球拍的方法，有直拍握拍法和横拍握拍法两种。可根据个人的兴趣爱好、身体条件，选择一种适合的握板方法。

（一）直拍握拍法

1. 近台快攻型握法

这是如同人们握钢笔写字一样的动作：拍前，以食指第二指节和拇指第一指节在拍前构成一个钳式，两指间距离为 1~2 厘米，拍柄贴住虎口；拍后，三指自然弯曲重叠，以中指第一指节和无名指尖同时顶住球拍 1/3 处的上端［图 12-1(a)］。这种直拍握拍法流行于亚洲。

2. 弧圈球型握法

拍前，拇指紧贴在拍柄的左侧，食指扣住拍柄，形成一个小环状，紧握拍柄；拍后，三指自然弯曲顶住球拍中部。这种握拍法适用于弧圈球的打法［图 12-1(b)］。

(a) 近台快攻型握法

(b) 弧圈球型握法

(c) 直拍削球握法

图 12-1　直拍握拍法

3. 直拍削球握法

大拇指弯曲，紧贴拍柄的左侧，用力下压，其余四只手指自然分开托住拍的后面［图 12-1（c）］。

（二）横拍握拍法

横拍握拍法有点像人们见面时握手一样。方法是：虎口贴住拍肩，拇指伸在球拍正面，食指伸在球拍反面，其余三指握住拍柄。正手攻球时，食指可稍向上移动；反手攻球时，拇指可稍向上移动；进行削球时，拇指与食指变化不明显（图 12-2）。

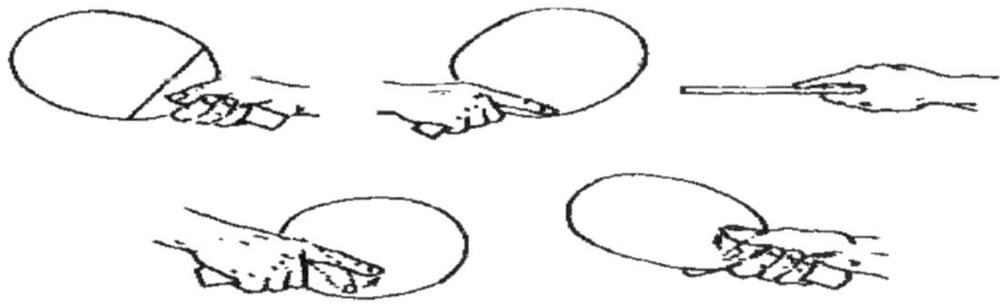

图 12-2　横拍握拍法

四、基本步法

步法移动是乒乓球运动员击球时动作的基本环节之一。移动步法的主要目的是能经常保持合理的击球位量，以提高击球动作的准确性。快速而灵活的步法移动在比赛中能争取主动，摆脱被动，并能扩大控制范围，充分发挥自己特长，掩盖自己弱点，以利于取得比赛的胜利。

（一）单步

以一脚前脚掌为轴，另一脚向前、后或左、右移动一步（图 12-3）。此种步法的活动范围不大，一般在来球离身体较近时采用。

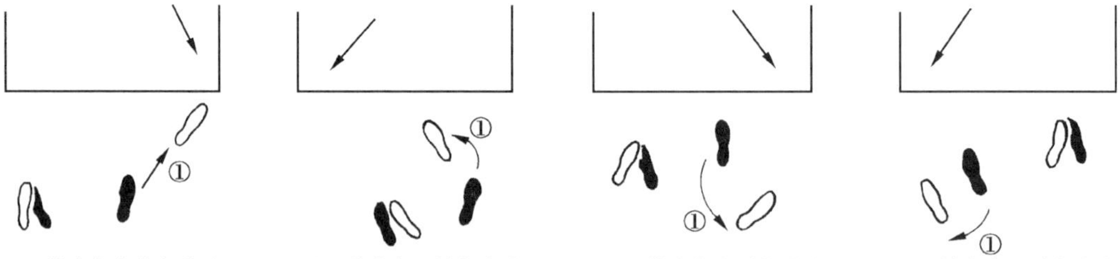

(a) 单步向右前方移动　(b) 单步向左前方移动　(c) 单步向右后方移动　(d) 单步向左后方移动

图 12-3　单步

（二）跨步

跨步是以一只脚向前、后或左、右不同方向跨出一大步，身体重心随即移到跨步脚上，另一只脚也迅速滑动半步跟过去（图 12-4）。

（三）跳步

跳步是以来球异侧方向的脚用力蹬地为主，两脚同时离地，向来球的方向跳动，蹬地脚先落地，另一只脚跟着落地站稳（图 12-5）。快攻打法常用跳步来侧身。

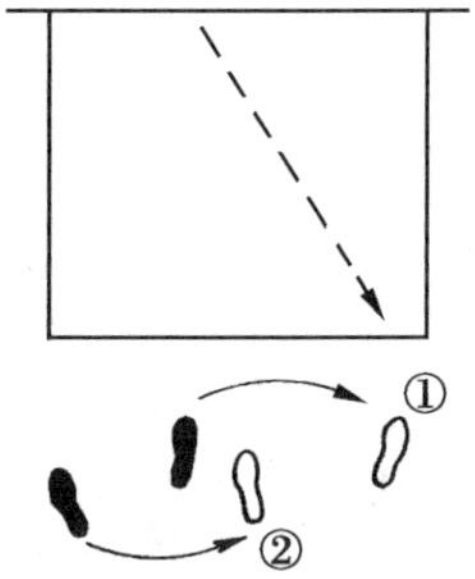

图 12-4 跨步

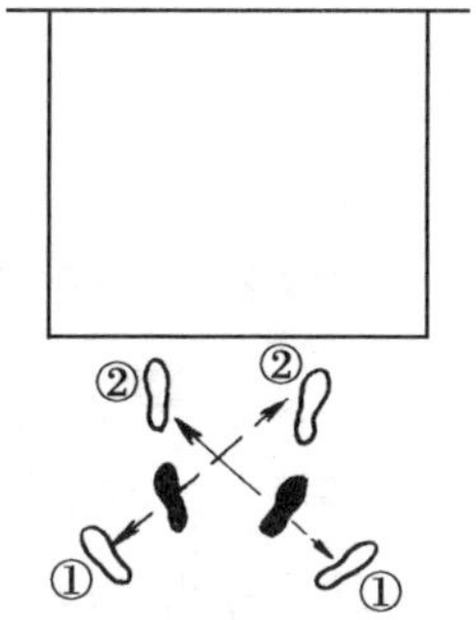

图 12-5 跳步

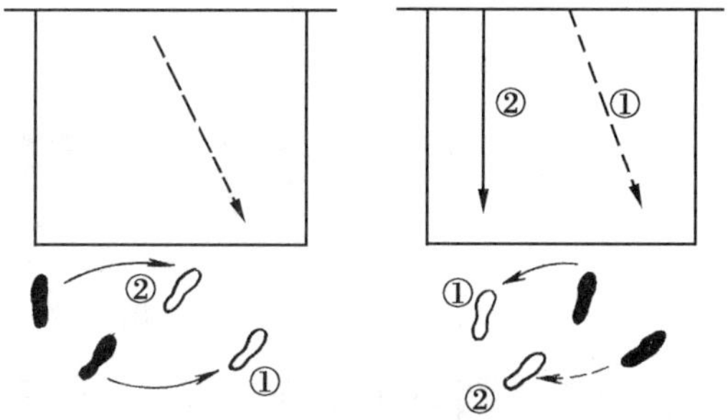

图 12-6 并步

（四）并步

来球远侧方向脚先向近侧方向脚靠一步，然后近侧方向脚再向来球方向迈一步（图 12-6）。在小范围内移动时常用此步法。

（五）交叉步

来球同方向脚蹬地，异方向脚向来球方向跨出一大步，在身体前两脚成交叉状，然后蹬地脚迅速跟上解除交叉（图 12-7）。交叉步的移动范围较大。

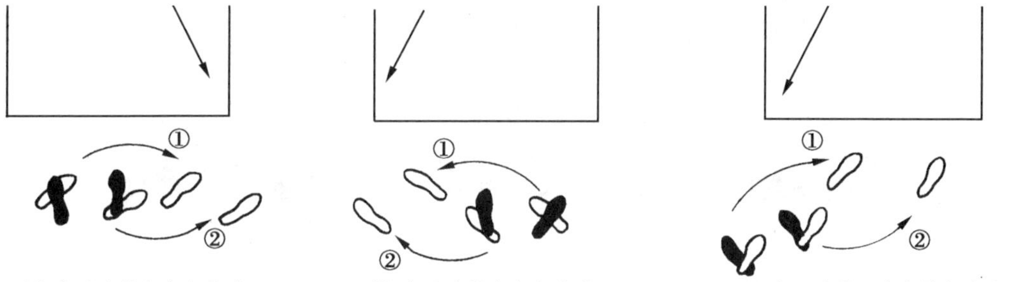

(a) 交叉步从左向右移动　(b) 交叉步从右向左移动　(c) 交叉步从左向右前方移动

图 12-7 交叉步

五、发球

发球是乒乓球比赛中每一分的开始，是乒乓球技术唯一不受对方制约和限制的技术，在规则允许的范围内，可以最大限度地施展自己的战术意图。发球的种类很多，根据旋转可分为转与不转和侧旋发球等。

（一）发平击球

正手发平击球时，两脚开立，右脚稍后，身体稍向右转，左手掌心托球置于腹前右侧，右手持拍置于身体右侧。当球向上轻轻抛起的同时，执拍手向后引拍，待球降至网高时，上臂带动前臂，由后向前挥拍平击球的中部或中部偏上位置。击球后，手臂顺势前挥。球击出后的第一落点在本方球台中区附近（图 12-8）。

1　2　3　4

图 12-8　正手发平击球

反手发平击球时，左脚稍后，身体稍向左转，引拍至身体左侧，左手掌心托球，置于腹前左侧。当球轻轻上抛的同时，持拍手后摆引拍成半横状，待球降至近网高时，执拍手前臂以肘关节为轴，由后向前挥拍平击球的中部位置。其他要领同正手发平击球。

（二）发急球（奔球）

正手发急球（奔球）时，右脚稍后，身体稍向右转，右手持拍于身体右侧，左手掌心托球置于腹前右侧。当持球手将球向上抛起的同时，持拍手随即向右后上方引拍，待球降至与网同高时，前臂迅速由后向左前方挥动，拇指压拍，拍面略向左倾斜，沿球的右侧中部向中上部摩擦击球。击球后，前臂与手腕随势向前挥动。球击出手的第一落点在本方台区端线附近（图 12-9）。

1　2　3　4　5

图 12-9　正手发急球

反手发急球时，右脚稍前，身体稍向左转，左手掌心托球置于腹前左侧，右手持拍于身体左侧。当球上抛时，右手后摆引拍，拍面稍前倾，待球降至略低于网高时，前臂迅速向前挥摆，击球的中上部。击球后，前臂与手腕随拍向前挥动。球击出后的第一落点在本方台区端线附近（图 12-10）。

1　2　3　4　5

图 12-10　反手发急球

（三）反手发短球

准备姿势和引拍动作与反手发急球相似。当球上抛时，持拍手向后上方引拍，待球下降至比网稍高时，前臂带动手腕向前上方轻轻擦击球的中下部，球经本台中区附近越网落在对方近网处（图 12-11）。

图 12-11 反手发短球

（四）正手发下旋加转球与不转球

准备姿势与正手发平击球相似。发加转球时，持拍手向后引拍，拍面后仰。当球由上向下回落时，前臂迅速由后向前下方做弧形挥摆，待球比网稍高时，用球拍的左侧偏下部用力摩擦球的中下部［图 12-12(a)］。正手发不转球时，拍面后仰角度稍小，触球瞬间前臂不外旋，用球拍的右侧偏上部推击球的偏下部，用力方向略向前［图12-12(b)］。

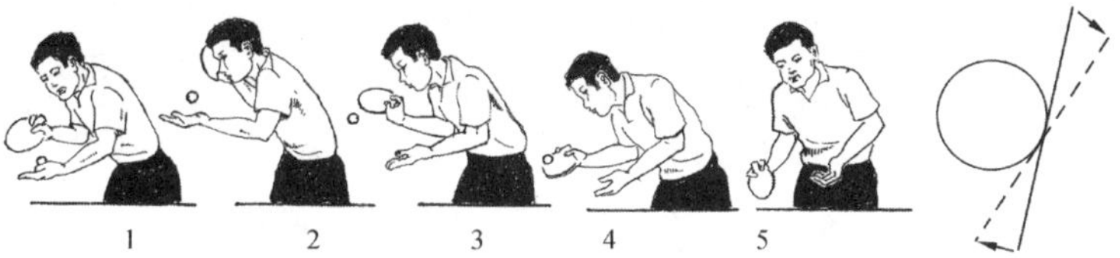

（a）下旋加转球

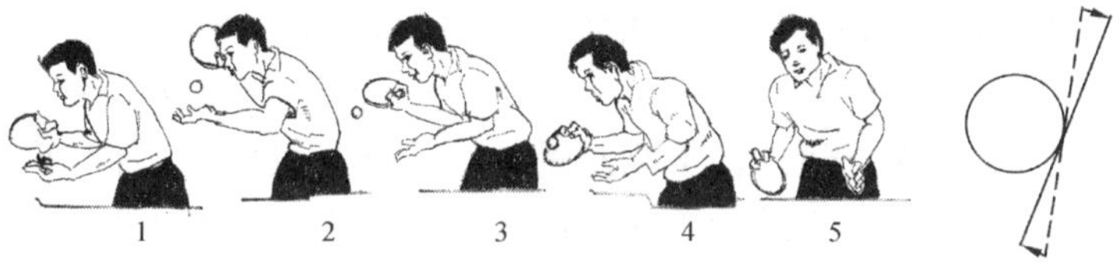

（b）不转球

图 12-12 正手发下旋加转球与不转球

（五）侧身正手发左侧上旋或下旋球

站位左半台，右脚稍后。发左侧上旋球时，当球上抛后，持拍手向右上方引拍，手腕略为外展，拍面近乎垂直，待球下降至网高时，手臂由右上方向左下方摆动，手腕快速向左上方抖动，用球拍从球的中部向左上方摩擦；发左侧下旋球时，引拍动作与发左侧上旋球时相似，当球下降至比网稍高时，手腕快速向右下方转动，使球拍从球的中下部向左下方摩擦（图 12-13）。

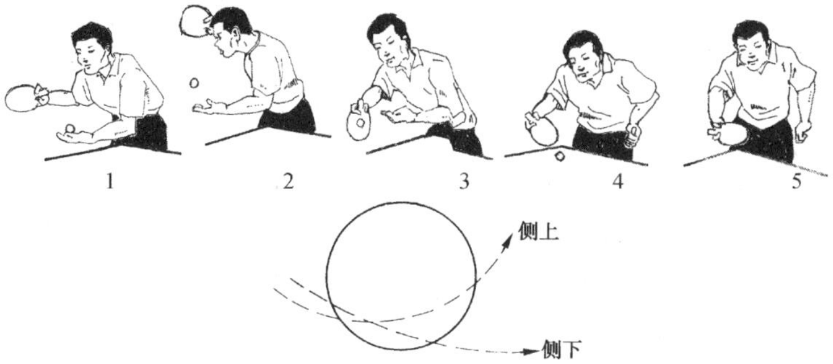

图 12-13 侧身正手发左侧上旋或下旋球

（六）反手发右侧上旋或下旋球

站位中间偏左。准备姿势与反手发平击球相似，发右侧上旋球时，当球上抛后，持拍手向右上方引拍，拍柄略向下，拍面近乎垂直，待球由上向下回落至与网同高位置时，前臂与手腕同时发力，向左下方挥动，触球瞬间手腕快速向右上方抖动，使球拍从球的中部略偏下向右上方摩擦；发右侧下旋球时，触球瞬间手腕快速向右下方转动，使球拍从球的中下部向右下方摩擦（图 12-14）。

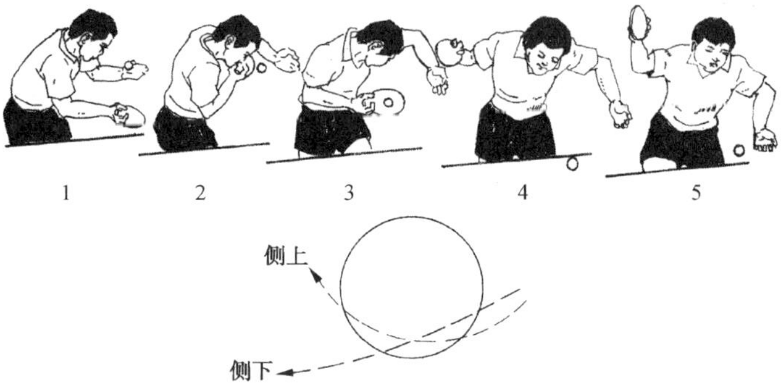

图 12-14　反手发右侧上旋或下旋球

（七）侧身正手高抛发球

站位偏于左半台，右脚稍后，两膝微屈，身体侧对球台，离球台距离约 20 厘米。抛球时，持球手肘部靠近体侧，手掌托球高于台面，手腕固定，以前臂发力为主，配合膝关节伸展动作，将球向上高高抛起。待球从最高点下落时，执拍手立即向右侧后上方引拍，手腕随之外展，腰腹向右侧上稍挺起，当球落于头与右胸之间的高度时开始挥臂，在右腰前比网稍高时击球。球拍与球接触的一瞬间，动作与侧身正手发左侧上（下）旋球时相同（图 12-15）。

图 12-15　侧身正手高抛发球

六、接发球

乒乓球比赛首先从发球和接发球开始，在比赛中如果接发球技术不好，不仅会直接失分，而且会给对方较多的进攻机会，造成自己心理上的紧张和畏惧及许多不必要的失误，甚至会导致全局的失败；反之，如果接发球技术运用得好，不仅可以有效地控制对方，还可以直接得分。因此，接发球技术也是乒乓球最基本的技术之一。

（一）判断

（1）站位的选择。站位的选择是否合理，主要根据该站位能否有效地回击对方的发球。一般来说，对方站在球台左半台，本方也应站在左半台；若对方站在球台右半台，本方也应相应调整至球台中间偏右位置。为了有利于前后移动接长、短球，以离台30~40厘米为宜。

（2）发球种类的判断。为了判断对方发球属于什么种类，首先必须弄清各种发球的基本动作。注意对方发球的挥臂动作和球拍移动方向及拍与球接触瞬间球拍的移动方向。如对方持球手在身体的中右位置，为正手发球；在身体的中左位置，为反手发球。球拍由上往下切，为转与不转下旋球；球拍向侧上或下移，为侧上或下旋球。

（3）来球落点的判断。根据对方发球时挥臂动作的大小和身体的转动方向判断。挥臂动作大、力量重的是长球；挥臂动作小、力量轻的是短球。身体转动方向是指对方击球瞬间，身体朝向的那一面，这一面基本上就是发球的方向。对方发斜线球时，拍形向侧偏斜；对方发直线球时，拍形向前。如对方采用假动作做掩护，发球会有所不同。因此，接发球者在场上要分清真假，以便做出准确的判断。

（4）来球旋转的判断。可根据来球的速度、飞行弧线、摩擦力及落台后的动力来判断。如来球的速度较快，飞行弧线较高，落台后有一定的前冲力，一般是上旋或不转球；如来球速度较慢，飞行弧线较低，前冲力小，则是下旋球。无论是上旋球还是下旋球，当对方击球的瞬间摩擦力大于推打力时，则旋转较强。判断长胶和反胶的不同性能球拍发球时，一般可从击球的声音去判断。击球声音较大的、出球快的，为长胶发球；击球声音不太响、出球较慢的，为反胶发球。

（二）步法移动

在对对方的发球做出明确的判断后，就要用快速的步法，移动到适合的位置，准备击球。从判断到步法移动这段时间非常短暂。因此，只有接发球者的步法灵活、正确，重心交换快，才能应付各种各样的发球，为击球做好充分的准备。

（三）击球

击球时，应控制好击球方向。

（1）对方发急球至左角时一般用推挡回接，可配合侧身攻，但要注意把落点、角度掌握好。推斜线时，触球的左侧面。此外，也可用推下旋的方法回接，当球跳到高点时，拍面稍微后仰一点，手腕较固定地向前下方推出。横拍两面攻（拉）的选手可用拨或拉回接。

（2）接左侧上旋球时，可用推挡、反手拨、正手攻或拉回接。接这种球时，球容易向对方反手位出边线，因此，回接时要控制好拍面和击球的用力方向。如用推、拨回接，拍面略向左偏斜，击球的右中部，向对方偏中间的地方回接。无论是推、拨直线还是斜线大角，都要控制住对方的侧旋力，把落点控制好。如用正手攻或拉回接时，除控制好拍面外，击球时要比攻、推一般上旋球向下、向左多打一些，以避免出界或出边线。接左侧下旋球时，可用搓和正手攻或拉回接，拍面略向左偏斜，侧旋力越强，偏斜应越大。在球的下降前期击球，触球的右中下部，向前下方摩擦用力。下旋较强时，可稍向前上方用力。

（3）接右侧上旋球时，可用推、拨、正手攻或拉回接。接这种球时，球容易向对方的正手方向出边线，因此，要正确估计来球的右侧旋力。推、拨时，拍面向右偏斜，稍前倾，击球的左中上部，向右下方推、拨。如果将球回到对方反手，拍面可正对对方左角，向边线方向击出。若回接到右角，拍面应对着对方中间，尽量利用拍面的偏斜度来抵消球的右侧旋力。用正手攻或拉回接时，因球到本方球台后向右拐，这时应注意位置不要离球太远，基本与接打上旋球动作相似，但拍面稍向右偏斜，向下、向右用力稍多，高点期击球。接右侧下旋球时，可用搓、正手攻或拉回接。搓接时拍面略向右偏斜，触球的左中下部。

（四）交叉步

击球时先以来球异方向的脚向来球方向移动，并超过另一只脚，接着另一只脚再向来球方向移动以取得合理的击球位置。一般在来球角度大的情况下采用这种步法。

七、推挡

推挡球技术的特点是站位近、动作小、速度快、变化多，是我国直拍快攻打法的一项重要的基本技术。比赛中通过落点变化来牵制调动对手，争取主动，既能为进攻创造有利的时机，又能起到积极防御的作用，主要包括平挡、快推、加力推、减力挡、推挤、推下旋等。

（一）平挡

近台偏左站位，左脚稍前，屈膝提踵，含胸收腹，重心在前脚掌上，持拍手置于腹前，上臂靠近身体右侧，球拍呈半横状。前臂和手腕顺来球路线向前伸出主动迎球，上升期击球中部，拍面与台面几乎垂直（图 12-16）。

（二）快推

击球前，上臂靠近身体适当后撤引拍，拍面基本与台面垂直，球拍略高于来球或与球网同高，击球时，手臂迅速前迎，在来球的上升期触球，前臂手腕用力向前将球推出，触球的中上部，食指用力压拍（图 12-17）。

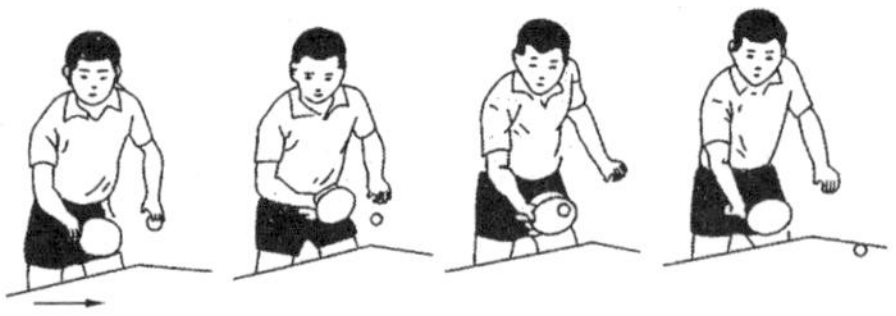

图 12-16　平挡

图 12-17　快推

（三）加力推

动作幅度比快推大，当球弹至上升后期或高点期时，利用伸髋和转腰动作加大手臂向前的推击力，并用中指顶住球拍（图 12-18）。

图 12-18 加力推

图 12-19 减力挡

（四）减力挡

击球前不用撤臂引拍，可稍屈前臂调整球拍位置，当球弹起时，手臂前移迎球，触球瞬间控制好拍形，不要向前用力撞球，甚至还应该略有后缩动作，借来球力量将球反弹回去（图 12-19）。

八、攻球

攻球具有力量大、速度快等特点，是比赛中争取主动、克敌制胜的重要手段。各类打法都必须掌握攻球技术。

（一）正手近台攻球

其特点是站位近、速度快、攻击性强、有一定的力量，是我国直拍快攻打法的传统技法之一。

直拍击球时，左脚稍前，身体离球台 40 厘米左右。击球前，持拍手臂要前伸迎球，前臂自放松，球拍呈半横状。当球从台面弹起时，前臂和手腕向前上方挥动，并配合内旋转腕的动作，使拍形前倾，在上升期击球中上部。拍触球刹那，拇指压迫，同时加快手腕内旋速度，使拍面沿球体做弧形挥动。击球后，挥拍至头部高度（图 12-20）。

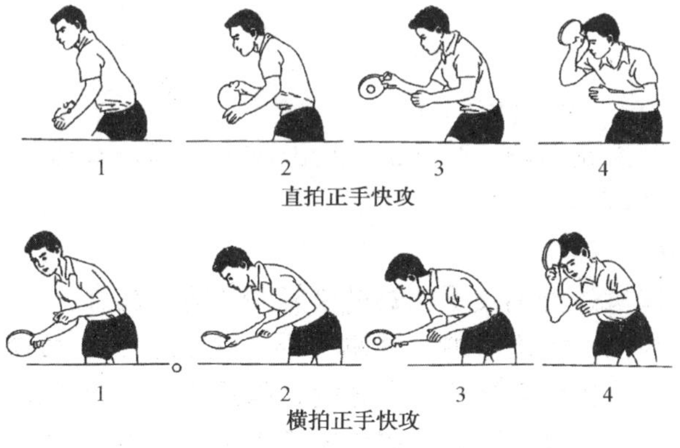

图 12-20 正手近台攻球

（二）正手扣杀

其特点是动作幅度大、力量重、球速快、具有较大威力，是得分的重要手段。

动作方法：两脚开立，右脚在后，重心在右脚。击球前，身体略向右转，引拍至右后方，身体重心落在右脚，球拍位置高于球网，击球时，上臂带动前臂由右后方向左前方用力挥击，与此同时，配合右脚蹬地和转腰动作在最高点加力击球。若来球上旋，击球时拍面稍前倾击球的中上部；若来球下旋，击球时球拍略低于来球，拍面稍竖，击球中部。击球后，球拍随势挥至左肩前侧，身体重心移至左脚（图 12-21）。

(a) 直拍打法　　(b) 横拍打法

图 12-21　正手扣杀

（三）横拍反手快拨

其特点是动作小、球速快、线路活，借来球反弹力量还击，是横拍反手近台的一项基本技术。

图 12-22　横拍反手快拨

动作方法：击球前两脚平行站立，离台约 40 厘米，手臂弯曲，拍面前倾，引拍至腹前偏左位置，前臂向前迎接；击球时，前臂带动手腕向右前方挥动，在上升期击球的中上部；击球后，手臂向前方随摆，迅速还原（图 12-22）。发力部位以前臂为主，手腕配合，重心在两脚之间。

（四）反手快攻

其特点是站位近、动作小、速度快、进攻性强，是直、横拍两面攻常用的一项重要技术。

图 12-23　反手快攻

动作方法：击球前，引拍至腹前左侧，肘关节略前出，拍柄稍向下，击球时，前臂向右前上方挥动，在球上升期击球中上部；击球后，手臂向前上方随摆，迅速还原（图 12-23）。

（五）直拍横打

其特点是能有效增强直拍反手位的进攻能力和防守能力。

动作方法：击球前，两腿弯曲，两脚开立，稍比肩宽，身体重心放在左脚上，含胸收腹，引拍时拍头先转向怀里。击球时，脚蹬地，配合腰部力量的运用，身体重心渐次移至右脚，在触球的瞬间，以前臂手腕用力为主，球拍的拍头从下方开始横向用力，并顺着前臂向右前方（顺时针方向）用力。击球后，随势挥拍，还原到基本姿势。

九、弧圈球

弧圈球是一种上旋力非常强的进攻技术，它与攻球相比，在对付强烈下旋球及低于网的来球时更加稳健，因此被广泛使用。

（一）正手弧圈球

左脚在前，右脚稍后，身体略向右扭转，腹微收，髋稍向右后方压转，左肩略高于右肩；击球时，右脚掌内侧蹬地，以腰髋的扭转带动手臂向左上方挥动；击球瞬间，快速收缩前臂，手腕在触球瞬间应加速甩动。

（1）加转弧圈球：手臂在腰的带动下向后下方引拍，球拍低于来球，在来球的下降期或高点期摩擦球的中部或中上部，以向上发力为主，略带向前发力。

（2）前冲弧圈球：重心稍高于拉加转弧圈球，手臂自然向后引拍，球拍与来球同高或稍低于来球，在来球的上升后期或高点期摩擦球的中上部或中部，以向前发力为主，略带向上发力。

（二）反手弧圈球

两脚平行站立，腰、髋向左转，稍收腹，肘关节略向前，前臂向左后方画一小弧引拍，手腕下垂；击球时，两脚向上蹬伸、展腹，腰、髋略向右转，以肘关节为轴，前臂向上方发力，手腕配合用力，摩擦球的中上部。

十、搓球

搓球是近台还击下旋球的一种基本技术，也是削攻类打法的入门技术。比赛中用搓转与不转、快搓与慢搓等变化为突然起板和拉弧圈球创造进攻的有利条件。搓球站位近、动作小，回球多在台内，具有稳健、变化多的特点。可用来接发球和对付台内短球和下旋球，或作为过渡球，积极为转入进攻创造有利条件。对初学者来说，首先应学反手搓球，再学正手搓球。先练习慢搓，再练习快搓。在基本熟悉以上技术之后，再练习搓转和不转的球。

（一）快搓

快搓动作幅度较小，回球速度较快，能借助来球的前进力去回击。它是对付削球和搓球的一种方法。

右脚稍前，身体靠近球台。当来球在身体左侧时，可运用反手搓球。击球时，上臂迅速前伸，前臂跟随向前，拍面稍后仰，利用上臂前送力量，在上升期击球的中下部。当来球在身体右侧时，可以运用正手搓球。搓球时，身体稍向右转，手臂向右前上引拍，然后前臂和手腕向前下方用力，在上升期击球的中下部。

（二）慢搓

慢搓的动作幅度较大，回球速度较慢，靠主动发力回击，回球有一定旋转强度。如图 12-24 所示，反手搓球时，向左上方引拍，前臂以肘关节为轴，快速向前下方用力挥摆，伸手腕辅助用力，手指配合使拍面后仰，在球的下降前期切击球的中下部。

图 12-24　反手搓球

图 12-25　正手搓球

如图 12-25 所示，正手搓球时，手臂外旋，使拍面后仰，前臂提起，向右上方引拍至右肩高度。在来球下降前期手臂快速向左前下方挥摆，屈手腕辅助用力，切击球的中下部。

（三）搓转和不转球

搓转和不转球（图 12-26）的特点是用近似手法搓出转和不转两种性质不同的球，使对方难以判断，增加其回球难度或直接导致接球失误。

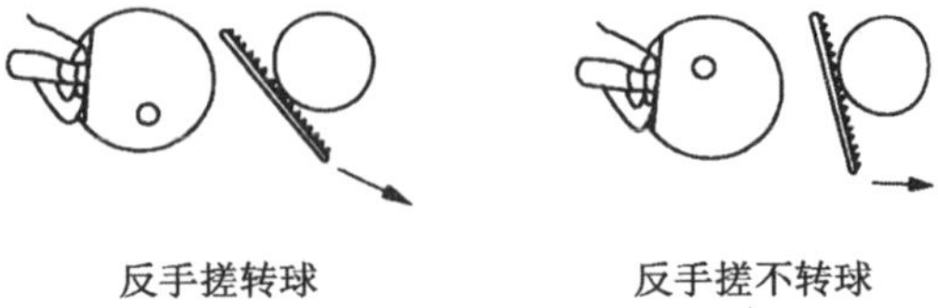

图 12-26　搓转和不转球

动作方法：搓转和不转球的动作方法与快搓技术的动作相同。搓转和不转球要看击球作用力，是偏离球心，还是通过球心。搓转球时，除击球速度、击球力量和拍面后仰角度要加大以外，还要在球拍切击球时切薄一些，使其作用力远离球心，形成较旋转的下旋球。而搓不转球时，减小拍面后仰角度，击球的中下部并向前上推，使击球力量接近或通过球心，这样就形成相对的不转球。搓转和不转球时，一定要在相似的动作上下功夫，如若搓不转球的动作意图很明显，则会弄巧成拙，送给对方进攻机会。

第三节　乒乓球运动基本战术

运动员在比赛中，根据自己和对手的具体情况，正确而有意识地运用所掌握的各种技术，充分发挥自己的特点，限制对方的长处，紧紧抓住对方的弱点，为战胜对手而采取合理有效的方法，就形成了战术。战术是以技术为基础的，一个运动员基本技术越全面、越扎实，他的战术运用就越灵活、越多变。战术的不断变化和发展，反过来又促进技术的不断提高、发展和创新。

一、发球抢攻战术

发球抢攻是快攻类打法的“撒手锏”，是利用发球争取主动、先发制人的主要战术，是比赛中重要的得分手段。发球战术运用的效果主要取决于发球的质量和第三板进攻的能力。发球抢攻战术因打法的类型不同而有所差异，常用的发球抢攻战术主要有以下几种。

（一）正手发转与不转球后抢攻

这套战术以发至对方正手位或中路短球为主，再配合发对方反手位长球；一般开始先发短的下旋球，以控制对方不能顺利抢攻或抢拉，然后再发不转球进行抢攻。就是发不转球也是先发短的，然后再发至对方进攻能力相对较弱的一面，伺机抢攻。

（二）正手发高、低抛左侧上、下旋球后抢攻

这套战术是目前进攻型选手采用比较多的一种战术，以发至对方反手位短、长球或中路短、长球为主（这种发球向右侧拐，不利于右手选手在侧身位置的抢攻），再配合发对方正手位短、长球为辅。左手选手采用这种发球威胁会更大。

（三）反手发右侧上、下旋球后抢攻

两面攻选手，特别是擅长反手位进攻的选手经常采用此战术，一般以发至对方中间偏右近网处或半出台落点，配合发球台两个大角的长球，利用发球的旋转和落点变化两面攻击对手，使对方较难防御。

二、接发球抢攻战术

接发球抢攻战术与发球抢攻战术同样重要，在某种意义上讲，接发球水平的高低可以反映运动员的实战能力及各项基本技术的应用程度。事实上，接发球者只是暂时处在被控制状态，如果你破坏了发球者的抢攻意图或者为他制造了障碍，减弱了对方抢攻的质量，也就意味着已经脱离被控制状态，变被动为主动了。常用的接发球战术有以下几种。

（1）当对方发至右半台的来球呈上旋或弱旋，且弧线较高时，以正手攻球直接攻击。

（2）当对方发至左半台或中路的球呈上旋或弱旋时，可以快速用推挡或反手攻球回击对方空当。

（3）当对方发右路或中路的出台长球呈下旋时，可直接采用正手拉攻或弧圈球回击。

三、搓攻战术

搓攻战术是进攻类打法对付削球时的辅导战术，是初学者常用的战术。该战术是利用搓球旋转的强弱、落点的变化而为进攻创造机会，以此达到攻击对方的目的。这一战术在基层比赛中被普遍采用。在对付弧圈球时，搓球运用不宜过多，搓球应以快搓和搓近网短球来控制对方。同时，应抢先突击或拉起，以免处于被动地位。常用的搓球战术有以下几种。

（一）搓拉结合落点变化伺机抢攻

先和对手搓球，在对搓中突然运用快拉或拉弧圈球，逼对手出现漏洞，然后找机会扣杀。或者在连续拉球后突然用搓球吸引对手靠前，然后找机会突击。

（二）搓转与不转球，伺机抢攻

一般先以搓加转球为主，然后用相似的动作搓出不转球，利用旋转的差别和不同落点的变化使对手出现较高的球，然后运用正手攻球找机会抢攻。

（三）搓对方反手位大角，再变直线伺机抢攻

先搓对方反手位大角，等其准备侧身进攻或者注意力放到反手位置时，迅速把球变向对手的正手位，使对手顾此失彼，再伺机抢攻。此战术主要用于对付反手位进攻能力较弱的选手。

四、对攻战术

对攻战术是快攻类打法在相持阶段常用的一项重要战术。双方利用速度、旋转、落点变化和轻重力量来争取主动。常用的对攻战术有以下几种。

（一）攻击对手两个大角

这套战术以给对方左右两个大角威胁为主，使其顾此失彼，从而占据主动，一般采用攻击两条斜线或者两条直线。此战术主要针对移动较慢的选手。

（二）压对手反手位，然后调正手

这是进攻型选手比较常用的战术，主要先紧逼对方反手位，若对手有侧身进攻的意图或者勉强侧身，马上就压对方的正手位，使其不能连续攻击或攻击质量下降，从而伺机反击。此战术主要针对反手位置相对较弱的选手。

（三）压对手中路或正手，然后抢攻

这套战术主要是针对两面攻或反手位比较好的选手，因为这类选手平时训练比较注重两面的技术，往往是中间部位相对比较弱，所以在比赛中要首先攻击对方的中间位置，使之不能顺利地发挥特长，然后运用连续进攻的手段攻击对手。

第四节　乒乓球竞赛主要规则简介

一、球台、球网和球

球台长 274 厘米，宽 152.5 厘米，高 76 厘米。网高 15.25 厘米，网柱外缘离开边线 15.25 厘米（图 12-27）。球的直径为 40 毫米，质量为 2.7 克，颜色呈白色或橙色且无光泽。

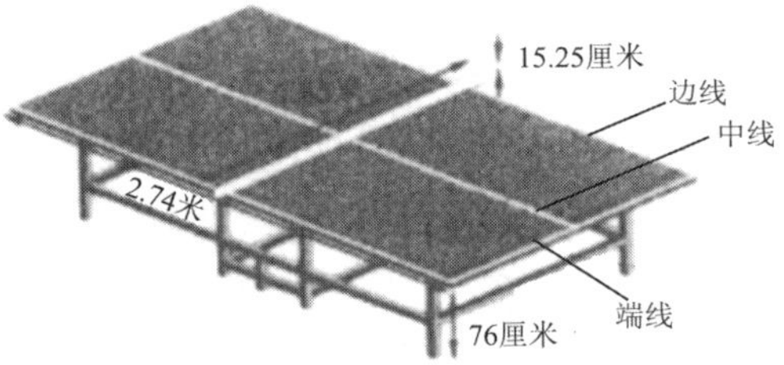

图 12-27　常用乒乓球台

二、球拍

（1）球拍的大小、形状和重量不限，但底板应平整、坚硬。

（2）乒乓球球拍是由底板、胶皮、海绵三个部分组成的，球拍的表面不论是否用来击球，必须无光泽，一面为鲜红色，另一面为黑色。用来击球的一面，必须粘贴总厚度不超过 4 毫米的海绵胶覆盖物；其中的颗粒胶皮厚度（含黏合剂）不超过 2 毫米。

三、发球、接发球和方位的选择

（1）赛前双方以抽签的方式选择发球权和方位，中签方优先选择或要求对方先选。

（2）发球、接发球次序和方位的交换。

一局比赛中，双方共获 2 分后交换发球权，直至该局比赛结束。当双方比分为 10 平时实行轮换发球法，每得 1 分后即交换发球权，直至一方连得 2 分时，该局比赛结束。

新一局开始，双方交换方位。上一局开始时的发球方在下一局开始时为接发球方。决胜局中，当一方先得 5 分时，双方交换方位。如发现发球、接发球次序和方位有错误，应立即中断比赛并纠正，发现错误前得分均有效。

四、一局比赛

在一局比赛中，先得 11 分的一方为胜方。比分为 10 平后，先多得 2 分的一方为胜方。

五、一场比赛

通常一场比赛采用 5 局 3 胜制或 3 局 2 胜制。在世界大赛的单打比赛中也采用 7 局 4 胜制。

六、合法发球

合法发球指的是符合规则规定的发球。发球时，球应放在不持拍并伸平的手掌中，抛球前手掌应静止并高于台面；垂直抛球时不得使球旋转，并不低于手掌 16 厘米；从抛球至击球时，不得以身体任何部位遮挡击球动作，必须让对方及裁判员看清发球动作，当球从最高点下降时才能击球；击球点应在台面端线及延长线之后；击球后，球应先触及发球方台面再落至对方台面。一名优秀的乒乓球选手必须熟练掌握并运用各种发球技术，发球规范化程度与质量的好坏，在一场或一次比赛中往往起到举足轻重的作用。

七、重发球

以下情况需重发球：接发球方未准备好并无接球动作；发出的球触网及网柱后落至对方台面；比赛环境受到干扰并可能影响该回合的结果；裁判员或副裁判员要求暂停比赛，如警告、处罚运动员，实行轮换发球法，纠正发球、接发球或方位错误。

八、判失分

以下情况判失分：未能合法发球、还击球，阻挡，连击，两跳；比赛时，不持拍手触及台面或使台面移动；身体及穿戴物触及球网装置；用不符合规定的拍面击球；实行轮换发球法时，接球方连续 13 次予以合法还击，发球方失分。

九、双打的比赛规则

（1）发球员必须将球从本方右半台（包括中线）发至对方右半台（包括中线），双方每交换一次发球权，接球方两人互换位置接发球。

（2）上一局双方相对应的发球员与接发球员在下一局必须互换这种对应关系。

（3）决胜局中，当双方交换方位后，接发球方两人必须交换接发球次序。

第十三章

网球运动

第一节 网球运动概述

一、网球运动的起源与发展

网球是一项富有乐趣、深受人们喜爱的运动项目，具有较高的锻炼价值。它是进行娱乐和增进健康的一种健身方法，也是一种艺术追求和享受，还是一项极富观赏性的竞技体育项目。

（一）世界网球运动的起源与发展

网球运动起源于12—13世纪法国传教士用手掌击球的游戏。14世纪时，法国的诗人把网球游戏介绍到法国宫廷，作为皇室贵族的消遣活动。最初，这种游戏在大厅内进行，球以布裹头发，用绳子绑成，场地中间隔一条绳子，利用双手当球拍，打来打去。1358—1360年，这种室内活动传入英国，成为英国上层社会的一种娱乐活动。16—17世纪是法国和英国宫廷开展网球活动的盛行时期。

1873年，美国人温菲尔德将网球变成夏天在草坪上进行的一种娱乐活动，并取名为“草地网球”。同年，他还出版了一本以《草地网球》为书名的小册子，对这项运动做了详细的介绍。从此，草地网球很快取代了板球而成为英国最流行的室外活动，温菲尔德也被称为“近代网球之父”。1874年，美国女运动员奥特布里奇修建了第一个网球场。1875年，英国的板球俱乐部制定了网球比赛规则。1877年，首届草地网球锦标赛，即第1届温布尔登比赛在英国举行。

1881年，美国成立全国草地网球协会，并举办了首次美国男子网球冠军锦标赛。后来，美国网球运动迅速发展，影响力逐渐超过了最早开展网球运动的英、法等国。1896年，在雅典举行的第1届现代奥运会上，设置了网球项目，并连续7届作为奥运会正式比赛项目。1912年3月1日，澳大利亚、美国、法国等12个国家的网球协会代表在巴黎召开会议，成立了世界网球运动的最高组织“国际网球联合会”，总部设在伦敦。1946年至20世纪60年代，网球运动趋向职业化。1968年，首次实行了职业和业余运动员均可参加同一比赛的参赛制度。1972年，成立了国际男子职业网球协会，简称ATP。1973年，国际女子职业网球协会成立，简称WTA。

（二）我国网球运动的发展

我国网球运动是在19世纪后期，由英、美、法等国的商人、传教士和士兵传入的。随着人们对这项运动的不断了解，参加锻炼的人数不断增多，并在经济发展较好的城市，如上海、北京、广州等相继建立了网球场地，促使我国网球水平迅速提高。19 世纪 30 年代是中国网球水平发展的鼎盛时期，涌现出一批杰出的网球高手，如许承基在英国的网球公开赛上力挫群雄，击败了当时的世界网球名将奥斯丁，夺得男单冠军，而后他又参加了温布尔顿国际网球比赛，并进入了单打前十名。

近几年来，我国女子网球在双打和单打方面都取得了突破性成就。在 2004 年雅典奥运会上，李婷、孙甜甜勇夺女子双打冠军。在 2006 年的澳大利亚网球公开赛上，郑洁、晏紫又一路过关斩将，战胜了许多对世界一流水平的女双选手，夺得了女子双打冠军。在 2008 年北京奥运会上，中国女将延续着她们的辉煌，在女双项目上郑洁和晏紫拿到了一枚宝贵的铜牌，在女子单打项目上李娜获得第四名。在 2010 年广州亚运会上，中国的彭帅再次获得了女单冠军，中国女队也首次获得了团体赛冠军。2011 年，李娜获得法国网球公开赛女单冠军，成为中国乃至亚洲在网球四大满贯赛事上夺得的第一个单打冠军。2014 年 1 月，李娜再创历史，获得了自己第二个大满贯女单冠军，世界排名第二。

二、世界网球运动重大赛事简介

（一）戴维斯杯赛

戴维斯杯赛就是世界男子网球团体赛。戴维斯杯赛类似于主、客场制的比赛，两队首次交锋，抽签决定在其中哪个国家比赛；如以后再相遇，则改在另一个国家比赛。这种赛制深受参赛国的欢迎。

（二）联合会杯赛

联合会杯赛也就是世界女子网球团体赛。1963 年，在英国伦敦举行了第 1 届联合会杯比赛。赛制类似戴维斯杯赛。比赛先在世界不同的地方进行，并以主、客场形式出现。

（三）四大公开赛

1. 澳大利亚网球公开赛

澳大利亚网球公开赛是四大公开赛中历史最短的赛事，从 1905 年至今，已有近百年的历史，赛地在澳大利亚的第二大城市墨尔本，是四大公开赛每年最早开始的一站比赛。澳大利亚网球公开赛是在硬地网球场上进行的，打法全面的选手在这种场地上占优势。

2. 法国网球公开赛

法国网球公开赛始于 1891 年，它是与温布尔顿草地网球锦标赛一样享有盛名的传统网球比赛。比赛设在巴黎西部蒙特高地的罗兰・加罗斯体育场。它是四大公开赛中的第二站比赛。罗兰・加罗斯网球场属于慢速红土场，打法上对以底线抽击为主的选手较适合，因其具有球速较慢、来回次数多等特点，观看比赛的观众非常过瘾。

3. 温布尔顿草地网球锦标赛

温布尔顿草地网球锦标赛创办于 1877 年，是现代网球史上最早举办的赛事。比赛设在伦敦西郊温布尔顿，它是四大公开赛中的第三站比赛。温布尔顿锦标赛是在草场上进行的，比赛球速很快，它适合发球上网型的选手。

4. 美国网球公开赛

美国网球公开赛首届比赛于 1881 年在罗得岛新港举行，当时只是国内比赛，1968 年被列为四大公开赛之一，它是四大公开赛中的最后一站比赛。美国网球公开赛的高额奖金及美国社会的高度商业化，以及采用中速硬地场地，吸引了世界众多高手前来参赛。

（四）奥运会网球赛

早在 1896 年雅典举行的第 1 届奥运会上，网球运动的男子单打与双打就被列为正式比赛项目。后来，由于国际奥委会和国际网球联合会在职业运动员和业余运动员的定义上有分歧，已经连续进行七届的奥运会网球比赛被取消。直到 1984 年的洛杉矶奥运会上，网球才被列为表演项目。1988 年的汉城（今首尔）奥运会上，网球重新被列为正式比赛项目。

第二节　网球运动基本技术

网球运动的基本技术由发球、接发球、正（反）拍抽击球、正（反）拍截击球、挑高球和高压球等技术组成。

一、握拍法

（一）大陆式握拍法

大陆式握拍法包括正手握拍法和反手握拍法。正手握拍时，虎口正对着拍柄的左上斜面。反手握拍时，虎口对着拍柄的上平面和左上斜面的交接处（图 13-1）。

图 13-1　大陆式握拍法

（二）东方式握拍法

1. 东方式正手握拍法

将手平放在拍弦上，然后下滑到拍柄根部抓握；或者把球拍平放在桌面上，闭上眼，将球拍拿起。从技术的角度讲，东方式正手握拍就是先以大陆式握拍法持拍，然后逆时针方向旋转球拍（左手握拍的选手需顺时针方向转动），直到食指的根部压到下一个接触的斜面为止（图 13-2）。

图 13-2　东方式握拍法

2. 东方式反手握拍法

东方式反手握拍以大陆式握拍开始，顺时针旋转球拍（左手持拍为逆时针），使食指根部压在上一个斜面，便形成东方式反手握拍。

（三）西方式握拍法

如图 13-3 所示，握拍时，球拍面与地面平行，拇指与食指几乎成直角，拇指直伸，压住拍上平面，食指下关节握住右上斜面，与拍底平面对齐，手掌从上面握住拍柄。这是底

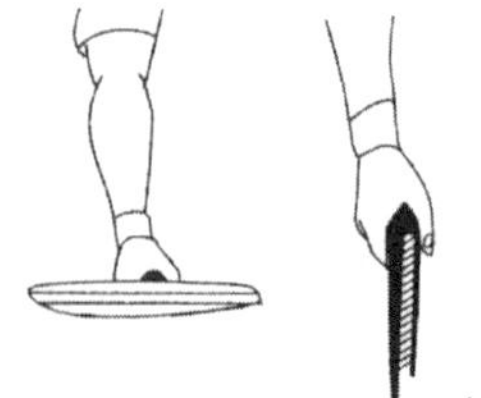

图 13-3　西方式握拍法

线上旋攻击型打法的首选握拍方法。这种握拍法的优点在于能击出强有力的上旋球，且稳定性强。但是其技术难度相对较大，初学者在开始学习时较难掌握。

二、基本步法

网球击球时，其脚步主要采用“开放式”和“关闭式”两种方法。

（一）“关闭式”步法

如图 13-4 所示，右脚向来球的方向迈出一步，两脚的假想连线与来球的方向平行。这种步法在底线正反手击球和网前截击中大量运用。初学者应首先学习这种步法。

图 13-4 “关闭式”步法

图 13-5 “开放式”步法

（二）“开放式”步法

如图 13-5 所示，击球时，两脚平行站立，以前脚掌为轴，转胯转体形成击球步法。通常在有一定技术基础的前提下运用这种步法。

三、发球

发球是比赛开始的第一个动作，应当把发球看成是进攻的开始。一个好的发球具有攻击性，并使发出的球在速度、力量、旋转和落点上有变化。发好球的重要因素是：动作连贯、动作简单、良好的平衡和准确的抛球、合理的正确握拍。发球有切削发球、旋转发球和平击发球三种方法。

（一）动作要领

1. 握拍

初学者多采用东方式反手握拍法。

2. 准备姿势

全身放松，侧身站立在端线外中场标记线旁边（单打），左肩对着左边网柱，面向右边网柱，两脚分开约同肩宽，左脚与端线约成 45°，右脚约与端线平行，重心在左脚上；左手持球轻托球拍在腰部，拍头指向前方。呼吸均匀，精神集中。

3. 引拍抛球

动作是同步开始的，持球手拇指、食指和中指三指轻轻托住球，掌心向上。当向下、向后引拍时，持球手同时下降至右腿处，紧接着当球拍从身后向头上方做大弧度摆动，身体做转体、屈膝、展肩时，持球手柔和地左前上举，直至伸高及头顶，当球送至最高点，再离开手指，抛向空中。此时右肘向后外展约同肩高，拍头指向天空，左侧腰、胯成弓形，身体重心随着抛球开始先移向右脚，然后平稳地开始前移。

4. 击球动作

抛球后身体开始向前移动，球拍在身后做绕环动作，并最后向前挥拍击球，挥拍击球时，持拍手腕带动小臂有一个旋内的“鞭打”动作，这就是发球时发力的关键动作，也是其他诸如重心前移、蹬腿、转体、挥拍等力量聚集的总和。在球拍触球过程中应该注意体会拍面向上、向前、向下三个运动过程。

5. 随挥动作

当球拍将球击出时，继续沿弧形挥出，收拍于身体左侧下方。

（二）常用的发球技术

发球动作由准备姿势和站位、抛球与后摆动作、挥拍击球、随挥动作四个技术环节组成。下面介绍几种常见的发球方法。

1. 平击发球

平击发球（图 13-6）的击球点应在身体的右前上方，击球的后上部，挥拍时“鞭击”动作发力要集中，充分向上伸展身体以获得最高的击球点来提高命中率。这种发球几乎没有旋转，球差不多笔直地下去，力量大，往往贴着网才能进入场内，在绝大多数场地上球反弹较低，一般用于第一发球，发球成功时有时能直接得分，但平击发球失误率较高。

图 13-6 平击发球

2. 切削发球

这种发球实用且易掌握，对初学者最适宜。它是一种以右侧旋转（稍带上旋）为主的发球法，球抛在右侧前上方，球拍击球部位在球的右侧偏上方，整个挥拍动作是从右侧上方至左下方，使球产生右侧旋转。球的飞行路线是一条从右向左的弧线，可以提高命中率并把对方拉出场外回击，尤其在右区发球时。切削发球的准确率高，常用于第二发球。

3. 上旋发球

如图 13-7 所示，上旋发球时，抛出球的位置在头后偏左的头上方；拍面的触球点在球的中部偏下方；击球时身体成弓形，利用杠杆力量对球施加旋转，球拍快速从左向右上方挥动，并从下向上擦击球的背面，使球产生右侧上旋。球的过网点较高，落地急速，球落地后反弹很高，但发球难度较大。

图 13-7 上旋发球

四、接发球

接发球时，要根据对方发球的实际情况及球的线路、力量、速度和旋转，做出应有的判断，从而采取有效的击球方法。尽可能用正手击球，以便达到有效的结果。

接第一发球时站位一般可靠后些，以便接对方发来的力量较大的球；接第二发球时，可向前移动些。总之，接发球的站位要根据自己击球特点和自己的反应、判断能力，选择站在最有利的位置上。

在接发球的全过程中眼睛始终要注视来球，一直到完成还击动作。要观察对手的抛球，这样有利于判断发球的方向和旋转。对方第一次发球时多采用大力发球，站位应偏后一些；如果对方第二次发球，站位可略向前移，这样有利于采取攻击性的还击。

接大力发球时不要做大幅度的后摆动作，主要是控制好拍面角度，并握紧球拍，以免拍面被震转动。还击来球之前要观察对方行动，对自己的回球路线和落点要有所考虑。选择好接发球落点，对控制对手发球后抢攻有重要意义。

五、底线正手击球

底线正手击球是网球技术中最常用的击球方式，也是一项非常重要的击球技术。初学者在学习网球技术时，最先学习的就是底线正手击球。

（一）正手平击球

如图 13-8 所示，后摆引拍时，手腕稍上翘，使拍头高于手腕，并引拍至头部同高。挥拍时手腕相对固定握拍，以减少拍面挥动过程中的变化。击球时拍面与地面保持垂直并以同样拍面继续前挥。击球后，球拍向前挥动于左肩上方自然收拍。这种击球方法简单易学，适合初学者使用。

图 13-8 正手平击球

（二）正手上旋击球

正手上旋球是从网球的后下方向前上方挥拍，整个球体受摩擦，产生一种从后下方朝前上方的旋转（图 13-9）。其特点是飞行弧线高，落地迅速，落地后弹起的反射角度较小，产生较大的前冲力。这种击球方法适合于有一定技术基础、能发力击球的人使用。

图 13-9 正手上旋击球

（三）正手削球

如图 13-10 所示，以底线正手切削方法击出下旋球。后摆引拍时，直线将球拍引至身体后侧，动作较小。挥拍时手腕固定握拍，使拍面斜向地面稳定前挥。击球时用斜向地面的拍面以切削动作在身体侧前方击球。击球后球拍随球前送，并在身体前方以左手扶拍结束动作。正手削球在比赛中较少使用。

图 13-10 正手削球

六、底线反手击球

底线反手击球是指在握拍手的异侧于后场击对方反弹来球的技术动作，通常用于接对方发球和反弹来球。

（一）反手平击球

反手平击球的特点是球速快，球的飞行路线比较平直，球落地后的前冲力量大。其动作方法是：后摆引拍时右脚向左侧前方跨出并用力踏地，屈膝降低重心。击球时手腕绷紧，使球拍与地面垂直。挥拍击球的路线是从后向前上方比较平缓地挥击，同时左臂自然展开留在身后，保持身体的平衡。击球后，球拍应随着惯性挥至右肩上方，持拍手臂挥直。

（二）反手下旋球

反手下旋球一般是防御性的，反手下旋球又称为反手削球。削球时挥拍不要过于用力，击球后拍面向上做托盘状运动（图 13-11）。击球后，不要急于把球拍提拉起来，应该让球拍平稳地向前运动一段距离。下旋球的好处是击出的球向下旋转，飘向对方场区后回弹高度较低，落地后还可向前滑行。这种击球方法较为简单易学，且比较安全，适合初学者使用。

图 13-11　反手下旋球

（三）双手反手击球

这种击球方法由于双手握拍，拍面容易稳定，初学者易于学习和掌握。如图 13-12 所示，双手反手击球的准备姿势与单手反手击球相同，左手在转肩引拍的同时，顺着拍柄下滑至双手相接，成双手反手握拍，引拍尽量向后，转动上体，使右肩前探，侧身对网，手腕固定球拍稍稍低于击球点，右脚向左前方跨一步，重心落在左脚上，球拍由低到高向前挥出，击球点同腰高，比单手反手击球点略靠后，重心前移，随上体移动将球拍充分挥向右前上方，拍头朝上，然后迅速回到准备姿势。

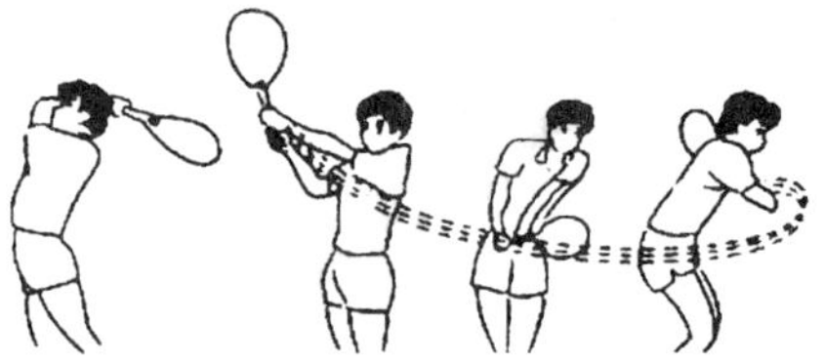

图 13-12　双手反手击球

七、截击球

截击球是指凌空击对方来球的技术动作，即当球在空中飞行落地之前，将来球击回对方场区，可以在网前截击，也可以在场内任何地方截击空中球。截击球以网前截击为主。截击球的特点是缩短击球距离，扩大击球的角度，加快回球速度，在网球比赛中成为一种主要打法和进攻手段。

（一）正手截击球

截击时站在网前 2. 5~3 米的位置，准备姿势与一般击球大体相同，但球拍要举得高一些，约与眼同高。如图 13-13 所示，后摆引拍时，左脚立即向右前方跨出，同时转肩，带动球拍向后引，拍头要高于握拍手，绷紧手腕，握紧球拍。截击球的动作有点像挡击或撞击，在拍面短促向前撞击的同时微微向下做切削球的动作，击球时保持拍头上翘，拍面稍向后仰。击球后有一个小幅度向前的随挥动作，随挥过程仍紧握拍。

图 13-13　正手截击球

图 13-14　反手截击球

（二）反手截击球

准备姿势同正手截击方法，动作区别是反手截击比正手截击的击球点要靠前一些。如图13-14所示，后摆引拍时，右脚立即向左前方跨出，左手扶拍手向后拉拍，同时转肩，做短距离后摆引拍动作，拍头高于握拍手，眼睛注视来球。挥拍击球时，左手松开稍后伸，右手握紧球拍前挥并在身体前方切削来球。向前挥拍时，两只手的动作好像在拉长一根橡皮筋，以保持身体平衡。

八、高压球技术

同截击球一样，属于上网击球动作，是当对方挑高球时进行扣杀的基本技术。在底线附近对付落地后反弹很高的球也用高压球。绝大多数高压球用正拍打。根据对方挑过来球的高低程度，高压球有站立高压、跳起高压和后退高压三种。按进攻打法又可分为平击高压球、削击高压球、内侧平击高压球、右侧旋转高压球四种。

九、挑高球技术

（一）进攻性挑高球

进攻性挑高球又叫上旋高球，对付威力强大的网前截击型对手，使用强烈的上旋高球是“致命的武器”之一，它能打乱对手的网前战术。这种球能够强劲飞越网前，迅速落在后场，使对方既够不着又追不到，即使勉强打到高压球，也是软弱无力的，从而漏出空当，给破网得分创造机会。

（二）防守性挑高球

防守性挑高球亦称下旋高球。它飞行弧线高，比上旋高球更易控制，具有失误少的优点。在底线对打被对方打离场地时挑下旋高球，能赢得时间回到有利的位置。如果能掌握下旋高球，同样能不给对方在网前有扣杀的机会。

第三节 网球运动基本战术

技术是比赛获胜的关键，而在比赛中合理地运用战术，则是获取比赛胜利的重要保障。战术是技术的合理应用，掌握全面的技术是战术成功的前提条件。战术的选择应根据个人的特点来确定。对于初学者来说，则应首先掌握以下几点。

（1）以稳定性为主，避免失误。

（2）将球尽量打深，为自己创造有利的进攻条件。

（3）抓住对方的弱点攻击。

（4）每次击完球后迅速回位，或回到自己判断对手有可能回球的位置，做好下一次击球准备。

（一）单打战术

单打战术要求运动员根据自己的技术、战术特点，灵活多变，把各种战术有机地结合起来运用。单打战术主要分为以下几种。

1. 发球上网战术

发球上网战术是利用发球的力量、速度、角度及球的旋转变化进行主动进攻，先发制人，上网抢攻的一项主要战术，是比赛中的主要得分手段。

2. 接发球上网战术

接发球上网战术是指利用对方的第二发球力量不足、落点不刁钻时，采取接发球后抢先上网截击。

3. 偷袭上网战术

偷袭上网战术主要是在比赛中，当对方只注意对付一种打法而忽略其他打法时所运用的一种变换上网战术，以达到打破对方进攻及防守节奏、进攻对方的目的。

4. 底线对攻战术

（1）以正、反拍抽击球的速度、力量，攻击对方的弱点，用速度压住对方，使对方失误。

（2）用正、反拍强有力地抽击球，连压对方一点，然后突击其另一点。

（3）用正、反拍强有力击球，带动对方大角度跑动，寻找进攻机会。

（4）调动对方两边跑动时，突然连续打重复球，再加变线。

5. 侧身攻战术

侧身攻战术是底线型打法中的一种主要进攻手段。它是利用强有力的抽击球，配合良好的判断和步法移动，在2/3的场地上用正拍有力地攻击对方。

6. 紧逼战术

紧逼战术是以较快的节奏进攻对方的重要手段。主要是发挥良好的底线正反拍抽击球技术，迎击上升球，准确地控制落点，步步紧逼，以达到攻击对方的目的。

7. 防守反击战术

防守反击战术主要是利用良好的底线控球能力，发挥判断反应快、击球准确的特点来调动对方，以达到在防守中寻找机会反击的目的。要将此战术运用得好，首先，正确处理好稳定性击球和冒险性击球的关系；其次，要了解对手，争取主动，并积极调动对手，寻找有利的进攻时机；再次，要攻击对手的反手；最后，阻止对手发球后上网。

总之，在单打战术的运用上，要力争牵制对手，让对手随自己的节奏变化而变化，善于抓住对手的弱点，争取整场比赛牵制着对手来打。

（二）双打战术

双打是两人配合的比赛项目，与单打战术不同，它主要有以下几种。

1. 发球上网战术

用80%的力量发出不同落点的球，然后快速上网；第二发球也要利用旋转和落点的变化来为上网创造条件。上网后的中场第一拦网截击球要平而深或角度大。如起高球时对方网前同伴将会扑击抢网。

2. 发球上网抢网战术

运用抢网战术，首先，网前同伴可以在背后做手势，告诉发球员应发什么落点，抢与不抢；其次，要强调发球员的发球质量、成功率和落点的变化。采取此战术可以干扰对方接发球，为发球上网得分及抢网得分创造条件。

3. 接发球抢网战术

此战术的运用能使发球上网者增加中场截击球的心理负担而产生回球失误或回球质量不高的情况。而接发球员发现同伴抢网，也应立即补位，防止对方截击直线球。注意接发球同伴不要移动过早，以免被对方发现而击直线。

4. 接发球双底线战术

在双打比赛中，如对方发球很有威胁，网前也很活跃，为了破坏对方进攻的节奏，可采用接发球双底线战术。由于两人都退至底线，可使对方网前截击产生一定的心理压力，不能马上得分。因此，对接发球员来说，首先应注意接发球的成功率，然后再寻找机会进行反击；破网要打得很凶，以破中路和两边小斜角为主，并结合挑上旋高球。

第四节　网球竞赛主要规则简介

一、场地规格

网球单打比赛场地是一个长方形的平面，长 23.77 米，宽 8.23 米。双打比赛场地比单打比赛场地每边各宽 1.37 米（图 13-15）。

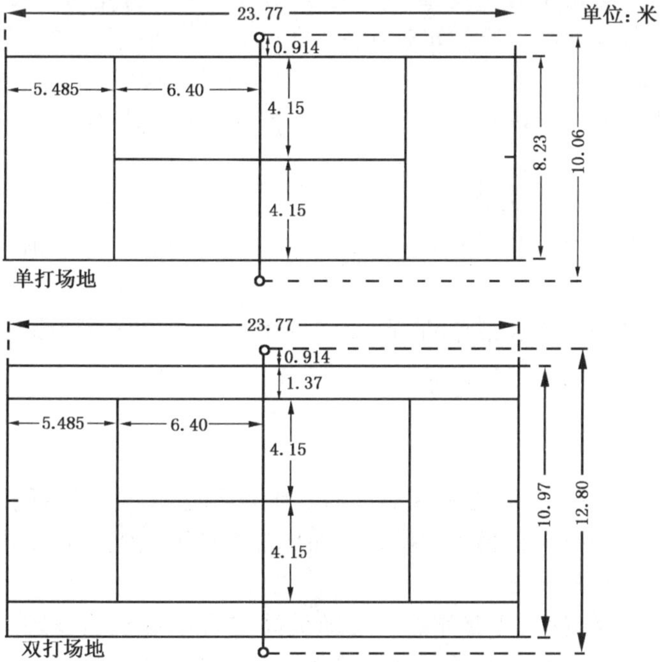

图 13-15　网球比赛场地

二、竞赛规则

（一）胜 1 分

遇到下列情况时，判对方胜 1 分。

（1）发球员连续 2 次发球失误。

（2）发球员脚误。

（3）接发球员在发来的球没有着地前用球拍击球，或球触及自己的身体及所穿戴的衣物。

（4）在球第 2 次落地前未能还击过网。

（5）还击的球触及对方场区界线以外的地面、固定物或其他物件。

（6）还击空中球失败。

（7）在比赛中，运动员故意用球拍拖带或接住球，或故意用球拍触球超过 1 次。

（8）“活球”期间运动员的身体、球拍（不论是否握在手中）或穿戴的其他物件触及网、网柱、单打支柱、绳或钢丝绳、中心带、网边白布或对方场区以内的场地地面。

（9）还击尚未过网的空中球（过网击球）。

（10）除握在手中（单手或双手）的球拍外，运动员的身体或穿戴的物件触球。

（11）抛拍击球。

（12）比赛进行中，运动员故意改变其球拍形状。

（二）胜一局

运动员每胜一球得 1 分，胜第一分记分 15，胜第二分记分 30，胜第三分记分 40，一方先得 4 分者为胜一局。如双方各得 3 分时为“平分”。“平分”后一方先得 1 分时，为该运动员“占先”。“占先”后再得 1 分，才算胜一局。如一方“占先”后，另一方又得 1 分，则仍“平分”。依次类推，直到一方在“平分”后净胜 2 分才为该局胜。

（三）胜一盘

（1）一方先胜六局为胜一盘，但遇双方各得五局时，一方必须净胜两局才算胜一盘。

（2）决胜局计分制是在某盘的局数为 6 平时，先得 7 分者为该局及该盘胜；若分数成 6 平时，须净胜 2 分为该局及该盘胜。

（四）发球

1. 发球前的规定

（1）发球员在发球前应先站在端线后、中点和边线的假定延长线之间的区域里，然后用手将球向空中任何方向抛起，在球接触地面之前用球拍击球。球拍与球接触后，就算完成球的发送。

（2）发球员的位置。比赛开始，发球员站在右区端线后发球，得（失）1 分后，换到左区端线后发球，此后，每得（失）1 分就换区发球。

2. 发球违例

（1）脚误：发球时，脚踏端线、中点，或站在假定延长线之外，或通过走、跑而改变原来站立的位置。

（2）发球时未击中球。

（3）发出的球在落地前触及固定物。

3. 发球次序

第一局比赛结束，接发球员成为发球员，发球员成为接发球员。以后每局结束，均依次互相交换，直至比赛结束。

双打比赛应在每盘开始之前，按照下述方式决定发球次序。

（1）每盘第一局开始时，由发球方决定由何人开始发球，对方则同样地在第二局开始时决定由何人首先发球。第三局由第一局发球方的另一球员发球，第四局由第二局发球方的另一球员开始发球，以后各局均按此次序轮换发球。

（2）先接发球的一方，应在第一局开始时，决定何人先接发球，并在这盘单数局继续先接发球。对方同样应在第二局开始时，决定何人先接发球，并在这盘双数局继续先接发球。他们的同伴应在每局中轮流接发球。

4. 发球无效

下列情况应判发球无效，须重发球。

（1）合法的发球触及球网、中心带、网边白布后，仍落到对方发球区内，或发球触及球网、中心带、网边白布后，在落地前触及接发球员的身体或其穿戴的物件。

（2）无论发球成功还是失败，接发球员均未做好准备。

（五）交换场地

（1）双方应在每一盘的单数局（1，3，5，7，…）结束后，以及每盘结束双方局数之和为单数时，交换场地；如一盘结束时双方局数之和为双数，则不交换场地，须等下一盘第一局结束后再交换场地。

（2）决胜局中双方得分之和为6分或6分的倍数时须交换场地。

（六）合法击球

以下情况均为合法击球：

（1）当回击的球触球网、网柱、单打支柱、钢丝绳、中心带或网边白布后，从网上越过落入对方场内。

（2）对方发出或还击的球落到本方有效场区内又反弹回去或被风吹回对方场区上空时，本方运动员挥拍过网击球，球落到对方场区内，其身体、衣服或球拍并未触及球网、网柱、单打支柱、钢丝绳、中心带、网边白布或对方场区的地面。

（3）球从网柱或单打支柱以外还击至对方场区（不论还击的球是高于或低于球网还是触及网柱或单打支柱）。

（4）对方来球落地一次或在落地之前还击都算有效击球。

（七）双打

1. 双打发球次序

每盘第一局开始时，由发球方决定由何人首先发球，对方则同样地在第二局开始时，决定由何人首先发球。第三局由第一局发球方的另一球员发球。第四局由第二局发球方的另一球员发球。以下各局均按此次序发球。

2. 双打接球次序

先接发球的一方，应在第一局开始时，决定由何人先接发球，并在这盘单数局，继续先接发球。双方同样应在第二局开始时，决定由何人接发球，并在这盘双数局继续先接发球。他们的同伴应在每局中轮流接发球。

3. 双打还击

接发球后，可由其中任何一名队员还击。如运动员在其同队队员击球后，再以球拍触球，则判对方得分。

第十四章 羽毛球运动

第一节 羽毛球运动概述

一、羽毛球运动的起源与发展

羽毛球运动是一项重要的体育项目，它深受广大群众的喜爱，而且它还具有十分重要的锻炼价值。它能够全面地锻炼身体，增强体质，在打羽毛球的过程中还可以培养顽强的毅力和良好的道德风尚。

（一）世界羽毛球运动的起源与发展

现代羽毛球运动起源于英国。1860 年，在格拉斯哥郡的伯明顿公爵，有一天在庄园举行宴会，由于下雨，客人们只能待在室内，有几个从印度回来的退役军官就向大家介绍了一种游戏，就是隔网用拍子来回击打毽球，人们对此产生了很大的兴趣。后来人们就以伯明顿（Badminton）作为此项运动的名称，“伯明顿”即成为英文羽毛球的名字。1893 年，英国成立了羽毛球协会。1899 年，举行了第 1 届全英羽毛球锦标赛。此后羽毛球运动就传遍了全世界。

1934 年，国际羽毛球联合会成立。1978 年，由 20 多个国家和地区发起成立了羽毛球世界联合会。1981 年 5 月 26 日，国际羽毛球联合会与羽毛球世界联合会正式宣布联合，联合后仍叫国际羽毛球联合会。

（二）我国羽毛球运动的发展

羽毛球运动在第一次世界大战后传入中国，最初在上海、广州、青岛等沿海城市的教会青年会和学校出现羽毛球活动，中华人民共和国成立后羽毛球运动得到了蓬勃的发展。1956 年，在天津举行了第一次全国羽毛球比赛。1958 年 9 月 11 日，中国羽毛球协会在武汉成立。1981 年，中国选手在美国第 1 届世界运动会的羽毛球比赛中夺得了男单、女单、男双和女双四项桂冠，从此拉开了中国羽毛球在世界崛起的帷幕。

二、羽毛球运动大型赛事简介

目前，由国际羽联主办的世界重大羽毛球运动赛如下。

（一）汤姆斯杯赛

即世界男子团体羽毛球锦标赛，1948 年举行第 1 届比赛，两年一届，在偶数年举行。比赛由三场单打、两场双打组成。

（二）尤伯杯赛

即世界女子团体羽毛球锦标赛，1956 年开始举行第 1 届比赛，两年一届，在偶数年举行。比赛由三场单打、两场双打组成。

（三）世界羽毛球锦标赛

即世界羽毛球单项锦标赛，设有男、女单打，男、女双打和混合双打五个比赛项目。1977 年起开始为三年一届，1983 年改为两年一届，在奇数年举行。

（四）苏迪曼杯

即世界羽毛球混合团体比赛。1989 年开始举办，两年一届，在奇数年举行。比赛由男、女单打，男、女双打，混合双打组成。

（五）世界杯羽毛球赛

它属于邀请性比赛，由国际羽联邀请当年成绩优异的选手参加，创办于 1981 年。1997 年，国际羽联决定从 1998 年起改为由世界顶尖选手参加的明星赛。

（六）奥运会羽毛球赛

1992 年，羽毛球被正式列为奥运会比赛项目，设 5 个比赛项目，即男、女单打，男、女双打和混合双打。

第二节 羽毛球运动基本技术

羽毛球运动基本技术包括握拍、发球和接发球等。

一、握拍

（一）正手握拍法（以右手为例）

虎口对着拍柄窄面内侧的小棱边，拇指和食指贴在拍柄的两个宽面上，食指和中指稍分开，中指、无名指和小指并拢握住拍柄，掌心离开拍柄，与拍柄留有空隙，在击球一刹那，手指突然紧握拍柄发力击球（图 14-1）。

图 14-1 正手握拍法

（二）反手握拍法

在正手握拍法的基础上，拇指和食指稍向外转，拇指自然贴在拍柄内侧宽面上，食指往中指、无名指、小指方向稍收回，手心与拍之间有一定空隙，利于手腕发力，以手指力量灵活运用（图 14-2）。

图 14-2 反手握拍法

一般来说，正手发球、右场区击球和左场区头顶击球等均用正手握拍法，而左场区击球应用反手握拍法。此外，还有正手搓球握拍法、正手勾对角握拍法、反手搓球握拍法、反手勾对角握拍法。

二、发球

发球分为正手发球和反手发球。

（一）正手发高远球

发高远球站位应靠近中线一侧，离前发球线约 1 米的位置。左脚在前，右脚在后，身体稍侧对网，两脚与肩同宽，身体重心放在右脚上。发球时，右臂后引，由上而下向右前方挥拍，同时左手放球。挥拍过程中，重心由右脚转到左脚。当球拍挥至右侧稍前下方（击球点）时，右前臂加速，握紧球拍，手腕由后伸经前臂稍内旋至屈收，急速向前上方闪动击球。击球后，球拍随势向左上方减速收回至胸前（图 14-3）。

图 14-3 正手发高远球

（二）正手发网前球

正手发网前球的基本动作与正手发高远球相仿，但站位稍靠前。由于网前发球飞行距离短、弧线低、用力轻，前臂挥动的幅度和手腕后伸的程度要比发高球小；球拍触球时，拍面从右向左推送击球，使球刚好越网而过，落在对方前发球线附近（图 14-4）。

（三）反手发网前球

站位靠近前发球线，左脚或右脚在前均可，身体重心在前脚，上体前倾，后脚脚跟提起。右手反握在拍柄稍前部位，肘关节提起，手腕稍前屈，球拍低于腰部，斜放在小腹前；左手持球在球拍面前方。发球时，球拍由后向前推送击球，使球的最高弧线略高于网顶，球过网而下落在对方前发球线附近（图 14-5）。

图 14-4 正手发网前球

图 14-5 反手发网前球

三、接发球

接发球是还击对方发过来的球。接发球是羽毛球比赛中最基本的技术，在比赛中起着重要的作用。

（一）站位

接发球时首先应选择合适的站位，一般单打站位均在前发球线后 1～1.5 米处，双打因受双打后发球线限制，可就近前发球线，重点防范对方发网前球。另外，根据接发球员持拍左、右手特点，分别侧重站在中线、左（右）发球区中间或中间稍偏边线位置，这样有利于保护反手部位。

（二）姿势

单、双打接发球的准备姿势大体相同，单打时左脚在前，右脚在后，重心在前脚，身体稍前倾，持拍手置于体前，两眼注视发球员动作。双打接发球时球拍高举过头，注意力集中，以便快速出击。

（三）接发各种来球

当对方发来高远球或平高球时，可采用平高球、吊球和杀球还击（图 14-6）。

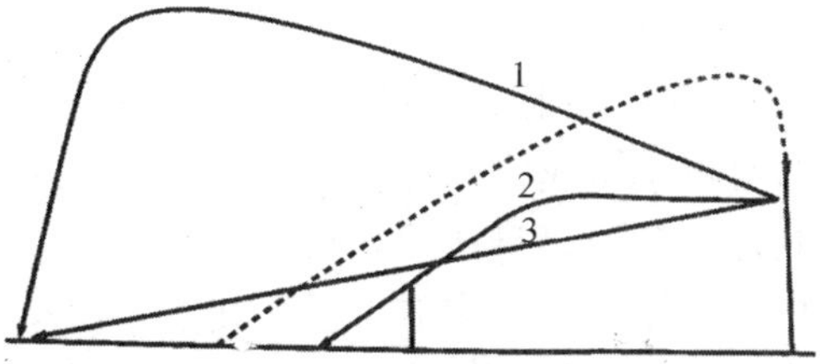

1—还击平高球；2—还击吊球；3—还击杀球

图 14-6 接发各种来球

对于扣杀球技术比较好的选手来说，接发高远球是一次进攻的机会，还击得好，就掌握了主动权。初学者常因后场技术未掌握好，还击球的质量较差，以致遭到对方的攻击。因此，要提高后场进攻技术。

对方发来网前球时，可用平高球、高远球、放网前球、平推球还击；如对方发球质量不好，也可用扑球还击。要洞察对方发网前球的意图，如果是要发球抢攻，而自己的防守能力又不强，那就用网前球或平推球还击，落点要远离对方的站位，控制住球，不让对方进攻。当对方连续发球抢攻时，接发球一定要冷静、沉着，若疏忽麻痹，回球质量稍差，就可能让对方抢攻得手。

对方发来平快球时，可用平推球、平快球还击，以快制快，由于接球还击的击球点比发球方高，下压得狠些，可以夺取主动权。也可以用高远球还击，以逸待劳。不能仓促还击网前球，因为若击球质量稍差，有可能遭受对方的进攻。

四、击球

羽毛球击球技术方法，包括击高远球、吊球、杀球、搓球、推球、勾球、扑球、抽球、挑球等，每一种技术又可分为正手和反手击球。依据战术球路的需要，又可击出直线球或斜线球。下面介绍几种击球动作方法。

（一）击高远球

1. 正手击高远球

图 14-7 正手击高远球

当来球比较高时，首先要判断好来球的落点，移动步法，使球保持在自己的右肩稍前上方的位置。左肩对网，左脚在前，右脚在后，重心在右脚上。左臂屈肘，左手自然高举，右手持拍，手臂自然弯曲，将球拍举在右肩上方，两眼注视来球。击球时，右上臂后引，随之肘关节上提明显高于肩部，将球拍后引至头部，手腕自然外翻（拳心朝上）。然后在后脚蹬地、转体收腹的协调用力下，以肩为轴，上臂带动前臂快速向前上方甩腕，在手臂伸直的最高点击球。击球后，持拍手臂顺惯性往左前下方挥动并收拍至体前，与此同时，左脚后撤，右脚向前迈出，身体重心由后脚移到前脚上。正手高球也可起跳击球，按上述要求做好准备动作，然后右脚起跳，随即在空中转体，并完成引拍击球动作。击球动作在球将从空中最高点落下的瞬间完成（图 14-7）。

2. 反手击高远球

当球来到己方左后场区且比较高时可采用反手击高远球。首先判断好对方来球的落点，迅速将身体转向左后方，移动步法，最后一步用右脚前交叉跨到左侧底线，背对网，身体重心在右脚上，使球处在身体右上方。击球前，迅速换成反手握拍法，持拍于右胸前，拍面朝上。击球时，以上臂带动前臂，通过手腕的闪动，自上而下地甩臂，将球击出。在最后用力时，要注意拇指的侧压力与甩腕的配合，以及两腿蹬地转体协调用力。

3. 头顶击高远球

动作要领与正手击高远球基本相同，只是击球点偏左肩上方。准备击球时，身体偏左倾斜。击球时，上臂带动前臂使球拍绕过头顶，从左上方向前加速挥动，注意发挥手腕的爆发力击球。落地时左腿向左后方摆动幅度大些（图 14-8）。

图 14-8　头顶击高远球

（二）吊球

吊球指对方击来高球，本方可从后场轻击、轻切、轻劈到对方的近网附近。根据出手的位置和球落向的位置，吊球分为正手、反手和头顶三种手法；根据击球方法的不同，吊球分为劈吊、拦截吊和轻吊。

1. 正手吊球

击球准备和前期动作同正手击高远球，只是击球时拍面稍向内倾斜，手腕做快速切削下压动作，击球托的后部和侧后部。若吊斜线球时，则球拍切削球托右侧并向左下方发力；若吊直线球，则拍面正对前方向下方切削（图 14-9）。

图 14-9　正手吊球

2. 反手吊球

击球准备和反手击高远球动作类似，不同点在于击球时拍面的掌握和力量的运用。吊直线球时，用球拍反面切削球托的后中部，向对方的右半场网前发力；吊斜线球时，用球拍反面切削球托的左侧，朝对方的左半场网前发力（图 14-10）。

图 14-10 反手吊球

3. 头顶吊球

击球准备和头顶击高远球类似。头顶吊斜线球时，中指、无名指和小指屈指调整拍柄，使拍子内旋，拍面稍前倾，以斜拍面击球托左侧部位；头顶吊直线球时，球拍击球托的正中部位（图 14-11）。

图 14-11 头顶吊球

（三）扣杀

扣杀球是羽毛球进攻中的主要技术之一。这种球速度快，力量大，常在比赛中直接得分或者使对手处于被动状态。

1. 正手扣杀直线球

准备姿势和动作要领与正手击高远球相似。不同之处是身体后仰成反弓在空中收腹用力，靠腰腹带动大臂、前臂、手腕，用力挥拍击球，方向向下，形成鞭打动作，球拍正面击球托的后部，无切击动作，使球沿直线向前下方快速飞行。击球后迅速还原。

2. 正手扣杀斜线球

准备姿势和动作要领与正手杀直线球相同。不同的是身体向左前方转动用力，协助手臂向对角方向击球。

3. 头顶扣杀球

准备姿势与头顶击高远球类似，不同的是挥拍击球时，要靠腰腹带动大臂，协调前臂、手腕的综合力量形成鞭打动作，用力向前下方击球。

4. 反手扣杀直线球

准备姿势和动作要领与反拍击高远球相同。不同点是击球前的挥拍用力要大，击球时，手臂、手腕延伸、外展鞭击球。击球瞬间，球拍与杀球方向的水平面夹角应小于 90°。

（四）搓球

搓球是用球拍击球的左或右侧下部与球托底部，使球向右侧或左侧翻滚过网的打法。

1. 正手搓球

侧身对右边网前，正手握拍。击球时争取高点击球，前臂稍外旋，手腕由后伸至稍内收闪动，握拍手的食指和拇指夹住球拍，利用手腕和手指的力量搓切来球的右下底部，使球旋转翻滚过网（图 14-12）。

1　2　3　4

图 14-12　正手搓球

2. 反手搓球

用反手握拍法，以反拍面搓击球，使球侧旋滚动过网后即下落的击球方法，称为反手搓球。

（五）推球

推球是把对方击来的网前球推击到对方的后场两底角去。推球有正手推球和反手推球。

1. 正手推球

站在右网前，球拍向右侧前上举。在肘关节微屈回收时，前臂稍外旋，手腕稍向后侧，球拍也随之往右下后摆，拍面正对来球。这时，小指和无名指稍松开，使拍柄稍离开掌心，拇指和食指向外捻动拍柄，拍面更为后仰。推球时，身体稍往前移，右前臂往前伸并带内旋，手腕和手指控制拍面角度，手腕由后伸至伸直并闪腕，食指向前压，小指和无名指突然握紧球柄，拍子急速地向右经前上至左挥动推球，使球沿边线飞向对方后场底角（图 14-13）。

4　3　2　1

图 14-13　正手推球

2. 反手推对角线球

站位接近网前，以反手握拍并举拍于网前，在前臂稍向左胸前收引，肘关节微屈，手腕外展时变成反手推球的握拍法，球拍离开掌心，反拍面迎球。当前臂前伸同时稍外旋时手腕由外展到伸直闪腕，中指、无名指和小指突然握紧拍柄，拇指顶压，往右前方挥拍击球，推击球托的左侧后部，使球沿对角线方向飞行。击球后，迅速恢复击球前的准备姿势（图 14-14）。

图 14-14 反手推对角线球

（六）勾球

在网前用屈腕或伸腕的动作调整球拍角度，轻巧地将球回到对方斜对角的网前区内，称为“勾球”。勾球分正手勾球和反手勾球两种。

1. 正手勾球

用并步加蹬跨步向右网前，球拍随前臂往右前方举，在前臂前伸时稍外旋，手腕微后伸，握拍手将拍柄稍向外捻动，使拇指贴在拍柄的宽面上，食指的第二指关节贴在拍柄背面的宽面上，拍柄不触及掌心。球拍随着向右侧前挥动，拍面朝着对方右网前。击球时，靠前臂稍内旋往左拉收，手腕由稍后伸至内收闪腕，挥拍拨击球托的右侧下部，使球在网前掠网坠落。击球后，球拍回收至右肩前（图 14-15）。

图 14-15 正手勾球

2. 反手勾球

反手勾球有反手勾对角球、反手被动勾球、反手主动勾球。站位接近左网前，反手握拍前平举。在身体前移的过程中，球拍随手臂下沉至离网 20 厘米处，握拍变成反拍勾球握拍法，拍面正对来球。当来球过网时，肘部突然下沉，同时前臂稍外旋，手腕由稍屈至后伸闪腕，拇指内侧和中指把拍柄往右侧一拉，其他手指突然握紧拍柄，然后拨球的左后侧。

第三节 羽毛球运动基本战术

战术是根据对手的技术、打法和体力等实际情况，从发挥自己的长处、弥补自己的短处的角度出发，为争取比赛胜利而采用的各种对策、方法。“以己之长，攻彼之短”是战术运用的原则。

（一）单打战术

1. 压后场战术

此战术是采用高远球或平高球反复压对方后场两角，造成对方被动，然后伺机采用杀球和吊球攻击对方空当。此战术用来对付初学者、后退步法慢和急于上网的对手较为有效。

2. 发球抢攻战术

此战术主要是以发网前球和平快球为主，限制对方的进攻，迫使对方挑球。然后用杀球和吊球进攻对方的空当和弱点。发球抢攻战术主要用于对付防守能力较差的对手。在比赛进入最后关键时刻运用此战术往往使临场经验不足的对手感到束手无策。

3. 控制网前战术

它是通过各种手段主动抢先放网或故意让对方先放网，然后上网重复放网，并与搓、推、勾、扑球结合运用，造成对方网前直接失误或被动挑球，此时抓住有利时机大力扣杀或快速吊球。此战术主要用来对付后场技术较好而网前技术较差的对手。

4. 逼反手战术

一般来说，后场反手击球的进攻性不强，球路也较简单。对于后场反手较差的对手要毫不放松地加以攻击。先拉开对方位置，使对方反手区露出空当。然后把球打到反手区，迫使对方使用反拍击球。

5. 打四点球突击战术

以快速的平高球、吊球准确地打到对方场区的四个角落，迫使对方前后左右奔跑，当对方来不及回中心位置或失去重心时，抓住空当和弱点进行突击。

6. 吊、杀上网战术

先在后场以轻杀配合吊球把球下压，落点要选择在场地两边，使对方被动回球。若对方还击网前球时，便迅速上网搓球或勾对角快速平推球；若对方在网前挑高球，可在其后退途中把球直接杀到他身上。

7. 先守后攻战术

这一战术可用来对付那种盲目进攻而体力又差的对手。比赛开始，先以高球诱使对方进攻，在对方只顾进攻疏于防守时，即可突击进攻。或者在对方体力下降、速度减慢时再发动进攻。这是以逸待劳、后发制人的战术。

（二）双打战术

1. 攻人

这是双打中常用的一种战术。对付两名技术水平高低不一的对手时，一般都采用这种战术。对付两名技术水平相似的对手时也可以使用。集中攻击对方一名队员的战术，常能取得成功。在另一名队员赶来协助时，又会暴露出空当，在其不备时又可突袭之。

2. 攻中路

守方左右站位时把球打在两人中间，可以造成守方两人抢接球或同时让球，限制守方在接杀时挑大角度的高球调动攻方，有利于攻方的封网。守方前后站位时把球下压或轻推在边线半场处，这多半是在接发网前球和防守反攻抢网时运用。这种球守方前场队员拦截不到，后场队员只能以下手击球放网或挑高球，后场两角便会露出很大空当，因而有机可乘。

3. 攻后场

这种战术常用来对付后场扣杀能力差的对手，把对方弱者调到后场后也可使用。此战术是用平高球、平推球、接杀挑底线把对方一人紧逼在底线两角移动，在对方还击出半场或网前高球时即可大力扣杀。如在逼底线两角时对方同伴要后退支援，则可攻击网前空当或向后退者打追身球。

4. 后攻前封

后场队员积极大力扣杀，在对方接杀放网、挑高球或企图反击抽挡时，前场队员以扑、搓、推、勾等技术控制网前，或拦截吊封前半场，使整个进攻连贯而又凶狠、凌厉。

5. 防守反击战术

在防守中寻找反攻的机会，变被动为主动。如对方正手后场攻直线球，本方就挑对角线；如对方攻对角球时，本方就挑直线。这是一种较容易争得主动的防守战术。时机有利时，即可运用反抽或挡网前回击对方的杀球，进行反攻。但是挑高球时一定要挑到底线，否则将会出现对方连续攻杀而无力反击的情况。

第四节　羽毛球竞赛主要规则简介

一、场地和器材

羽毛球场呈长方形（图 14-16），长 13.40 米，宽 6.1 米；球网全长 6.1 米，宽

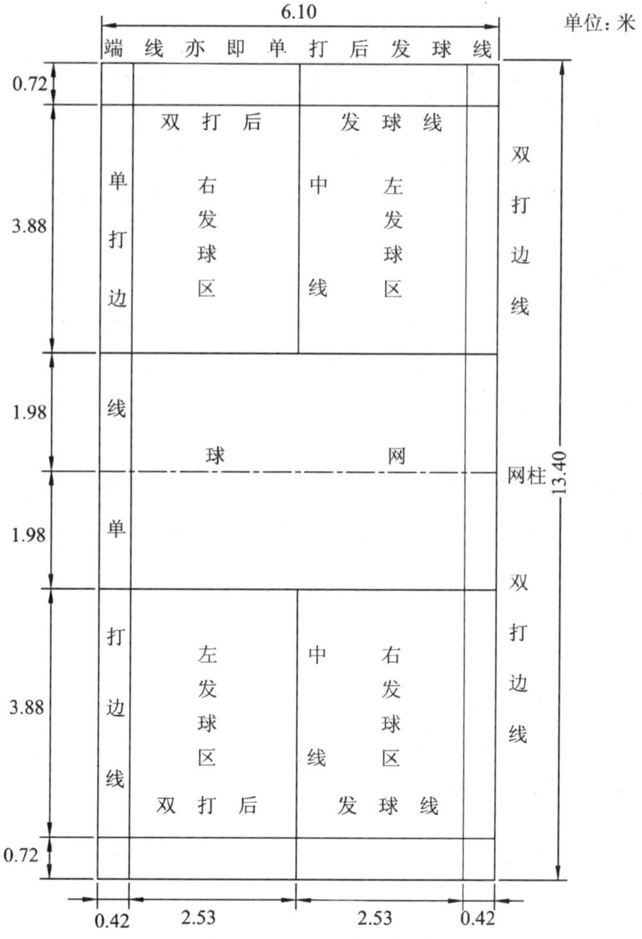

图 14-16　羽毛球场地

0.76 米，球网两边高 1.55 米，中间高 1.524 米；场地线宽均为 4 厘米，线的颜色一般使用白色、黄色或其他容易辨别的颜色。

羽毛球有 16 根羽毛固定在球托部，羽毛顶端围成圆形，直径为 58~68 毫米，球托直径为 25~28 毫米，底部为圆形，羽毛球质量为 4.6~5.5 克。

二、羽毛球比赛主要规则

1. 记分方法及交换场区

（1）记分方法。每场比赛采取三局两胜制；先得 21 分的一方赢得当局比赛；如果双方比分打成 20∶20，领先得 2 分的一方胜该局；如果双方比分打成 29∶29，则先得到第 30 分的一方获胜；每局的胜方，在下一局比赛中首先发球。

（2）交换场区。每一局比赛结束；第三局或只进行一局的比赛中，领先的一方得分为 11 分（每局 21 分制）；上述条件都要交换场区。

如果运动员没有按照规定交换场区，一经发现即在死球时交换，已得比分有效。

2. 发球

（1）合法发球。

① 发球时任何一方都不允许非法延误发球。

② 发球员和接发球员都必须站在斜对角发球区内发球和接发球，脚不能触及发球区的界线；两脚必须都有一部分与地面接触，不得移动，直至将球发出。

③ 发球员的球拍必须先击中球托，与此同时，整个球要低于发球员的腰部。

④ 击球瞬间，球拍杆应指向下方，从而使整个拍头明显低于发球员的整个握拍手部。

⑤ 发球开始后，发球员的球拍必须连续向前挥动，直至将球发出。

⑥ 发出的球必须向上飞行过网，如果不受拦截，应落入接发球员的发球区内。

（2）一旦双方运动员站好位置，发球员的球拍第一次向前挥动即为发球开始。

（3）发球员须在接发球员准备好后才能发球，如果接发球员已试图接发球，则被认为已做好准备。

（4）一旦发球开始，球被发球员的球拍触及或落地即为发球结束。

（5）双打比赛，发球员或接发球员的同伴站位不限，但不得阻挡对方发球员或接发球员的视线。

3. 重发球

（1）主裁判尚未报分或未报完分，发球员就将球发出。

（2）虽然主裁判已报分，但是接发球员未做好接球准备，发球员就将球发出。

（3）球夹在网顶上或越网后挂在网上。

（4）发球时，双方同时犯规。

（5）比赛进行中，球托和羽毛分离。

（6）比赛进行中，遇有意外事故，如外场球侵入球场影响比赛、灯光熄灭等。

（7）主裁判不能做出判决时，如球落在场线附近，看管该线的司线员未看见，主裁判也未看见。

4. 发球与接发球方位

（1）单打。当分数为零或偶数时，双方应在各自的右发球区发球和接发球；当分数为奇数时，则在各自的左发球区发球和接发球。

（2）双打。每局比赛开始双方每轮发球都只有一次发球机会。只有发球方得分后才能交换发球方位，当发球员失误，则由接发球方发球。当发球方得分为零或偶数时，发球员应在右发球区发球；当发球方得分为奇数时，发球员应在左发球区发球。例如，一局比赛开始 A_1 为发球员，这局比赛发球顺序为 A_1、B_2、A_2、B_1。

5. 几种常见违例现象及罚则

过腰：发球时，球的任何部分在击球的瞬间高过运动员的腰部，判发球违例。

过手：发球时，球拍顶端未向下，击球瞬间整个拍框未明显低于发球员握拍的整个手部，判发球违例。

脚步移动：发球时，发球员或接发球员的双脚中的任何一只脚离地或在地面拖移，判发球或接发球违例。

乱踩线：发球时，发球员、接发球员的任何一脚踩到或触到发球区的任一界线，或站在发球区外发球，判发球或接发球违例。

延误发球时间和假动作：发球时，任何运动员为了有意妨碍对方，做假动作，或发球员故意拖延发球时间，或接发球员迟迟不做接球准备，有企图占便宜等不正当的行为，判发球或接发球违例。

发球失误：发球时，球已抛起，而挥拍未击中球或击球不过网，或发球出界，判发球违例。

短球：发球员发出的球未落入规定的场区内，落在球网与前发球线之间，判发球违例。

长球：双打比赛中，发球员发出的球落在双打后发球线以外，判发球违例。

发球错区：发球员发出的球没有落入对角规定的区域内，而落在同侧的场区内，判违例。

持球：击球时，球停滞在拍上，紧接着又有拖带动作，判违例。

连击：运动员在一次击球动作中球拍两次触球，或双打比赛中，在一个回合中两名运动员各击球一次，判违例。

阻挠：比赛中任何一方用球拍或身体阻挠对方击球，或大喊大叫妨碍对方击球。此类行为均为“阻挠犯规”。

触网：比赛中，在球未成“死球”前，运动员的球拍、身体或衣服的任何部位触及球网或球网的支撑物，判违例。

过网击球：比赛中一方运动员所击之球尚未过网，而对方运动员就抢先击球（球拍与球的接触点在对方场区的上空），此为“过网击球”，应判为违例；如击球点在本方，击球后，其球拍随球过网或在球已成“死球”后球拍过网，则为合法击球，不判违例。

侵入场区：比赛中，在球未成“死球”前，运动员的球拍、身体侵入对方场区（无论程度如何），如影响对方运动员击球，判违例；如未影响对方，则不判违例。

方位错误：比赛中，一方运动员未按规定的区域发球或接发球，此为方位错误。如这一错误在下一次发球前被发觉，错方即使胜球，也应判其无效，纠正方位后重发球；若错方输球，应判其失分或换发球，并不再纠正方位，直至该局比赛结束。发球方位错误是在下一次发球后被发觉和提出的，则不论错方是胜是负，被发觉前的得分均有效，不再纠正方位，继续比赛，直至该局结束。

第十五章 武术运动

第一节 武术运动概述

一、武术运动的起源

武术又称国术或武艺，是中国传统的体育项目，是以攻防技击为主要技术内容，以套路演练和搏斗对抗为运动形式，注重内外兼修的中国传统民族体育项目。

武术起源于原始人类的生产活动、社会活动和宗教活动。原始社会的生产力低下，人类为了生存，在与大自然的搏斗中逐渐练就了徒手擒杀野兽的技能，并掌握了使用工具同野兽搏斗的本领。

此外，武术的起源还可追溯到原始人类的宗教意识之中，武术是原始社会文化形态的重要组成部分。根据史料记载及民俗学的相关研究，原始人类在进行狩猎等生产劳动实践和战争等社会活动前后，一般都会对狩猎或战争场景进行模拟舞蹈，即所谓的“武舞”。原始人类希望借这种武技训练来产生超自然的力量，以期战胜对手和敌人，具有一定的宗教和娱乐意义。

二、武术运动的发展

武术的发展与军事、医疗有着密切的联系。人们为了生存，在实践中总结经验教训，把斗争中获得的搏斗技能和知识世代相传，不断发展，而成为现实中的武术。到了原始社会末期，随着生产力水平的提高和私有制的产生，氏族与部落之间开始产生了大规模的战争，战争有力地促进了器械的制作和原始武术形态的发展。随着部落间战争的不断发生，武术逐渐从生产活动中脱离出来，成为当时乃至当今体能训练和掌握技术的手段。

在明代以前，武术以军阵格杀技术为主体，训练内容主要是兵械实用技法，而拳术（手搏）占的比例较少，军阵格杀中兵种的变化及兵器的形制、长短、轻重的变化都影响和制约着武术技术的发展。

明代是武艺集大成、大发展时期，流派林立，不同风格的拳术、器械都得到了很大的发展，从而建立了完整的中国武术体系。

中华人民共和国成立后，武术运动得到了迅速发展，其社会功能得到了广泛的发挥和运用。1959 年出台的“武术竞赛规则”将武术项目分类，进行同类项目同组比赛，使武术成了真正的竞技体育运动项目。20 世纪 80 年代后，武术得到了空前规模的大发展，挖掘、整理传统武术的活动使一些即将失传的拳技资料得到了继承和保存，群众性的习武活动遍及城乡。目前武术运动不仅在我国普遍开展，经过武术界人士几十年的努力，武术已在世界上许多国家发展起来了。为了更好地将武术运动融入世界，在中国武术协会和武术研究院的倡导下，武术开始进入世界体坛。

在各国武术界人士的共同努力下，相继诞生了国际武联筹委会、欧洲武术联盟、南美洲武术功夫联合会、亚洲武术联合会等国际武术组织。1990 年 10 月 3 日，国际武术联合会在北京正式成立，自此武术运动在世界范围内走上了有组织的发展阶段。2002 年 2 月，国际奥委会第 113 次会议通过了正式承认国际武术联合会的决议，武术自此成为国际奥委会承认的体育项目。

第二节　武术运动基本技术

一、基本手型

（一）拳

四指并拢卷握，拇指紧扣食指和中指的第二指节，拳面要平，拳握紧，如图 15-1 所示。

（二）掌

四指并拢伸直，拇指弯曲紧扣于虎口处，如图 15-2 所示。

（三）勾

五指第一指节捏拢在一起，屈腕，如图 15-3 所示。

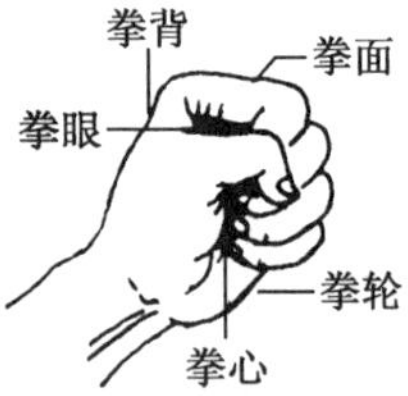

图 15-1　拳

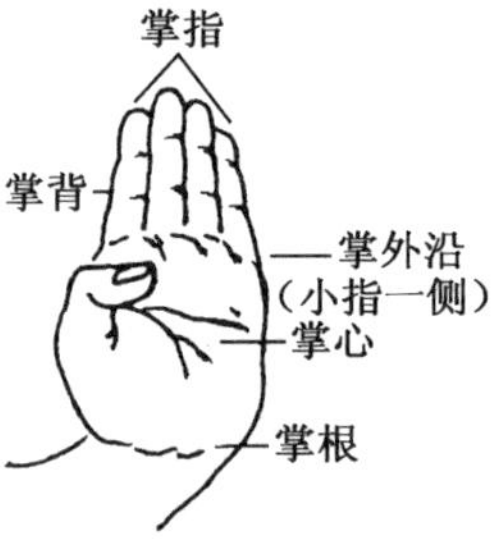

图 15-2　掌

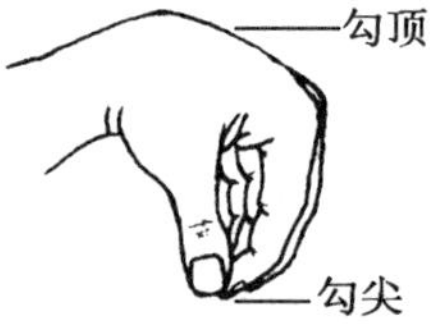

图 15-3　勾

二、手法

（一）冲拳

预备姿势：如图 15-4(a)所示，开步站立，与肩同宽；两手握拳分别抱于腰侧，拳心向上，肘尖向后；目视前方。

动作说明：如图 15-4(b)所示，右拳从腰间猛力向前冲出，肘关节过腰后，前臂内旋，力达拳面，臂伸直高与肩平；同时左肘向后牵拉，目视右拳。左右臂交替练习。

要点：挺胸、收腹、拧腰、顺肩、出拳应快速有力且有寸劲（即爆发力）。

(a)　(b)

图 15-4　冲拳

（二）推掌

预备姿势和要点同冲拳。

动作说明：如图 15-5 所示，拳变掌，以掌根为力点立掌（翘掌、沉腕）推出，力达掌外沿。

（三）亮掌

预备姿势同冲拳。

动作说明：如图 15-6 所示，右拳变掌，由腰间经体侧向右、向上划弧至头部右上方，肘微屈，抖腕翻掌；同时头向左转，目视左方。

图 15-5 推掌

图 15-6 亮掌

要点：挺胸、收腹、立腰，抖腕翻掌与转头要同时完成。

三、步型

步型与步法的练习主要是增进腿部的速度和力量，提高两腿移动的灵活性和稳固性。

（一）弓步

动作说明：如图 15-7 所示，前腿屈膝半蹲，大腿接近水平，脚尖微内扣，与膝垂直；后腿挺膝伸直，脚尖内扣斜向前（约 45°）；两脚全脚掌着地，间距为本人脚长的 4~5 倍；上体正对前方，两手抱拳于腰间，平视前方。弓左腿为左弓步，弓右腿为右弓步。

要点：前腿弓，后腿绷；挺胸、塌腰、沉髋。

（二）马步

动作说明：如图 15-8 所示，开步站立，两脚间距约为本人脚长 3 倍，脚尖正对前方；屈膝半蹲，大腿接近水平，膝关节不超过脚尖；两手抱拳于腰间，目视前方。

要点：挺胸、塌腰、直背，膝微内扣，脚跟外蹬。

（三）虚步

动作说明：如图 15-9 所示，两脚前后开立，后腿屈膝半蹲，大腿接近水平，脚尖外展约 45°，全脚掌着地；前腿微屈，脚尖前伸虚点地面，脚面绷平并稍内扣；重心落于后腿，目视前方。左脚在前为左虚步，右脚在前为右虚步。

要点：挺胸、塌腰、虚实分明。

图 15-7 弓步

图 15-8 马步

图 15-9 虚步

图 15-10 仆步

（四）仆步

动作说明：如图 15-10 所示，两只脚左右开立，间距约为本人脚长的 4 倍；一腿屈膝全蹲，大小腿紧靠，臀部接近小腿，脚和膝稍外展；另一腿挺直平仆接近地面，脚尖内扣；两脚全脚掌着地，两手抱拳于腰间，眼向仆出腿一方平视。仆左腿为左仆步，仆右腿为右仆步。

要点：挺胸、塌腰、沉髋。

（五）歇步

动作说明：如图 15-11 所示，两腿交叉靠拢，屈膝全蹲，前脚全脚掌着地，脚尖外展；后脚脚跟离地，膝部贴近前腿外侧，臀部坐于后小腿接近脚跟处；两手抱拳于腰间，眼向前腿一方平视。左脚在前为左歇步，右脚在前为右歇步。

图 15-11 歇步

图 15-12 丁步

要点：挺胸、塌腰、两腿靠拢并贴紧。

（六）丁步

动作说明：如图 15-12 所示，两腿并拢半蹲，一只脚全脚掌着地支撑（重心落于此腿）；另一只脚脚面绷直，脚尖内扣并虚点地面，靠于支撑脚脚弓处；两手抱拳于腰间，目视前方。左脚尖点地为左丁步，右脚尖点地为右丁步。

要点：挺胸、塌腰、虚实分明。

四、步法

（一）击步

预备姿势：两只脚前后开立，同肩宽，两手叉腰。

动作说明：如图 15-13 所示，上体略前倾，前脚蹬地前纵，后脚提起在空中向前碰击前脚跟；两脚依次落地，后脚先落，前脚后落；目视前方。

图 15-13 击步

要点：腾空时，上体保持正直并侧对前方。

（二）弧形步

预备姿势同击步的预备姿势相同。

动作说明：如图 15-14 所示，两腿略屈半蹲，沿弧形路线迅速连续行步，脚跟先着地并迅速过渡到全脚掌，步幅略比肩宽，目视前方。向左跨步为左弧形步（或左环绕步），向右跨步为右弧形步（右环绕步）。

图 15-14 弧形步

要点：挺胸、塌腰；身体重心要平稳；注意转腰。

五、腿法

（一）正踢腿

预备姿势：并步站立，臂侧平举，立掌，目视前方。

动作说明：如图 15-15 所示，左脚向前上半步，左腿伸直支撑，右腿挺膝，脚尖勾起向前额处快速踢起；

图 15-15 正踢腿

上体正直，目视前方。左右腿交替练习。

要点：收腹、挺胸、立腰；踢腿过腰后加速；踢腿时脚尖勾起绷落或勾起勾落。

（二）斜踢腿

预备姿势和要点同正踢腿。

动作说明：如图 15-16 所示，一腿向异侧耳际踢起。

图 15-16 斜踢腿

图 15-17 侧踢腿

（三）侧踢腿

预备姿势同正踢腿。

动作说明：如图 15-17 所示，右脚向前上半步，脚尖外展；左脚跟稍提起，身体略右转，左臂前伸，右臂后举。随即左腿挺膝，勾脚向左耳侧踢起；同时右臂上举亮掌，左臂屈肘立掌于右肩前。踢左腿为左侧踢，踢右腿为右侧踢。

要点：挺胸、立腰、开髋、侧身、猛收腹。

（四）外摆腿

预备姿势同正踢腿。

动作说明：如图 15-18 所示，右脚上步支撑，左脚脚尖勾紧向右侧上方踢起，经面前向左侧上方摆动，而后直腿下落，还原成预备姿势。左掌可在左侧上方迎击左脚脚面。左右腿交替练习。

图 15-18 外摆腿

要点：挺胸、立腰、收腹、展髋，摆腿成扇形，幅度要大。

（五）里合腿

预备姿势同正踢腿。

动作说明：如图 15-19 所示，左脚向左上方踢起，经面前向右侧上方直腿摆动。

图 15-19 里合腿

要点：挺胸、立腰、合髋，腿成扇形里合，幅度要大。

（六）弹腿

预备姿势：并步站立，两手抱拳于腰间，目视前方。

动作说明：如图 15-20 所示，左腿支撑，右腿屈膝提起，右脚绷直，大腿与腰平，迅速挺膝，小腿猛力向前弹击，力达脚尖。大腿与小腿成一直线，高与腰平。左右腿交替练习。

图 15-20 弹腿

要点：挺胸、直腰、收髋，脚面绷平，弹踢有力。

（七）后扫腿

如图 15-21 所示，成左弓步，同时两掌从腰侧向前推出，掌指朝上。然后左腿屈膝全蹲，脚尖内扣，成右仆步，同时上体右转并前俯，两掌在右腿内侧撑地，随上体向右后拧转的惯性力量，以左前掌为轴，右脚贴地向后扫转一周。

要点：转体、俯身、撑地，扫转要连贯协调，一气呵成。

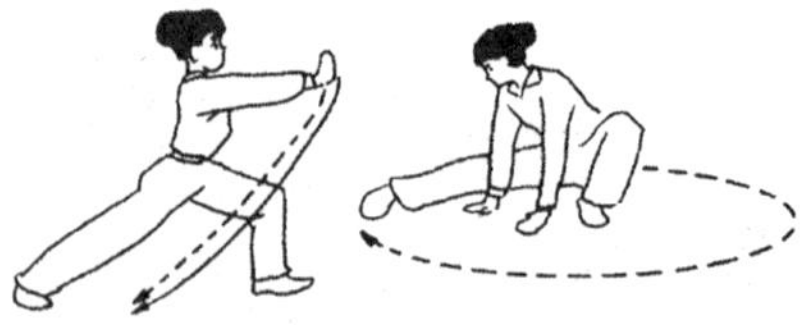

图 15-21　后扫腿

第三节　武术运动套路

一、初级长拳第三路

长拳以拳、掌、勾为基本手型，以弓步、马步、仆步、虚步、歇步为基本步型，并由蹿蹦跳跃、闪展腾挪、起伏转折和跌扑滚翻等动作和技术组成。其特点是动作舒展大方、快速有力、节奏明显，起伏转折较多，强调主动出击、长击速打、以快制慢、以刚为主，如初级长拳、中级长拳、自选长拳和少林长拳等。

这里介绍初级长拳第三路的动作及名称。

预备动作　虚步亮掌　并步对拳

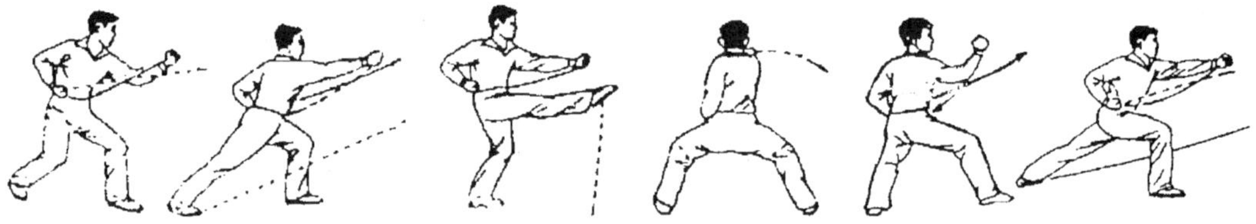

弓步冲拳　弹腿冲拳　马步冲拳　弓步冲拳

弹腿冲拳　大跃步前穿　弓步击掌

马步架掌　虚步栽拳　提膝穿掌

仆步穿掌

虚步挑掌

马步击掌

插步双击掌

弓步击掌

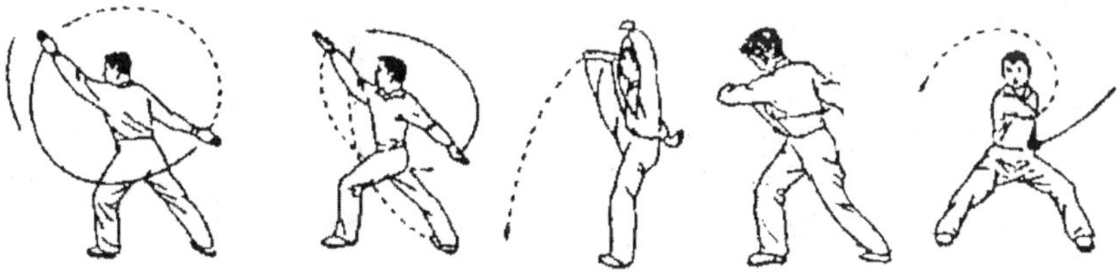
转身踢腿马步盘肘

歇步抡砸拳

仆步穿掌

弓步劈拳

换跳步弓步冲拳

弓步冲拳

弓步下冲拳

插步亮掌侧踹腿

虚步挑掌

弓步顶肘

转身左拍脚

右拍脚

腾空飞脚

歇步下冲拳

仆步抡劈拳

提膝挑掌

提膝劈掌弓步冲拳

虚步亮掌

并步对拳

还原

二、二十四式简化太极拳

太极拳是武术拳种之一，清初始见传于河南温县陈家沟，至九世陈王庭基本定谱，套路名称有“十三势”“长拳”“炮捶”等七个套路，现仅流传第一路和第二路。陈氏十四世陈长兴（1771—1853 年）时，始传外姓杨露禅。此后，太极拳从陈家沟逐步传遍全国，并形成了与陈氏太极拳特点有异的杨氏、武氏、吴氏、孙氏等多种太极拳流派。

太极拳动作徐缓、轻灵、刚柔相济，有掤、捋、挤、按、采、列、肘、靠、前进、后退、左顾、右盼、中定十三势技法。其特点为体松心静，缓慢柔和，动作、呼吸和意念相配合，协调完整。太极拳的价值是多方面的，包括武术价值、哲学价值和良好的健身价值。太极拳的健身价值是多方面的，它不是简单的活动，而是在意念的支配下，使人的神经系统、运动机能和呼吸系统、循环系统、消化系统、免疫系统等得到全面的改善。因此，它的健身价值是全面的、自然的、科学的。

这里介绍简化太极拳（二十四式）动作及名称。

（1）起势（图 15-22）。

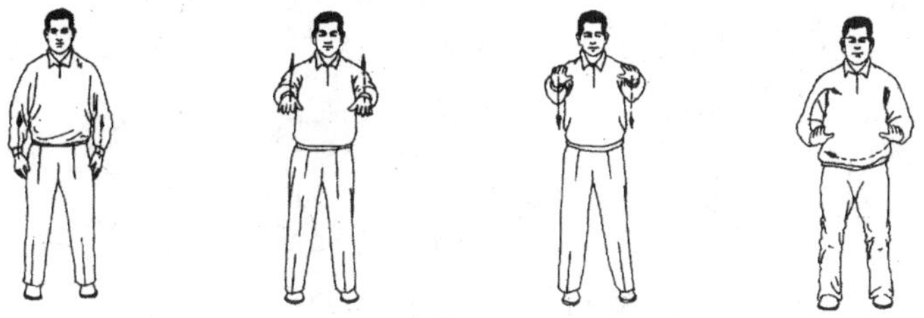

图 15-22 **起势**

（2）左右野马分鬃（图 15-23）。

图 15-23 **左右野马分鬃**

（3）白鹤亮翅（图 15-24）。

图 15-24 **白鹤亮翅**

（4）左右搂膝拗步（图 15-25）。

图 15-25　左右搂膝拗步

（5）手挥琵琶（图 15-26）。

图 15-26　手挥琵琶

（6）左右倒卷肱（图 15-27）。

图 15-27　左右倒卷肱

（7）左揽雀尾（图 15-28）。

图 15-28 左揽雀尾

（8）右揽雀尾（图 15-29）。

图 15-29 右揽雀尾

（9）单鞭（图 15-30）。

图 15-30 单鞭

（10）云手（图 15-31）。

图 15-31　云手

（11）单鞭（图 15-32）。

图 15-32　单鞭

（12）高探马（图 15-33）。
（13）右蹬脚（图 15-34）。

图 15-33　高探马

图 15-34　右蹬脚

（14）双峰贯耳（图 15-35）。

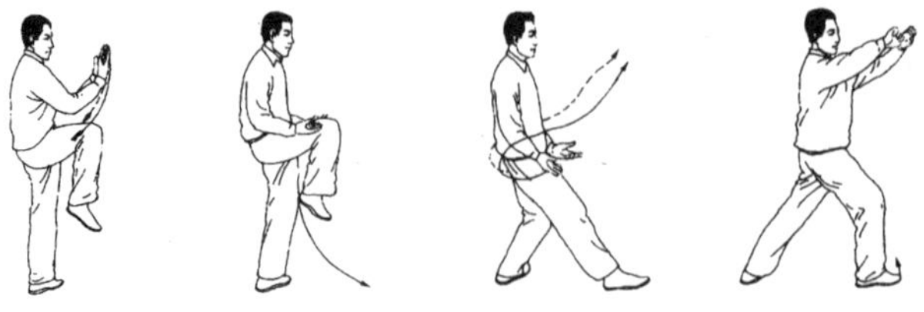

图 15-35　双峰贯耳

（15）转身左蹬脚（图 15-36）。

图 15-36 转身左蹬脚

（16）左下势独立（图 15-37）。

图 15-37 左下势独立

（17）右下势独立（图 15-38）。

图 15-38 右下势独立

（18）左右穿梭（图 15-39）。

图 15-39　左右穿梭

（19）海底针（图 15-40）。

（20）闪通臂（图 15-41）。

图 15-40　海底针

图 15-41　闪通臂

（21）转身搬拦捶（图 15-42）。

图 15-42　转身搬拦捶

（22）如封似闭（图 15-43）。

图 15-43 如封似闭

（23）十字手（图 15-44）。
（24）收势（图 15-45）。

图 15-44 十字手

图 15-45 收势

第四节 散打和防身术

一、散打运动

散打是中华武术的精华，最能体现竞技体育的特点，它是以踢、打、摔、拿四击为基本素材，以两人对抗，按照攻、守、进、退、还击及反还击为运动规律的技击运动。

尽管散打运动的技术性要求很高，风险较大，但只要通过系统的学习训练，掌握合理、正常的武术技击技术，就可以帮助练习者提高自身的身体素质和机能水平，增强攻防格斗的技能、技巧，提高自身防卫的能力，培养勇敢、顽强、灵活机智、沉着果断的意志品质。

（一）散打基本技术

击败对手，要借助于攻击性技术才能实现。进攻技术是散打技术体系的主体。其他技术如步法的移动、防守技术的运用等，其目的都是为了更好地进攻。进攻技术的优劣直接关系到胜败。因此，必须花大力气、下苦功夫练习进攻技术。

1. 散打手法

散打手法具有速度快和灵活多变的特点，它能以最短的距离、最快的速度击中对手，掌握得好，可神出鬼没地给对手构成很大的威胁。散打手法包括拳法和掌法，常用于攻击对手头、颈、腹、肋和裆等部位。

（1）左直拳：以右实战姿势开始（以下除另有说明，都以右实战姿势开始）。右脚蹬地，身体重心微向左脚移动；同时，上体略向右拧，左肩前顶，左拳边内旋边向前直线冲出。在击打目标的一瞬间，拳头突然握紧，力达拳面；右拳自然收护于下颏前（图 15-46）。拳击打后，迅速收回并恢复成实战姿势。

图 15-46 左直拳

要点：出拳不能向后引臂；劲力以蹬地、拧体、顶肩直达拳面；快击快攻（切勿停顿），迅速还原。

（2）右直拳：动作方法同“左直拳”，只是左右相反。

要点：同“左直拳”。此外，在击打过程中身体不可过分前俯，注意保持身体平衡。

（3）左摆拳：上体微向右拧转；同时左拳向左斜前、向前、向右前方弧线横摆，摆出后左臂微屈，接近目标时手腕内旋，使拳面击向目标，击中时拳头骤然握紧，右拳自然收护于下颏前（图 15-47）。拳击打后，迅速恢复成实战姿势。

图 15-47 左摆拳

要点：摆拳时不能向后引臂；肘尖与肩平齐，不可掀肘。击打要借助身体向右拧转的力量。

（4）右摆拳：动作方法同“左摆拳”，只是左右相反。

要点：蹬地内扣、身体拧转、摆拳发力要协调一致；击打要借助身体向左拧转的力量。

（5）左勾拳：重心略下沉，左脚蹬地，上体缩胸、收腹并向右拧转；同时左拳边外旋边由下向前上方勾击目标，力达拳面。击出时，左上臂与前臂弯曲成小于 90°的夹角；右拳自然收护于下颏前（图 15-48）。拳击打后，迅速恢复成实战姿势。

图 15-48 左勾拳

要点：重心下沉，左脚蹬地，上体向右拧转是为了加大勾拳的打击力量，这三个环节的动作要连贯流畅，劲力由下至上。

（6）右勾拳：右脚蹬地扣膝合胯，身体向左拧转；其他动作方法同“左勾拳”，但左右相反。

要点：要借助右脚蹬地、扣膝合胯、身体拧转的助力击打目标，用力要顺达。

2. 散手肘法

武林有“宁挨十手，不挨一肘”的说法，足见肘法的击打威力之巨大。肘法一般在近距离的情况下运用，常用于击打对手躯干及头部。在正式比赛中禁用。

（1）顶肘：以左顶肘为例，以右实战势开始（下同）。上体微右转，含胸扣肩，左肘抬起盘于胸前，拳心朝下；随即左脚向前进一大步，右脚跟滑半步，同时拧腰展胸，开肩发力，以肘尖为力点直线向前顶撞；右手推顶左拳面以助长发力。顶肘后，迅速恢复成实战姿势。

（2）横击肘：以右横击肘为例，右脚蹬地，身体向左拧转；右臂屈肘夹紧，拳心朝下向右侧水平抬起，随体转之势以肘关节前臂端为力点向左前方横向击打；左拳自然收护于下颏前。击肘后，迅速恢复成实战姿势。

要点：肩要松，充分利用腰的力量，以腰带肩、带肘发力。

（3）砸肘：以左砸肘为例，左臂屈肘夹紧；随即以肘尖为力点由上垂直向下砸肘，同时上体微向右拧转，左腰部侧屈，重心下沉以助劲力；右手不动。砸肘后，迅速恢复成实战姿势。

要求：下砸时手臂用力、腰侧屈、重心下沉要协调一致，聚力于肘尖。

3. 散手腿法

拳谚云："手是两扇门，全凭腿打人。"腿的攻击幅度大，动作猛，力度大，具有强大的攻击力。腿法一般在中、远距离的情况下运用，常用于打击对手的头部、躯干、裆部和下肢。

(1) 铲腿：以左铲腿为例，从右实战姿势开始（下同），重心后移，右腿屈膝半蹲支撑重心，脚尖外展；左腿屈膝提起，脚掌内扣；随即左腿由屈到伸以脚刃（脚掌外侧缘）为力点向前下铲击（图 15-49）。铲腿后，迅速恢复成实战姿势。

图 15-49 铲腿

要点：铲腿之时要展胯。动作要快速连贯完成。注意保护自身的平衡。

(2) 前蹬腿：以右前蹬腿为例，重心前移，左腿支撑蹬直，脚尖微外展；右腿屈膝、勾脚尖向上提起，随即右腿以脚跟为力点迅速向前直线蹬出，同时髋关节前送（图 15-50）。前蹬后，迅速摆成实战姿势。

图 15-50 前蹬腿

要点：屈膝抬腿时，大腿尽量抬高贴近胸部；抬腿、发力、送髋一气呵成。

(3) 侧踹腿：以左侧踹腿为例，右腿微屈支撑重心，脚尖外展；左腿屈膝提起，脚掌内扣；随即左腿由屈到伸以全脚掌为力点向前方踹出（图 15-51）。踹腿后，迅速恢复成实战姿势。

要点：上体、大腿、小腿、脚掌与进攻目标要成一条直线，踹出时一定要以大腿带动小腿直线向前发力。

(4) 正弹腿：以左正弹腿为例，右腿支撑身体重心，左腿屈膝向前上提，脚面绷平；动作不停，左腿由屈到伸，大腿带动小腿以脚背为力点向前弹出（图 15-52）。弹踢后，左腿迅速收回，恢复成实战姿势。

要点：提腿、屈膝与弹出连贯一致，不要停顿。快弹快收。

图 15-51 侧踹腿

图 15-52 正弹腿

图 15-53 侧弹腿

(5) 侧弹腿：以右侧弹腿为例，重心前移，左腿直立支撑或稍屈，脚尖外展；右腿屈膝展髋，大、小腿折叠侧向提起，脚面绷平；动作不停，右腿边侧抬边由屈到伸，大腿带动小腿以脚背为力点从右向左前横弹；上体直立或侧倾（图 15-53）。

弹踢后迅速恢复成实战姿势。

要点：击打目标时，主要靠以膝关节为轴心的小腿鞭弹动作。因此，要注意膝关节内扣，小腿内旋，脚背绷平对准目标。

4. 散手膝法

膝关节的构造极其坚硬，用于攻击具有很大的破坏力。一般在与对手距离近的情况下运用，常用来打击对手的躯干、裆等部位。在正式比赛中禁用。

（1）顶膝：以右顶膝为例，从右实战势开始（下同）。重心前移，左腿支撑站立；右腿屈膝上提，含胸收腹，以膝关节上部为力点向前上方猛力顶击；同时，两手由上向下做拉拽或按压动作（图 15-54）。顶膝后，迅速恢复成实战姿势。

要点：收腹、提膝与双手向下拉拽相向用力，使劲力聚集于打击目标上。

图 15-54　顶膝

（2）横撞膝：以右横撞膝为例，左腿向左斜前上一步，重心前移，左腿微屈支撑，上体微向左侧倾；右腿屈膝、展髋侧抬起；随即身体向右拧转、合髋，两手向后拉拽，右腿以膝关节上部为力点由右向左前划弧横向击出（图 15-55）。撞膝后，迅速恢复成实战姿势。

要点：大、小腿夹紧并尽量平抬，将膝关节突出，撞击时，拧腰、合髋、双手后拽，协同发力。

图 15-55　横撞膝

（二）散打基本战术

散打实战或比赛，不仅是搏手双方技术水平的对垒，而且也是心理意志和智慧的较量。散打的战术，就是合理组织和运用各种技术方法，充分发挥自己身体机能和技术特长，争取实战或比赛最终胜利的艺术。

1. 主动抢攻

主动抢攻，是指在对手注意力分散，没有防备或动作有漏洞、有预兆的情况下，主动快速地使用各种技术动作突然打击对手。这是一种“先发制人”的战术方法，可以起到先声夺人、压制对手气势和意志、牵制对手运动、破坏对手战术意图和掌握战斗主动权的作用。

2. 佯攻巧打

佯攻巧打，是指隐瞒自己的真实意图，利用各种假动作诱骗对手，转移并分散对手的注意力，从而实现真实的进攻。这是一种“声东击西”的战术方法。它的作用有二：其一，假动作致使对手产生无效反应，延长反应时间，我方即赢得了进攻时间；其二，假动作使对手的注意力集中到某一部位，往往导致肢体和重心的偏移，我方即赢得了攻击的空间。

3. 引蛇出洞

引蛇出洞，是指利用自己故意暴露的空当和破绽为诱饵，诱骗对手出击，自己则趁机伏击对手，实现预定的攻击。这是一种“诓骗诱敌”的战术方法。它的作用有二：其一，诱使对手贸然出击，暴露空当，我方即实现预定的防守反击目的；其二，将对手诱入不利于发挥其长处的境地，我方则以己优势攻击。

4. 以逸待劳

以逸待劳，是指采取准确而严密的积极保护与防守方法，防御对手的进攻，一旦得机得势，坚决还击。这是一种“后发制人”的战术方法。它的作用也有二：其一，致使对手重于进攻而疏于防守，露出破绽；其二，消磨对手的气势和体力，最终导致“彼竭我盈”的势态。

二、防身术

（一）对手用直拳击我头、胸部的自卫还击法

1. 拦格还击

如对手右直拳朝我头、胸部攻来时，可用左小臂向外格挡其手腕部，同时用右直拳攻打其胸部（或脸部、喉结处）。

如对手左直拳朝我头、胸部攻来时，可用右掌由里向外平拦其手腕，同时用左拳击打对方右肋或胃部。

2. 闪让还击

对手左直拳朝我头部攻来时，可左脚向右斜前方上半步，右脚跟移，以闪开对手攻击，使其左拳顺我左侧滑过，同时我左直拳击打对手胸腹部。

3. 以攻为守

当对手用左（右）拳向我头、胸部击来时，在闪躲的同时，可用直拳击其脸，或以中拳击打其胸腹，或以脚蹬、踹对手膝、胫骨。必须以快速击中对手，使对方中止进攻。关键是还击路线要短于对手进攻路线，并且动作要快。

（二）对手用拳劈我头部的自卫还击法

对手用劈拳、砸拳击打我头顶时，其自卫还击法有：

1. 架打还击

对手用右拳朝我头顶攻来时，可以左小臂向上架其手腕或小臂，同时以右拳攻击其脸部或胸腹部。

2. 闪让还击

对手右拳朝我头部劈来时，可向左侧闪让，同时以右拳击打其胸、腹、肋部；对手左拳朝我头部劈来时，可向右侧闪让，同时以左拳击打其胸、腹、肋部。

（三）右手腕被对方左手抓住时的解脱方法

1. 屈肘压腕

当右手腕被对方左手抓住时，可同时用左手掌按住对方的左手背，使虎口抓住对方左手的背腕部位。迅速屈右肘，然后左手抓住对方的左手随右拳朝怀里收，同时，抬右肘前移下压，用右肘关节压对方的肘关节，迫使对方伏下就擒。

2. 截掌勾腕

当右手腕被对方右手从上方抓住时，可用左手掌按住对方的右手背，迅速屈右肘，然后右手从对方右手外绕出，将翘起的右手掌拧腕外旋，侧屈腕内勾，用右手小指侧掌缘勾切在对方的右手尺骨侧腕关节缝上，并使身躯后坐，重心下沉，以增加勾腕力，使对方右腕被拧勾折，剧痛难忍，伏地就擒。

(四)对付持凶器者的自卫要点

如果对方持凶器攻来，首先要沉着冷静，不要慌张，要与对方保持一定距离，不能让对方击中。一旦抓住时机，要迅速钻入，靠近其身。这时，其器虽长，但锋端已超离己方，而己方手、脚都处在有效的攻击距离内，可以通过按、托、格、拨其臂的方法，控制其兵械的运转，同时攻击其躯干和头部。钻靠近身时，要注意用闪让步，边闪边进。攻击对方时注意手脚配合运用。对付持凶器来犯者，还击要狠，不能手软。

(五)如何严防对手击裆

裆部是人体的要害部位之一，一旦被对方击中，即便是耻骨、会阴部受击，也会疼痛难忍，如果击中男性外阴，轻者剧痛，重则休克。因此，与人搏斗时要严防在先，应注意以下几点：

(1)与人对敌时，两腿尽量不要横向分开对敌，两脚要前后站立，身体略右转(右脚在前)，前脚脚尖及膝关节微内扣，使膝胯有护裆之形。

(2)移动要灵活。在移动的过程中，保持重心平稳，步法灵活，如果对方起腿低，可用前脚进行阻截，或迅速向后退让，防止对方击中裆部。

(3)不要随便用后腿攻击，一旦用后腿攻击时，起脚及收腿要快，要注意防对手乘空击裆。

第十六章 跆拳道运动

第一节 跆拳道运动概述

一、跆拳道运动的起源与发展

（一）世界跆拳道运动的起源与发展

跆拳道别名“花郎道”，是一种主要使用脚进行格斗或对抗的运动。跆拳道起源于朝鲜半岛，是朝鲜民族在生产和生活基础上发展起来的一项运用手脚技术和身体能力进行自身修炼和搏击格斗的传统体育项目。跆（TAE），意为以脚踢；拳（KWON），以拳头打击；道（DO），则是代表道行、礼仪修炼的艺术。跆拳道以“以礼始，以礼终”的武道精神为基础，其宗旨就是“礼仪，廉耻，克己，忍耐，百折不屈”。在用拳和脚进行搏击对抗中，练习者的心灵得到感化，正气得以弘扬，在健身的同时又能掌握一门自卫的本领，还能磨炼吃苦耐劳的坚毅品质。

1973 年 5 月，在韩国首都汉城（现首尔）成立世界跆拳道联合会，并任命金云龙为主席。同年第 1 届世界跆拳道锦标赛也在汉城举行。1975 年，世界跆拳道联合会被接纳为国际体育联盟正式会员。1980 年，国际奥委会正式承认了世界跆拳道联合会。

（二）我国跆拳道运动的发展

1989 年，世界跆拳道联合会首次在北京举行跆拳道培训班，跆拳道首次作为竞技体育项目被介绍到中国。1992 年 10 月 7 日，中国跆拳道协会筹备小组成立。1995 年 5 月，在北京体育大学举行了第 1 届全国跆拳道锦标赛，从此，跆拳道运动在中国迅速发展起来。1995 年 8 月，正式成立了中国跆拳道协会。1995 年 11 月，中国跆拳道协会成为世界跆拳道联合会正式会员。

2000 年悉尼奥运会，中国国家跆拳道队参加了第一次作为正式奥运项目的跆拳道比赛，河南籍运动员陈中获得女子 72 千克以上级冠军。2004 年雅典奥运会，中国队仅派出陈中（2000 年悉尼奥运会冠军）和罗微（2003 年世锦赛冠军）两名运动员参赛，两名运动员双双夺冠，为中国跆拳道创造 100%夺金的传奇。2008 年北京奥运会，吴静钰在比赛中技压群芳，获得冠军，为中国队实现了小级别奥运会金牌零的突破。2012 年伦敦奥运会，中国队派出 3 名运动员，分别是吴静钰（2008 年北京奥运会冠军）、侯玉琢（2011 年世锦赛冠军）和刘哮波。经过激烈角逐，最终吴静钰获得金牌，成功卫冕，侯玉琢获得银牌，刘哮波获得铜牌，中国队集齐金、银、铜三色奖牌。2016 年里约奥运会，赵帅勇夺金牌，为中国男子跆拳道项目实现奥运会金牌零的突破，郑姝音也在随后的比赛中获得金牌。在2021年举办的东京奥运会上，赵帅获得铜牌。

除奥运会以外，中国跆拳道队还在世锦赛、世界杯、大奖赛等重大国际比赛中取得骄人成绩。

二、跆拳道运动大型赛事简介

（一）世界跆拳道锦标赛

世界跆拳道锦标赛始于1973年，是历史最悠久的国际跆拳道大赛，每两年举行一届。

（二）奥运会跆拳道比赛

跆拳道在1988年的汉城奥运会上是示范项目，在1992年的巴塞罗那奥运会上开始被列为试验比赛项目，到2000年的悉尼奥运会上成为正式比赛项目。

三、跆拳道的分类和段位晋升

（一）跆拳道的分类

随着跆拳道运动在世界范围内的不断推广和发展，跆拳道已基本上分为两类，向两个方向发展：一类是国际跆拳道联盟倡导的以演练为主的跆拳道品势；另一类是通过实战不断发展、完善的现代竞技体育运动，真正成为奥运会上正式的比赛项目，也就是世界跆拳道联盟倡导的跆拳道竞赛，即通常所说的跆拳道。

1. 跆拳道品势

跆拳道品势就是以演练为主，将一些不同于真实格斗的攻防动作技术按照一定规律组合在一起编成各种组合，形成固定的套路。品势练习时要求练习者假设敌方意图，熟练运用最基本的技术动作，以便能够在跆拳道的实战和比赛中具体使用。由于品势是固定的套路，熟练掌握后可以进行个人或集体的表演。

2. 跆拳道竞赛

跆拳道竞赛就是按照一定的规则，双方练习者通过实战，使用各种跆拳道技术以战胜对方为目的的一种竞赛活动。它要求练习所使用的动作要非常实用、有效，因为只有这样，才能在激烈对抗的比赛中战胜对手。

无论是学习品势，还是练习跆拳道竞赛中的动作，两者都促进练习者正确掌握攻防动作的基本技术，提高自身的力量、速度、耐力、柔韧、灵敏等素质，增强练习者的体质，使练习者身心健康地发展。因此，当前大多数跆拳道练习者既练跆拳道竞赛中非常实用的动作，也练能够单人表演的品势。

（二）跆拳道段位晋升

1. 跆拳道段位的划分

根据练习者的水平分为十级和九段，初学者从十级开始逐渐升至一级，然后再入段，段位越高，表明水平也越高，最高段位达九段。从十级到一级是初学者的等级标准，其中十级至七级是初学者，系白色腰带，六级至四级系蓝色腰带，三级至一级系红色腰带。进段后都以黑腰带表示，一段至三段被认为是黑带新手的段位，四段到六段属于高水平的段位，七段到九段是授予那些有很高学识造诣的杰出人物或对跆拳道运动有杰出贡献的人。黑带的段位是通过黑带上的特殊标记区分的。

2. 跆拳道段位的晋升

跆拳道入段后，除一段要经过一年半的练习后才能进入二段外，以后每经过一年的练习时间，只要考核合格都可晋升一个段位。一般几乎没有人能升至七段、八段或九段，它只授予极其杰出和优秀的人。参加晋升考核时平均考核成绩达 60 分就可通过，超过或低于标准 10 分的将相应升位或降位。

第二节 跆拳道运动基本技术

一、发声训练

发声，是每个跆拳道练习者都要训练并要熟练掌握的。跆拳道中的发声，并没有严格地规定发什么音才是正确的，但原则是发出的声音要给对方以威慑力，要提高自己的自信心。

首先，大声喊叫能使自己兴奋起来，刺激自己的肌体迅速进入训练或比赛状态；其次，可以分散对方的注意力，干扰对方情绪，降低对方的自信心，增加自己的自信心，起到凝神壮胆的作用。

一般女子跆拳道练习者在开始训练时不敢大声喊叫，这会影响自己技术的大胆发挥，而且同伴或对方的大声喊叫也会影响到自己的心理。所以，从一开始训练就要大声喊起来，喊上几次就会感觉良好。

二、跆拳道实战使用的部位

（一）手

手的使用包括拳、掌、指三部分。

1. 拳

拳是跆拳道中使用最广泛的部位之一。拳的作用是攻击对方面部、胸部、腹部和防守。

拳的握法：四指并拢，回屈握紧，将拇指内屈贴紧食指和中指的第二关节处［图 16-1(a)］，拳面要平［图 16-1(b)］。

拳峰：即握紧的拳的峰面［图 16-1(c)］。利用拳峰直接攻击对方时，力点是拳的峰面。

拳背：握紧的拳背部，中指和食指的掌指关节突出部分［图 16-1(d)］。用于抖腕上挑和伸肘向外侧摆动击打。

锤拳：拳握紧后，小手指以下、腕关节以上的小鱼际的外侧［图 16-1(e)］。用锤拳从上向下直接锤击最有效。

平拳：手指第二指关节弯曲，四指尖贴紧手掌，拇指扣于虎口处［图 16-1(f)］。实战时可用平拳冲击对方的上唇、眼睛和颈部，动作短促有力。

指节拳：拳握紧后，将食指第二指关节特别突出形成食指节拳［图 16-1(g)］。将中指第二关节特别突出形成中指节拳［图 16-1(h)］。实战中用指节拳攻击对方上唇、眼睛、太阳穴、两肋、腹腔神经丛效果极佳。

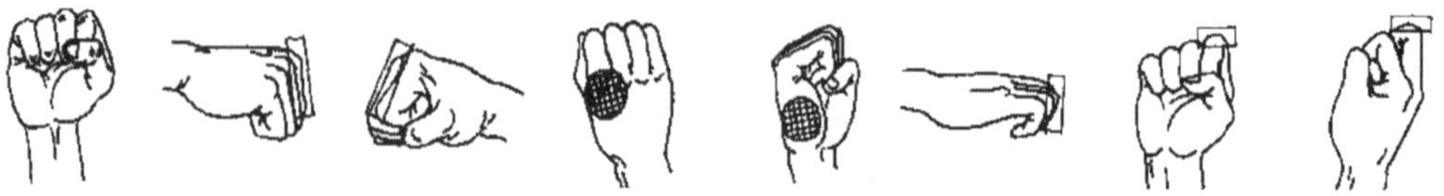

(a) 握拳 (b) 拳面 (c) 拳峰 (d) 拳背 (e) 锤拳 (f) 平拳 (g) 食指节拳 (h) 中指节拳

图 16-1 拳

2. 掌

手刀：亦叫空手刀。四指并拢伸直，拇指屈曲贴紧食指，小指的外侧沿形成手刀[图 16-2(a)]，拇指的内侧形成背刀［图 16-2(b)］。手刀和背刀在实战中用于砍击或截击。

掌根：亦称熊掌。将四指并拢，从第二指关节处全部屈曲扣紧，拇指扣紧虎口处[图 16-2(c)]。实战时用掌根击打对方的头部、下颌和锁骨。

底掌：亦称弧形掌。四指并拢，指关节微屈，拇指外展屈，掌成弧形［图 16-2(d)］。可用掌根底部攻击，也可用拇指和食指之间掐击颈部。

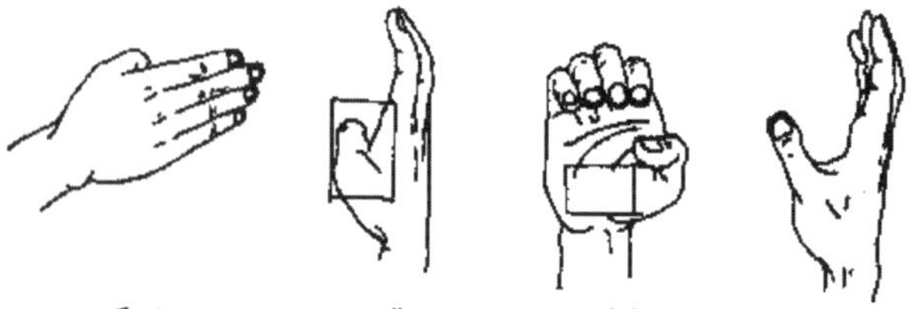

(a) 手刀 (b) 背刀 (c) 掌根 (d) 底掌

图 16-2 掌

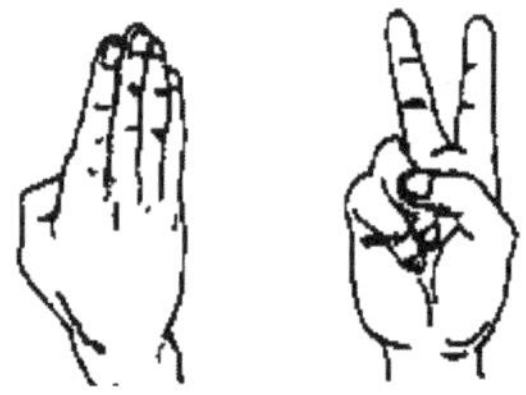

(a) 贯手 (b) 二指贯手

图 16-3 指

3. 指

贯手：手形和手刀相似，中指和食指微屈，基本保持四指尖平齐，大拇指向掌内贴紧[图 16-3(a)]。实战时用来戳中对方的主要器官。

二指贯手：伸展食指和中指呈 V 型，拇指压紧无名指第二指关节处，小指内扣［图 16-3(b)］。主要用来插击对方的眼睛。

（二）臂

臂的使用包括腕部和肘部。

1. 腕部

腕部是指腕关节的四周部位。内、外、上、下四个部位用来进行格挡防守。

2. 肘部

肘部是指大、小臂之间的骨联结——肘关节部分(图 16-4)。由于肘关节距身体中心近、运动灵活，属较大肌群工作关节，因而肘的进攻威力极大，亦可用于格挡防守。

图 16-4 臂肘

（三）腿

腿部主要使用的部位是膝关节。

膝部：是指股骨和胫、腓骨之间的骨联结——膝关节部分（图 16-5）。由于膝关节是人体最典型的骨关节，其组成骨骼大而粗壮，股肌和腓胫肌直接作用于膝关节，因而膝部动作既灵活又有力量，杀伤力极大。它既可进攻又可防守。

图 16-5 膝关节

（四）足

这是指脚的踝关节及以下的各部位。

1. 脚前掌

脚前掌指脚底前部的骨和肌肉部分，进攻时主要用于前踢、旋踢和抡踢[图 16-6(a)]。

2. 脚后掌

脚后掌指脚底后部的跟骨下缘和肌肉部分［图 16-6(b)］。进攻时主要用于转踢和蹬踢。

3. 正脚背

正脚背指脚的正面、踝关节以下至第一趾关节以上部位［图 16-6(c)］。正脚背进攻时常用于横踢、摆踢、跳踢和飞踢。其作用距离远，力量大。

4. 足刀

足刀指脚底和脚背相联结的脚外侧边缘部位［图 16-6(d)］。主要用于侧踹或侧铲。

5. 脚后跟

脚后跟指脚后部踝关节以下的部位［图 16-6(e)］。脚后跟进攻时主要用于后蹬、劈腿和转身后摆动作。

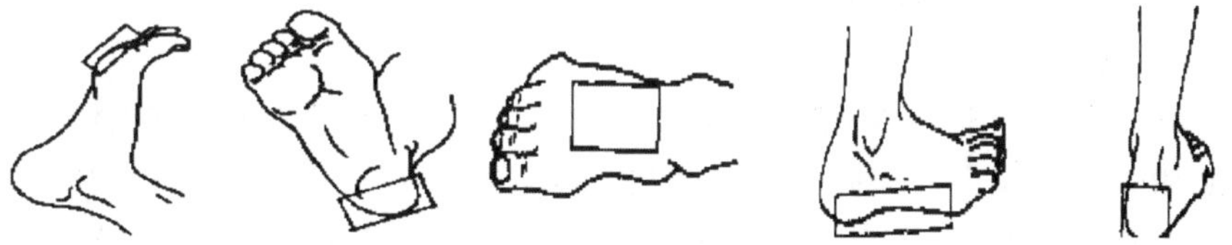

(a) 脚前掌　(b) 脚后掌　(c) 正脚背　(d) 足刀　(e) 脚后跟

图 16-6 足

（五）额

进攻时可用自己的额部顶撞对方的脸部。

三、基本步型

（一）准备姿势

准备姿势也称实战姿势或预备姿势［图 16-7(a)］，是跆拳道比赛中双方开始时的基本站立姿势，分高位和低位两种。准备姿势应便于进攻、防守反击和移动。实战姿势是进攻的起点和终点，左脚在前称为左势实战姿势，右脚在前称为右势实战姿势。

两脚前后分开，与肩同宽，右脚尖内扣约 45°，斜向前方；左脚略偏左，脚跟抬起，重心落于两脚之间；双手握拳，右拳高与肩平，左拳置于胸前；肘关节自然下垂（以右势高位为例）。

（二）开立步（并排步）

两脚左右开立，与肩同宽；两脚尖正对前方，双脚成平行线，两臂自然下垂，双手握拳置于腿侧［图 16-7(b)］。

(a) 准备姿势　(b) 开立步　(c) 马步　(d) 弓步　(e) 前探步　(f) 虚步　(g) 交叉步　(h) 并步　(i) 单脚立

图 16-7　准备姿势

（三）马步

两脚左右开立，脚内侧左右间相距两脚到三脚的距离；两腿膝关节弯曲，正向前方，大、小腿折叠角约为 110°；上体中正，低头向下看时，膝关节与脚尖在一条直线上，膝关节扣紧，不能向外［图 16-7(c)］。

（四）弓步

两脚前后开立，前后脚相距四脚半的距离，左右宽度是一拳的距离；上体中正，前腿膝关节弯曲，低头向下看时膝关节与前脚尖在一条直线上；后脚尖与正前方自然成 30°角，后腿膝关节伸直，重量的 2/3 放在前腿上［图 16-7(d)］。

（五）前探步

如走路姿势，两脚之间距离小于弓步，上体略前倾，前腿膝关节略屈，重心大部分落在前脚上，左脚在前称左前探步，右脚在前称右前探步［图 16-7(e)］。

（六）虚步

与后弓步相似，前脚掌点地，脚跟提起，重心落在后脚。左脚在前称右虚步，右脚在前称左虚步［图 16-7(f)］。

（七）交叉步

一只脚向另一脚的前侧（前交叉步）或后侧（后交叉步）落步，脚尖着地，两腿屈膝交叉［图 16-7(g)］。

（八）并步

两腿直立，两脚跟并拢［图 16-7(h)］。

（九）单脚立

提起一条腿并将脚置于另一条腿的膝关节处，只用一条腿站立［图 16-7(i)］。

四、基本踢法

（一）前踢

以左势实战姿势开始；右脚蹬地屈膝提起，左脚以脚掌为轴，外旋约 90°，同时右腿伸膝、送髋、顶髋，小腿快速向前踢出，力达脚背；踢击目标后迅速收回，成左势实战姿势（图 16-8）。

图 16-8 前踢

（二）侧踢

以左势实战姿势开始；右脚蹬地，屈膝提起，左脚以前脚掌为轴，外旋 180°，髋关节左转，脚跟正对前方，右腿快速向右前上方直线踢出，力点在脚跟，放松收腿，成左势实战姿势（图 16-9）。

图 16-9 侧踢

（三）后踢

以左势实战姿势开始；左脚以脚掌为轴，内旋成脚跟正对对手，上身旋转，右膝向腹部靠近，大小腿折叠，右腿用力向攻击目标直线踢出，重心前移落下，成右势实战姿势（图 16-10）。

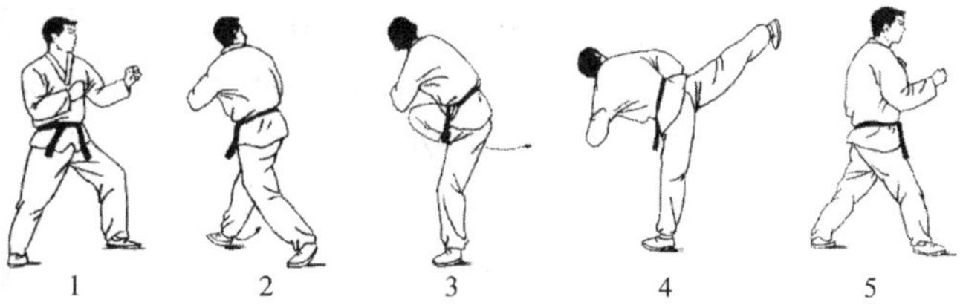

图 16-10 后踢

（四）横踢

以左势实战姿势开始；右脚蹬地夹紧向前、向上提膝，左脚以脚掌为轴，脚跟内旋，右膝关节抬至水平状态，小腿迅速向前踢出，击打目标后迅速收小腿，重心落下，成左势实战姿势。

（五）下劈

以左势实战姿势开始；右脚向右蹬地，重心前移至左腿，右腿以髋关节为轴，屈膝上提，左脚跟提起，左腿伸直；膝关节至胸部时，小腿迅速向上伸直，右脚尽量上举至头部上方；然后放松，迅速向前下方劈落，用脚后跟或脚掌击打目标后，放松落地，成右势实战姿势。

（六）双飞踢

两人从闭势实战姿势开始；攻方居右，先用右横踢攻击对方左肋部，随即左脚蹬地起跳，身体腾空右转，用左横踢迅速踢击对方胸部或腹部，左脚横踢目标后迅速前落，成左势实战姿势（图 16-11）。

图 16-11　双飞踢

（七）后旋踢

以左势实战姿势开始；左脚以前脚掌为轴，外旋 90°，上身旋转，重心前移，屈膝收腿，右腿向后方最高点伸出并用力向左屈膝击打，重心在原地旋转，身体继续转动，脚落于原来位置，恢复成左势实战姿势（图 16-12）。

图 16-12　后旋踢

（八）推踢

以左势实战姿势开始；右脚蹬地屈膝提起，身体重心前移至左脚，右腿屈膝提起，左脚以前脚掌为轴，外旋约 90°，重心往前压，同时右脚迅速向前方水平推踢，力达脚掌；推踢后屈膝收腿，成左势实战姿势。

（九）旋风踢

左架站立，身体稍后仰，左脚下落的同时右腿蹬地，使用右腿横踢技术，以左前脚掌为轴，脚后跟外旋，重心移至左腿，身体向右后转约 360°，右腿也跟着向右转动，击打后，两脚自然落下成右架（图 16-13）。

图 16-13　旋风踢

第三节　跆拳道运动组合技术

组合技术就是根据比赛中攻防情况的变化，将两个以上的动作组合在一起的连接技术。按攻防性质来划分，组合技术概括起来大致有“进攻+防守”（即先进攻再防守)、“进攻+进攻”(即连续进攻)、“进攻+防守+进攻”(即主动进攻后立即防守反击)、“进攻+进攻+防守”(即连续进攻后再防守)、“防守+进攻”(先防守再反击)五种类型。下面就每个组合类型介绍几种方法。

一、进攻技术+防守技术

(一)右横踢+左后踢

见图16-14。

(a) (b) (c)

图16-14 右横踢+左后踢

(二)左横踢+右后旋

见图16-15。

(a) (b) (c)

图16-15 左横踢+右后旋

二、进攻技术+进攻技术

(一)左横踢+右横踢

见图16-16。

(a) (b) (c)

图16-16 左横踢+右横踢

(二)左前横踢+右高横踢

见图16-17。

(a) (b) (c)

图16-17 左前横踢+右高横踢

三、进攻技术+防守技术+进攻技术

(一) 右横踢+右劈腿+左横踢

见图 16-18。

图 16-18 右横踢+右劈腿+左横踢

(二) 左右双飞+左后旋踢+左横踢

见图 16-19。

图 16-19 左右双飞+左后旋踢+左横踢

四、进攻技术+进攻技术+防守技术

(一) 右横踢+左高横踢+右后踢

见图 16-20。

图 16-20 右横踢+左高横踢+右后踢

(二) 左右双飞+左横踢+右后踢

见图 16-21。

图 16-21 左右双飞+左横踢+右后踢

五、防守技术+进攻技术

（一）*左后旋踢+右横踢*

见图 16-22。

(a) (b)

图 16-22 左后旋踢+右横踢

（二）*左劈腿+右劈腿*

见图 16-23。

(a) (b)

图 16-23 左劈腿+右劈腿

第四节 跆拳道竞赛主要规则简介

一、比赛场地

跆拳道比赛场地是 12 米×12 米水平、无障碍物、正方形的场地。中央 8 米×8 米的区域为比赛区，上面铺有弹性、不打滑的垫子，其余部分为警戒区。必要时比赛场地可根据实际情况高出地面 50~60 厘米。

二、比赛种类和方法

比赛分为个人赛和团队赛两种，比赛采用单淘汰赛和循环赛两种方式。

每场比赛分 3 局，每局比赛的时间为 3 分钟，局间休息 1 分钟。青年锦标赛每场比赛为 3 局，每局比赛为 2 分钟，局间休息 1 分钟。

三、允许攻击的部位

（1）躯干。可用拳或脚的技术攻击髋骨以上至锁骨以下及两肋部，但背部没有被护具保护的部位禁止攻击。

（2）面部。从两耳向前的头颈的前部，只允许用脚的技术攻击。

四、得分

（1）有效得分部位为躯干（包括腹部和两肋部）和面部允许被攻击的部位。

（2）使用允许的技术，攻击被护具保护的非有效得分部位，击倒对方时，按得分计。

（3）得分一次累加 1 分（+1）。

（4）比分为 3 局比赛得分总计。

五、犯规行为

（1）任何犯规行为将由主裁判判罚。

（2）如属于多重犯规时，选择严重的一项处罚。

（3）处罚分为警告（Kyong-go）和扣分（Gam-jeom）。

（4）警告两次扣 1 分（-1），警告次数为奇数时，最后一次不计。

（5）扣分一次扣 1 分（-1）。

六、判罚警告的犯规行为

（1）接触行为：包括抓住对手；搂抱对手；推对手；用躯干贴靠对手。

（2）消极行为：包括故意越出警戒线；转身背向对手逃避进攻；故意倒地；伪装受伤。

（3）攻击行为：用膝部顶撞对手；故意攻击对手裆部；故意蹬踏对手的腿部和脚；用掌或拳击打对手面部。

（4）不当行为：教练员或运动员示意得分或扣分；教练员或运动员有不文明语言或不得体行为；比赛中教练员离开规定位置。

七、判罚扣分的犯规行为

（1）接触行为：抱摔对手；抓住对手进攻的脚故意将其摔倒。

（2）消极行为：超出边界线；故意拖延比赛时间。

（3）攻击行为：攻击倒地的对手；故意击打对手后脑或后背；用手重击对手面部。

（4）不当行为：教练员或运动员有严重的过激表示或行为。

八、犯规败

（1）运动员违背竞赛规则和故意不服从裁判员时，主裁判有权直接判其“犯规败”。

（2）犯规累计扣 3 分（-3）者，判其“犯规败”（警告和扣分按 3 局累计）。

九、获胜方式

击倒胜（KO 胜）；主裁判终止比赛胜（胜）；比分或优势胜（判定胜）；对方弃权胜（弃权胜）；对方失去资格胜（失格胜）；主裁判判罚犯规胜（犯规胜）。

十、击倒

（1）被攻击后，除脚以外的身体任何部位着地。

（2）身体重心晃动，丧失继续比赛的能力或意识。

（3）主裁判判定其受到强烈击打而不能继续比赛时。

第十七章

健美操运动

第一节　健美操运动概述

一、健美操运动的起源与发展

健美操是在音乐伴奏下，通过徒手、持轻器械和专门器械的操作练习，以达到健身、美体、陶冶情操等目的的一种新兴的具有娱乐和观赏价值的体育项目。

健美操内容丰富，简单易学，不受年龄、性别、场地、气候等条件的限制，具有一般体育活动共有的增强体质、增进健康、锻炼身体的作用，同时对减肥和改善体形、提高身体的协调性及韵律感，都有着特殊的促进作用。

（一）世界健美操运动的起源与发展

现代健美操是在欧洲体操流派的基础上，吸收和融合了体操的基本动作和非洲舞蹈的优美韵律而产生和发展起来的。20 世纪 80 年代初，随着遍及全球的健身热和娱乐体育的发展，健美操迅速风靡世界。20 世纪 70 年代中期，美国著名影星简·方达创编了健美操，大大促进了有氧体操的普及。美国是对世界健美操的发展有着重要影响的国家，自 1985 年开始，美国正式举办一年一度的健美操锦标赛，并确定了竞赛项目和规则，使健美操发展成为竞技性运动项目。

（二）我国健美操运动的兴起与发展

健美操于 20 世纪 70 年代末传到我国。当时北京、上海、广州等地相继举办了各种健美操培训班。随后通过各种新闻媒介对国外各种健美操的介绍，逐步推动了健美操运动在我国的广泛开展。一些大专院校也根据原国家教委对高校体育教学的要求，逐步开设了健美操普修或选修课，从而把我国的健美操运动从社会引向了学校。

1986—1988 年，健身健美操和竞技健美操在我国得到了长足的发展。继 1986 年 4 月在广州举行的我国首届“全国女子健美操邀请赛”后，1987 年 5 月，在北京又成功地举办了首届正式的竞技健美操比赛——“长城杯”健美操邀请赛。为了有组织、有计划地推动全国大学生健美操运动的发展，1992 年 2 月，在北京成立了中国大学生体育协会健美操、艺术体操协会。1992 年 9 月，中国健美操协会在北京正式成立，标志着我国健美操运动进入一个崭新的发展阶段。

二、健美操运动大型赛事简介

随着国际性健美操组织的成立，世界性的健美操比赛也随之举行，首届国际健美操比赛由国际健美操联合会（IAF）在 1984 年举办。此后一些国际性健美操组织也纷纷举办世界性比赛，如世界杯、冠军赛、世界锦标赛等。这对于健美操的普及和推广起了积极的作用。

（一）世界竞技健美操锦标赛

世界竞技健美操锦标赛是国际体操联合会（FIG）组织的正式比赛。首届世界竞技健美操锦标赛于1995年在法国巴黎举行，同时还颁布了第一本竞赛规则——《竞技健美操评分细则》。此后世界竞技健美操锦标赛每年举行一次，在2000年第六届后改为每两年举行一次。

（二）世界杯健美操赛

世界杯健美操赛分青少年和成人比赛，项目有：青少年1组（15—17岁）：女单、男单、三人；青少年2组（12—14岁）：单人、三人；成人组：男单、女单、混双、三人。

（三）世界健美操冠军赛

世界健美操冠军赛是国际健美操联合会举办的比赛，每年举行一次。世界健美操冠军赛包括加拿大—美国优胜者杯、阿根廷公开赛、世界竞技健美操锦标赛和世界青少年竞技健美操锦标赛等，在这些比赛中挑选胜利者进行比赛，决定谁是当年世界最高水平的竞技健美操运动员。

（四）世界运动会健美操比赛

世界运动会是非奥运项目的综合性运动会，每四年举行一届。各项目世界锦标赛的前8名选手才有资格参加。1997年，在芬兰举行的世界运动会上，竞技健美操被确立为正式的比赛项目。

第二节　健美操运动基本技术

一、健美操基本动作

（一）下肢动作

健美操的基本步伐有5类：踏步类、迈步类、点地类、抬腿类和双腿类。

1. 踏步类

运动强度较低，两脚始终依次交替落地。

图 17-1　踏步

（1）踏步。如图17-1所示，两腿原地依次抬起、依次落地，两臂自然前后摆动。落地时，由脚尖过渡到脚跟，踝、膝、髋关节依次有弹性地缓冲。

（2）走步。如图17-2所示，迈步向前走时，脚跟先落地，过渡到全脚掌；向后走时则相反。其技术要点基本与踏步相同。

（3）“一”字步。如图17-3所示，一脚向前一步，另一脚并于前脚，然后依次还原。前后均要有并脚过程，每一拍动作膝关节始终有弹性地缓冲。

图 17-2　走步

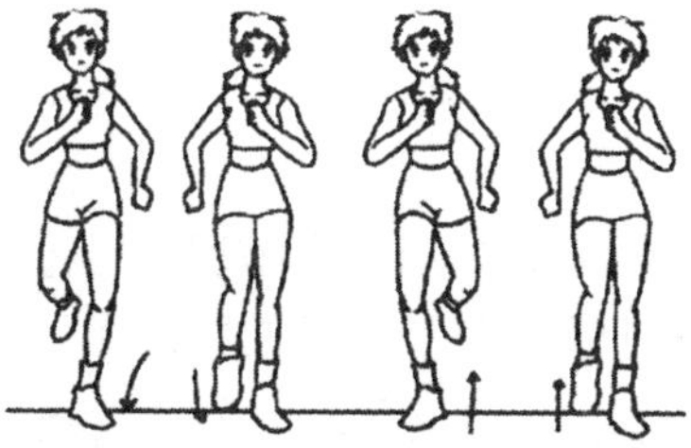

图 17-3　“一”字步

图 17-4　“V”字步

（4）“V”字步。如图 17-4 所示，一只脚向前侧方迈一步，另一只脚随之向另一侧方迈一步，成两脚开立，屈膝，然后依次退回原位。两脚间距离略比肩宽，重心落于两腿之间。

图 17-5　漫步

（5）漫步。如图 17-5 所示，一只脚向前迈出，屈膝，重心随之前移，另一只脚稍抬起，然后原地落下；或向后撤一步，重心后移，另一只脚稍抬起，然后原地落下。动作要富有弹性，身体重心随之前后移动。

图 17-6　跑步

（6）跑步。如图 17-6 所示，两腿经过腾空，依次屈膝落地缓冲，脚跟要着地，两臂屈肘摆臂。

2. 迈步类

一条腿先迈出一步，重心移至该腿，另一条腿用脚跟、脚尖点地或吸腿、屈腿、踢腿后向另一个方向迈步。

（1）并步。如图 17-7 所示，一只脚迈出，另一只脚随之并拢屈膝点地；再向反方向迈步。两膝保持弹动，重心随之移动，动作幅度和力度可随风格而定。

图 17-7　并步

图 17-8　侧交叉步

（2）侧交叉步。如图 17-8 所示，一只脚向侧迈一步，另一只脚在其后交叉，随之再向侧迈一步，另一只脚并拢，屈膝点地。第一步脚跟先落地，屈膝缓冲，身体重心随脚步快速移动。

3. 点地类

一条腿屈膝站立，另一条腿伸出，用脚尖或脚跟点地后还原到并腿位置。

（1）脚尖点地。如图 17-9 所示，一条腿稍屈膝站立，另一条腿伸出（向前、向后、向一侧），脚尖点地，然后还原到并腿姿势。支撑腿始终保持屈膝站立，并随动作有弹性地屈伸。

（2）脚跟点地。如图 17-10 所示，一条腿稍屈膝站立，另一条腿伸出，脚跟点地，然后还原到并腿姿势。只可做向前和向侧的脚跟点地。

图 17-9 脚尖点地

图 17-10 脚跟点地

4. 抬腿类

一条腿站立，另一条腿抬起。

（1）吸腿。如图 17-11 所示，一条腿屈膝抬起，落地还原。上体保持正直，大腿用力上提超过水平面，小腿自然下垂。

（2）摆腿。如图 17-12 所示，一条腿稍屈膝站立，另一条腿做摆动。摆腿时，上体顺势前倾、后倾或侧倾。

（3）踢腿。如图 17-13 所示，一条腿稍屈膝站立，另一条腿抬起，然后还原。踢腿时，加速用力且有控制，上体保持正直。

图 17-11 吸腿

图 17-12 摆腿

图 17-13 踢腿

（4）弹踢腿（跳）。如图 17-14 所示，一条腿站立（蹬跳），另一条腿先向后屈，再向前下方弹踢，还原。腿弹出时要有控制，无须太高，上体保持正直。

图 17-14 弹踢腿（跳）

图 17-15 后屈腿（跳）

（5）后屈腿（跳）。如图 17-15 所示，一条腿站立（蹬跳），另一条腿向后屈膝折叠，放下腿还原。后屈腿脚跟靠近臀部，支撑腿有弹性地缓冲落地，两膝并拢。

5. 双腿类

双腿站立或跳跃，身体重心在两腿之间。

（1）并腿跳。如图 17-16 所示，两条腿并拢跳起，落地缓冲且有控制。

（2）分腿跳。如图 17-17 所示，分腿分立，屈膝半蹲（大、小腿夹角不小于 90°），向上跳起，分腿落地屈膝缓冲。

图 17-16　并腿跳

图 17-17　分腿跳

（3）开合跳。由并腿跳起，分腿落地，再由分腿跳起，并腿落地。分腿屈膝蹲时，两脚自然外开，膝关节沿脚尖方向弯曲。落地时，屈膝缓冲，脚跟着地。

（4）半蹲。分为并腿半蹲和分腿半蹲，两腿有控制地同时屈和伸。如图 17-18 所示，分腿半蹲时，两腿左右分开稍大于肩，脚尖稍外展，膝关节角度不小于 90°，与脚尖方向一致，上体保持直立。

图 17-18　半蹲

图 17-19　弓步

（5）弓步。两脚前后分开，平行站立，一腿屈膝，脚尖与膝垂直，另一腿伸直，重心落于两脚之间。亦可两膝皆屈，后腿的大腿垂直于地面（图 17-19）。

（二）上肢动作

1. 手形

健美操中，手掌随臂的姿态而灵活变化，一般而言，手臂伸展时，手指和手腕随之伸展，手背呈反弓形；手臂弯曲时，手指、手腕放松，从肩至手指成一柔和弧线。恰当地运用各种手型，能使手臂动作更加丰富多彩、生动活泼。健美操常见手型如下所述。

（1）并拢式——五指伸直并拢，大拇指微屈，指关节贴于食指旁。

（2）分开式——五指用力伸直，充分张开，手腕保持一定的紧张程度。

（3）一指式——握拳，食指或拇指伸直。

（4）芭蕾手式——五指微屈，后三指并拢、稍内收，拇指内扣。

（5）拳式——握拳，拇指在外，指关节弯曲，紧贴于食指和中指。

（6）立掌式——五指伸直，手掌用力上翘。

（7）西班牙舞手式——五指用力，小指、无名指、中指自掌指关节处依次屈，拇指稍内扣。

（8）花式——在分开式的基础上小指伸直向掌心回弯到最大限度，无名指会随小指回弯。

（9）剑指——拇指与无名指、小指相叠，中指、食指并拢伸直。

2. 手臂动作

健美操的手臂动作包括举、屈、伸、摆、绕、绕环等（表 17-1）。

表 17-1　健美操手臂基本动作

动作分类	动作界定	动作变化
举（摆、提、拉）	以肩为轴，臂伸直向某方向抬起并停止在某一部位，活动范围不超过 180°	单或双臂的前、后、侧举。其中双臂既可以做相同的动作，也可以做不同的动作；既可同时，也可依次，还可交叉
屈	肘关节产生一定的弯曲角度	包括胸前平屈、肩侧屈、肩上侧屈、肩下侧屈、肩上前屈、腰间屈、头后屈。既可以一臂做动作，也可以两臂同时做相同动作，还可以两臂依次做相同动作
绕（绕环）	以肩关节为轴，手臂做 180°～360° 内的运动为绕；做大于 360°以上的圆周运动为绕环	单或双臂的前、后、内、外绕（环绕）以及小、中、大绕。两臂动作既可以同时，也可以依次绕环

3. 肩部动作

单肩或双肩提肩、沉肩、收肩、展肩、绕肩、振肩等。

（三）躯干动作

躯干的波浪动作可向前、向后、向左、向右，依靠身体各部位依次完成，动作要协调、连贯。例如，前波浪是从下而上，后波浪从上而下，等等。

二、健美操成套动作

为推广健美操运动在全国的普及，适应健美操市场发展的要求，给全体国民提供更多的科学健身方法，国家体育总局从 1998 年 9 月颁布《全国健美操大众锻炼标准》。2009 年 8 月，又推出第三套《全国健美操大众锻炼标准》。

第三套《全国健美操大众锻炼标准》在动作的创编中遵循健身性、时尚性、娱乐性、艺术性原则，并结合我国大众健身和学校体育的具体要求，符合四个层次、六个级别的梯度，音乐节奏鲜明，强劲规整，动作美观，艺术性强。其时尚的风格越来越受到大家的喜爱，练习者兴趣不断提高，很好地达到全民健身、健心的目的。

这里介绍第三套《全国健美操大众锻炼标准》二级动作。

（一）组合一

<table>
<tr><td colspan="2">动 作</td><td colspan="2">
</td></tr>
<tr><td colspan="2">节 拍</td><td>下肢步伐</td><td>上肢动作</td></tr>
<tr><td colspan="2">预备姿势</td><td>站立</td><td></td></tr>
<tr><td rowspan="2">一</td><td>1～4</td><td>右脚“十”字步</td><td>1 右臂侧举，2 左臂侧举，3 双臂上举，4 下举</td></tr>
<tr><td>5～8</td><td>向后走 4 步</td><td>屈臂自然摆动，7～8 同 5～6 动作</td></tr>
<tr><td>二</td><td>1～8</td><td colspan="2">动作同第一个八拍，但向前走 4 步</td></tr>
<tr><td colspan="2">动 作</td><td colspan="2">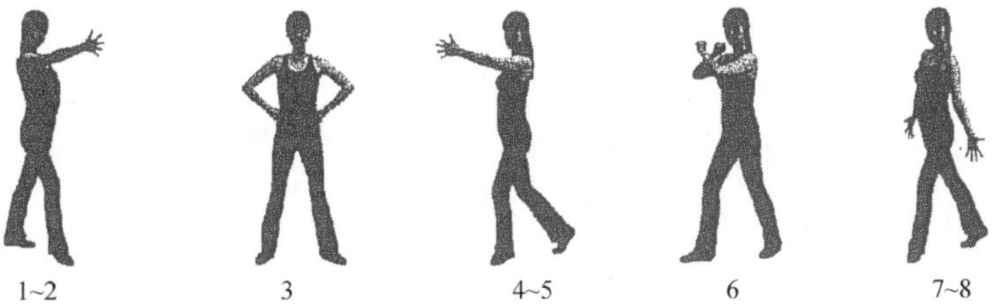
</td></tr>
<tr><td colspan="2">节 拍</td><td>下肢步伐</td><td>上肢动作</td></tr>
<tr><td rowspan="2">三</td><td>1～6</td><td>右脚开始 6 拍漫步</td><td>1～2 右手前举，3 双手叉腰，4～5 左手前举，6 双手胸前交叉</td></tr>
<tr><td>7～8</td><td>右脚向后 1/2 后漫步</td><td>双臂侧后下举</td></tr>
<tr><td colspan="2">动 作</td><td colspan="2">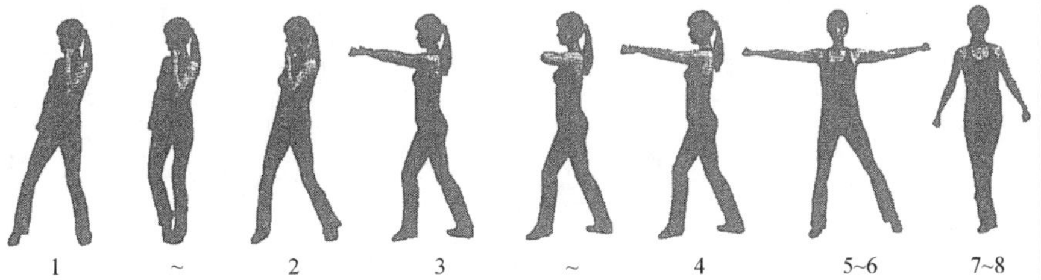
</td></tr>
<tr><td colspan="2">节 拍</td><td>下肢步伐</td><td>上肢动作</td></tr>
<tr><td rowspan="2">四</td><td>1～2</td><td>右脚向右并步跳</td><td>屈左臂自然摆动</td></tr>
<tr><td>3～8</td><td>左脚向右前方做前、侧、后 6 拍漫步</td><td>3～4 前平举弹动 2 次，5～6 侧平举，7～8 后斜下举</td></tr>
<tr><td colspan="4">第五至第八个 8 拍，动作相同，但方向相反</td></tr>
</table>

（二）组合二

动 作			
节 拍		下肢步伐	上肢动作
一	1～2	左脚向左侧滑步	右臂侧上举，左臂侧平举（自然并掌）
	3～4	1/2 后漫步	双臂屈臂后摆
	5～6	左脚向左前方做并步	击掌 3 次
	7～8	右脚向右后方做并步	双手叉腰
动 作			
节 拍		下肢步伐	上肢动作
二	1～2	左脚向左后方做并步	击掌 3 次
	3～4	右脚向右前方做并步	双手叉腰
	5～6	右脚向右侧滑步	左臂侧上举，右臂侧平举
	7～8	1/2 后漫步	双臂屈臂后摆
动 作			
节 拍		下肢步伐	上肢动作
三	1～4	右转 90°，右脚上步吸腿 2 次	双臂向前、向后下方冲拳 2 次
	5～8	左脚“V”字步左转 90°	双臂由右向左水平摆动，8 还原

续表

<table>
<tr><td colspan="2">动 作</td><td colspan="2">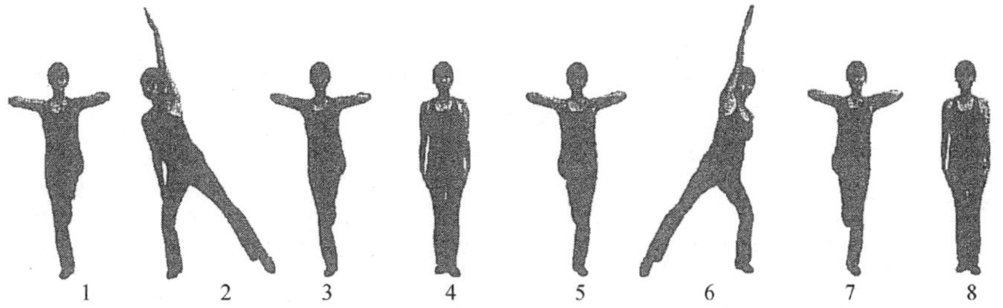</td></tr>
<tr><td colspan="2">节 拍</td><td>下肢步伐</td><td>上肢动作</td></tr>
<tr><td rowspan="2">四</td><td>1～4</td><td>左腿吸腿（侧点地）2 次</td><td>1 双臂胸前平屈，2 左臂上举，3 同 1 动作，4 还原</td></tr>
<tr><td>5～8</td><td colspan="2">5～8 同 1～4 动作，但方向相反</td></tr>
<tr><td colspan="4">第五至第八个 8 拍，动作相同，但方向相反</td></tr>
</table>

（三）组合三

<table>
<tr><td colspan="2">动 作</td><td colspan="2"></td></tr>
<tr><td colspan="2">节 拍</td><td>下肢步伐</td><td>上肢动作</td></tr>
<tr><td rowspan="2">一</td><td>1～4</td><td>向右侧并步跳，4 拍时右转 90°</td><td>双臂上举、下拉</td></tr>
<tr><td>5～8</td><td>左脚侧交叉步</td><td>双臂屈臂前后摆动，第 8 拍时，上体向左扭转 90°，朝正前方，双臂侧下举</td></tr>
<tr><td colspan="2">动 作</td><td colspan="2">图 1～4 同（一）1～4 拍动作，但方向相反 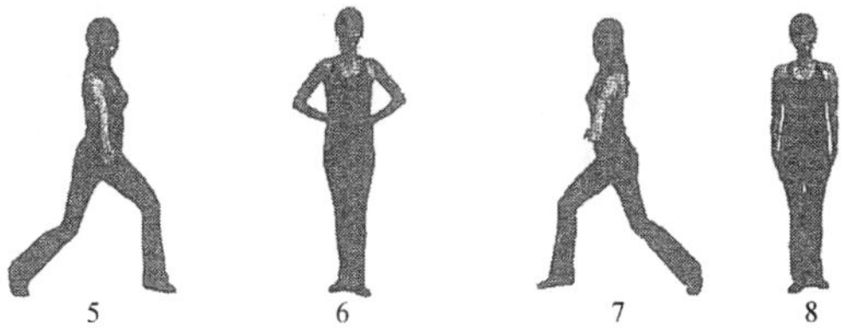</td></tr>
<tr><td colspan="2">节 拍</td><td>下肢步伐</td><td>上肢动作</td></tr>
<tr><td rowspan="2">二</td><td>1～4</td><td>向右侧并步跳，4 拍时左转 90°</td><td>双臂上举、下拉</td></tr>
<tr><td>5～8</td><td>左脚开始侧并步 2 次</td><td>5～6 右臂前下举，7～8 左臂前下举</td></tr>
</table>

续表

节	拍	下肢步伐	上肢动作
动作		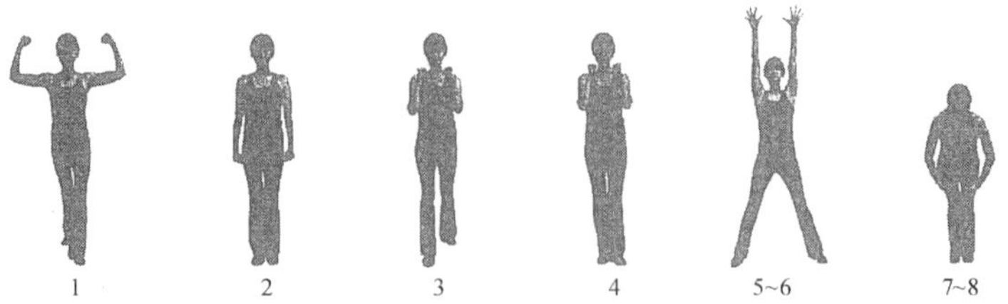	
节拍		下肢步伐	上肢动作
三	1～4	左脚向前“一”字步	1 双臂肩上屈，2 双臂下举，3～4 双臂肩前屈
	5～8	左、右依次分并腿	5～6 双臂上举掌心朝前，7～8 双手放膝上
动作			
节拍		下肢步伐	上肢动作
四	1～4	左脚向后“一”字步	1～2 双臂侧下举，3～4 胸前交叉
	5～8	左、右依次分并腿 2 次	双臂经胸前交叉侧上举 1 次，侧下举 1 次
第五至第八个 8 拍，动作相同，但方向相反			

（四）组合四

节	拍	下肢步伐	上肢动作
动作			
节拍		下肢步伐	上肢动作
一	1～8	右脚开始小马跳 4 次，向侧向前呈梯形	1～2 右臂体侧向内绕环，3～4 换左臂，5～8 同 1～4 动作
动作			
节拍		下肢步伐	上肢动作
二	1～4	右脚向右后开始弧形跑 4 步，右转 270°	屈臂自然摆动
	5～8	开合跳 1 次	5～6 双手放腿上，7 击掌，8 放于体侧

续表

动作			
节拍		下肢步伐	上肢动作
三	1～4	右脚向右前上步后屈腿	1 双臂胸前交叉，2 右臂侧举、左臂上举，3 同 1 动作，4 双手叉腰
	5～8	右转 90°，左脚向前上步后屈腿	动作同 1～4，但方向相反
动作			
节拍		下肢步伐	上肢动作
四	1～4	右、左侧点地各一次	1 右手左前下举，2 双手叉腰，3～4 动作同 1～2，但方向相反
	5～8	左脚上步向前转脚跟，还原	5 双臂胸前平屈，6 前推，7 同 5 动作，8 放于体侧
第五至第八个 8 拍，动作相同，但方向相反			

（五）力量训练部分

开始动作（1×4）		过渡动作一（1×8）	

节拍分段			动作描述
开始动作	4 拍	1～2	右脚向右迈步，左臂前平举，右臂上举
		3～4	左脚右后交叉迈步，双臂胸前交叉
过渡动作	一	1～2	右脚向侧迈步，同时屈膝内扣，再打开成分腿半蹲，同时 1 右手左下冲拳，2 右手侧下冲拳
		3～4	身体右转 90°成弓步，双手撑地
		5～8	成俯卧撑

续表

核心力量练习二（1×8）	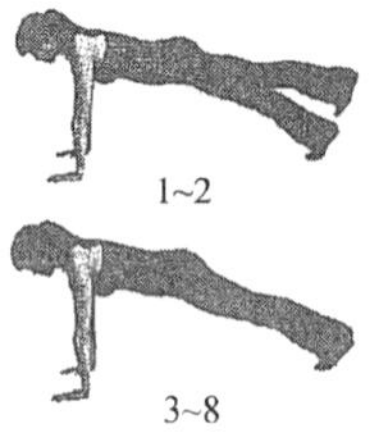	核心力量练习三（1×8）	
核心力量练习四（1×8）		核心力量练习五（1×8）	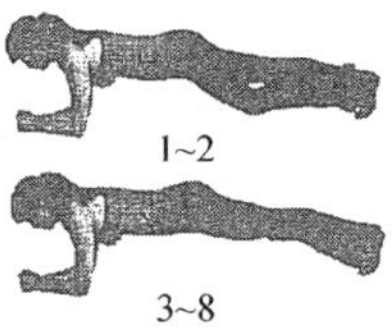

节拍分段			动作描述
核心力量练习	二	1～8	1～2 左、右脚依次点地，3～8 保持俯撑
	三	1～8	1～2 左、右腿依次屈膝着地，3～8 保持跪撑
	四	1～8	1～2 屈肘依次撑地，3～8 保持肘撑
	五	1～8	1～2 左、右腿依次伸直，3～8 保持肘撑

过渡动作六（1×8）	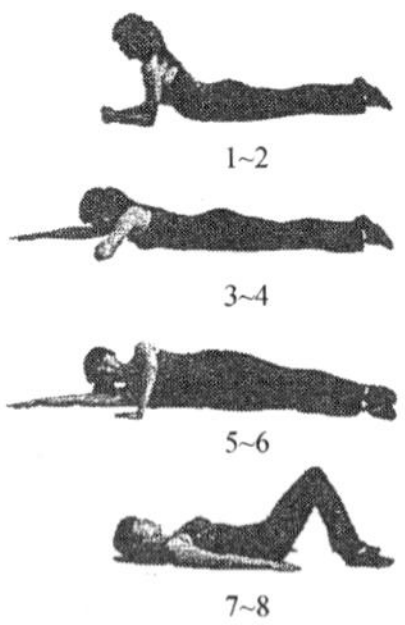	腹肌练习七至十（1×8）	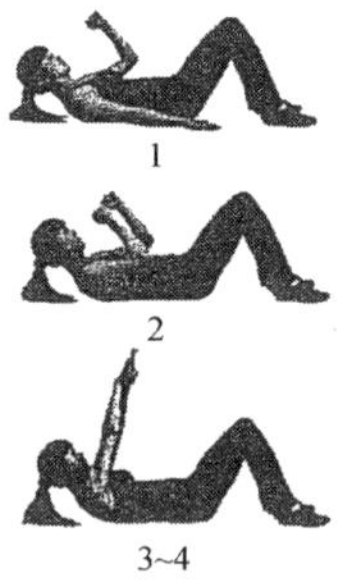	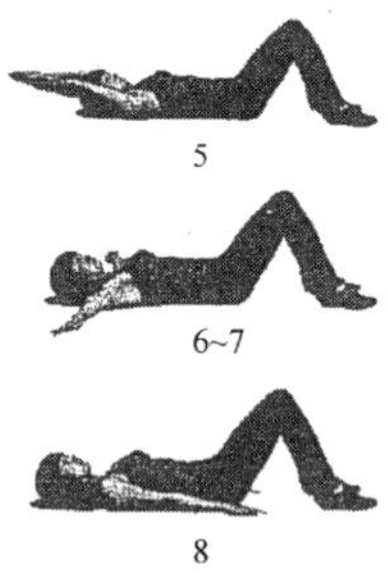

节拍分段			动作描述
过渡动作	六	1～8	向左转体 180°成仰卧，分腿屈膝，双臂放于体侧
腹肌练习	七至十	1～4	收腹抬上体，1 屈左臂，2 屈右臂，3～4 双臂伸直，手重叠
		5～8	还原，双臂经上举至体侧

续表

过渡动作十一（1×8）	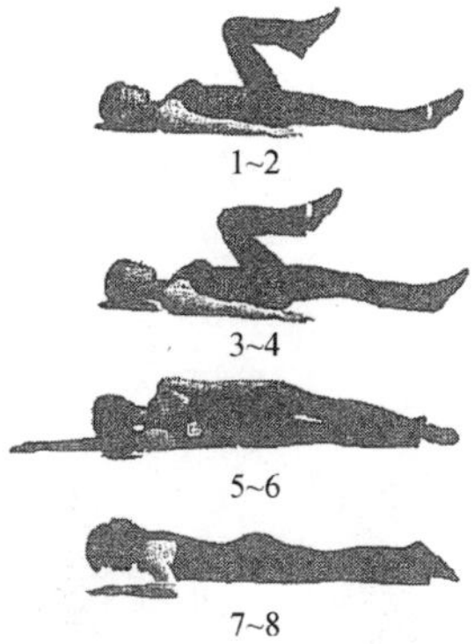	背肌练习十二至十五（1×8）	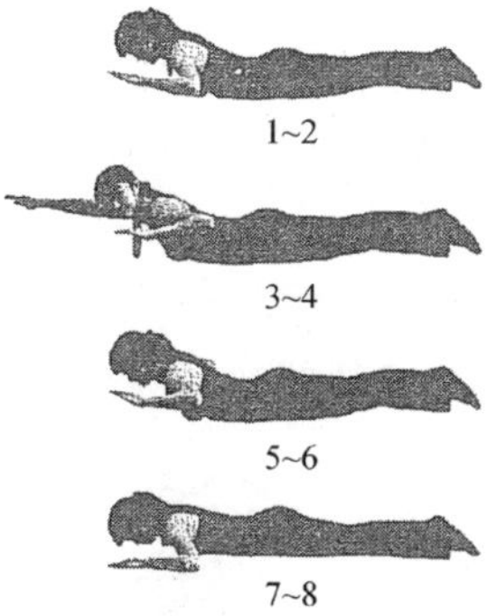

节拍分段			动作描述
过渡动作	十一	1～8	依次吸左、右腿，向左转体 180°成俯卧，双臂屈臂放于肩侧
背肌练习	十二	1～8	1～2 抬起上体和手臂，3～4 伸直右臂，转头向左看，5～8 还原
	十三	1～8	动作同上，但方向相反
	十四至十五	1～8	同第十二至第十三个八拍

过渡动作十六（1×8）		过渡动作十七（1×8）		结束动作	

节拍分段			动作描述
过渡动作	十六	1～4	撑起成俯卧撑
		5～8	左转 90°，左脚放到右脚后，右手支撑，左手上举，保持身体平衡
	十七	1～2	双手撑地，左腿屈膝撑地
		3～8	向右转体 270°，左脚向前迈步站起
结束动作	1 拍	1	右脚向侧迈步，左脚屈膝侧点地，同时右臂侧上举，左臂扶右髋

三、啦啦操基础套路

这里介绍啦啦操基础套路“神采飞扬”，共分为10个组合、40个节拍。本套操是以啦啦队的基本动作和基本元素为主要动作语汇，融合了现代舞、爵士舞和街舞等一些基本动作，突出动作的规范、活泼欢快和团队配合的特点。这套操能够丰富校园文化生活，展现新世纪中国青年积极乐观、勇于拼搏、奋发向上的精神面貌。

（一）动作组合一

第一个8拍 预备姿势：直立。

1~2 左脚侧迈一步，同时顶左髋，左臂经胸前屈至侧前下举，拳心向内。

3~4 右脚侧迈一步，同时顶右髋，右臂经胸前屈至侧前下举（两臂成倒“V”字），拳心向内。

5~6 左转90°，重心左移成弓步（左），左臂前上举、右臂前下举（两臂成“K”字），拳心相对，头向1点。

7 右转90°，右脚前迈，同时向前顶右髋，双手扶右髋。

8 左脚前并成直立。

第二个8拍

1~2 左转180°，面向5点，同时右脚迈成弓步，两臂侧前上举（成高“V”字），拳心向外。

3~4 左转180°，面向1点成弓步(左)，两臂握拳胸前交叉，拳心向外。

5 右脚右上侧点地，同时两臂经上依次向右抡臂（先右后左）。

6 左转90°左脚右并，脚尖点地，同时屈膝半蹲，两臂绕至前下举，含胸低头。

7 右脚向右侧蹬地跳，同时左转90°，抬上体，左脚落地，右脚侧点地，同时两臂侧前平举（成“T”字）拳心向下。

8 平腿跳成直立。

第三个8拍动作同第一个8拍动作，但方向相反。

第四个8拍动作同第二个8拍动作，但方向相反。

（二）动作组合二

第一个8拍

1~3 左脚开始向左侧，左、右脚依次迈开，同时向左转体360°，两臂胸前屈，握拳，拳心向后。

4 右脚左并还原成直立。

5 吸腿跳（左），两臂胸前击掌。

6 并腿跳成直立。

7 分腿跳，两臂侧前上举(成高“V”字)，拳心向外。

8 并腿跳成直立。

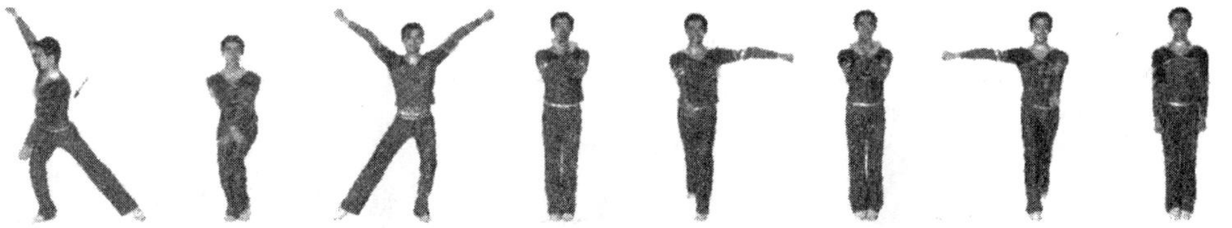

第二个8拍

1 右脚迈一步，左脚侧点地，上体右转45°成弓步(右)，左臂体前向下冲拳。

2 上体左转45°，左脚右并屈膝点地，右臂体前下冲拳，两臂体前交叉，拳心向后。

3 左脚侧迈一步成弓步（左），右脚侧点地，两臂经体侧至侧前上举（成高“V”字），拳心向外。

4 前腿跳成直立，两臂胸前交叉，拳心向外。

5 前跳成弓步(左)，左臂侧举，拳心向下，右臂前下举，拳心向内(两臂成左“L”字)。

6 动作同4。

7 动作同5，方向相反。

8 并腿跳成直立。

第三个8拍动作同第一个8拍动作，但方向相反。

第四个8拍动作同第二个8拍动作，但方向相反。

（三）动作组合三

第一个8拍

1~2 向左跳转90°，面向7点，右腿前踢，同时左臂放于右侧腹，右臂肩侧屈，拳变掌，右手扶头后，头向1点。

3~4 右脚后撤一步成弓步(左)，右臂前下伸，拳变掌，左臂腰间握拳，头向7点。

5~6 右转90°成开立，左手握拳叉腰，右臂侧上举，单指。

7 两腿屈膝半蹲，两手握拳于头上交叉，拳心向外，头向左侧倒。

8 前腿跳成直立。

第二个8拍

1 右转90°，同时左脚侧迈一步，面向3点，两臂侧前下举(成倒“V”字)。

2 前腿跳，右臂肩侧上屈。

3 左脚侧迈一步，头向5点，上体稍右转，右臂侧下举。

4 上体左转45°，头向1点，右脚侧并，右腿屈膝脚点地，同时向左顶髋。

5 面向3点，右脚后撤一步成弓步(左)，同时左臂后下举，右臂屈于体后，头向1点。

6 并腿跳成直立。

7 右脚前迈一步成弓步(右)，两臂胸前上屈，拳心向后。

8 左脚侧迈一步成弓步(左)，右脚侧点地，两臂肩侧上屈，拳心相对。

第三个8拍动作同第一个8拍动作，但方向相反。

第四个8拍动作同第二个8拍动作，但方向相反。

（四）动作组合四

第一个8拍	1~2	3~4	5~6	7~8
	并腿跳成直立。	分腿跳成开立，同时两臂侧前平举(成“T”字)，拳心向下。	左转90°，右腿左并，屈膝脚点地，两手经体侧至上举击掌相握。	分腿跳成开立，上体前屈，右手叉腰，左手分掌触地，头向1点。

第二个8拍	1~2	3~4	5	6	7	8
	右转 90°，左脚右并屈膝点地，两臂经胸前平屈至体前交叉握拳。	左、右脚依次分腿跳成开立，两臂侧前下举（成倒“V”字）。	左、右脚依次并腿跳成直立。	左、右脚依次分腿跳成开立。	动作同5。	动作同6。

第三个 8 拍动作同第一个 8 拍动作，但方向相反。

第四个 8 拍动作同第二个 8 拍动作，但方向相反。

（五）动作组合五

第一个8拍	1~2	3	4	5~6	7	8
	分腿跳成开立，两臂胸前交叉，拳心向外。	左臂侧前下举。	右臂侧前下举(两臂成倒“V”字)。	左脚并成直立，两臂胸前交叉，拳心向外。	右脚前迈一步成弓步，左臂冲拳上举，右臂胸前屈，拳心均向内。	右臂冲拳上举，拳心相对。

第二个8拍	1~2	3~4	5~6	7~8
	两臂经胸前至前下举。	右脚后并成直立，两臂胸前屈，拳心相对。	分腿跳成半蹲，两臂侧前下举(成倒“V”字)。	并腿跳成直立，两臂成侧前上举(成高“V”字)。

第三个8拍

拍	动作
1	左脚前迈一步成弓步(左)，头向7点，两臂经胸前平屈至左侧下举。
2	右脚前迈一步成弓步(右)，头向1点，两臂经胸前平屈至右侧下举。
3	左脚侧迈一步成开立，左臂经胸前平屈至侧举，拳心向下，右臂放于体侧。
4	右臂上举，拳心向内，头向2点。
5~6	头向1点。
7	两臂胸前屈，两手击掌相握。
8	左脚右并成直立。

第四个8拍

拍	动作
1~4	右脚侧迈一步成开立，两臂体前交叉，拳心向下。
5~6	左脚前迈一步成弓步，两臂前举，拳心相对。
7~8	右脚前并成直立，两臂侧前上举(成高“V”字)，拳心向外。

（六）动作组合六

第一个8拍

拍	动作
1	弹踢腿(右)，两臂放于体侧，拳心向内。
2	左腿经吸腿侧迈一步，两脚依次落地成开立(先左后右)。
3	分腿半蹲，左臂经胸前屈伸至右前下举，拳心向后，稍低头。
~	右臂经胸前屈伸至左前下举，两臂体前交叉，拳心向后，低头。
4	并腿跳成直立，两臂放于体侧。
5	左脚后撤一步成弓步(右)，同时向前顶右膝，两臂经胸前平屈至前举，拳心向下。
6	重心后移，右腿屈膝点地，两臂侧前下举(成倒“V”字)，头向6点。
7	向右前顶胯，两臂侧上举(成高“V”字)，单指，头向1点。
8	左脚前并直立。

第二个8拍

拍	动作
1	右脚侧迈一步，同时顶右髋，左脚侧点地，右手扶髋，左臂侧上举，打响指。
2	左脚右后撤一步，两腿微屈膝，两臂经体前屈膝下摆至右侧下举，打响指，头向下点。
3	动作同1，但方向相反。
4	动作同2，但方向相反。
5	
6	5~8动作同1~4动作。
7	
8	

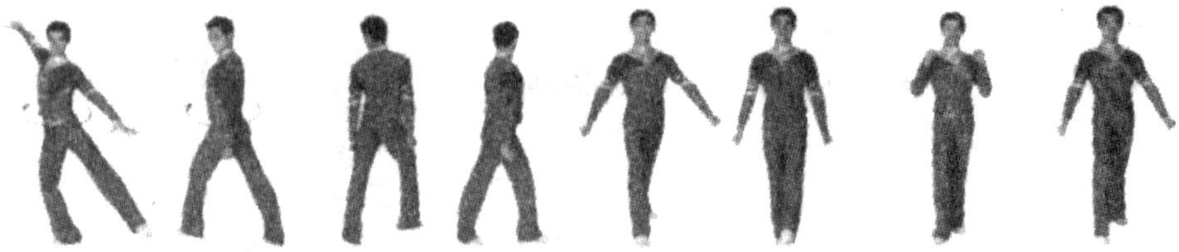

第三个8拍	1	2	3	4	5~6	7	~	8
	右脚向右后侧踏跳，左腿侧摆，面向2点，两臂经胸前交叉至右臂侧上举，左臂侧下举，五指张开，掌心向下。	右转270°，扭头，左脚开始踏步三次，手臂放于体侧，两手握拳。			右转45°，面向1点，右脚前迈一步成弓步，两臂经胸前屈成侧前下举（成倒“V”字）。	踢腿跳（左），两臂侧前下举（成倒“V”字）。	左脚后撤一步，两臂胸前屈，拳心相对。	左脚落地成弓步跳（右），两臂成侧前下举（成倒“V”字）。

第四个8拍	1	~	4	5	6	7	8
	左转360°。			分腿跳成开立，右臂放于体侧，左臂经胸前屈至上举。	分腿半蹲，上体前屈，右臂放于体侧，左臂经胸前屈至下举。	动作同5动作。	还原成直立。

（七）动作组合七

第一个8拍	1	2	3	4	5~6	7	~	8
	左脚前迈一步成弓步，两臂侧前下举（成倒“V”字）。	右脚前并成起踵，两臂经体侧成侧前上举（成高“V”字）。	分腿跳成半蹲，两臂胸前上屈，拳心向后。	左转90°，同时重心前移成弓步(左)，面向8点，左臂前上举，右臂前下举（成“K”字），头向1点。	面向1点，分腿半蹲，左臂侧下举，右臂侧上举（成右斜线）。		并腿跳，右臂握拳叉腰，左臂经胸前屈至上举。	

第二个8拍	1~2	3~4	5~6	7	8
	右转180°，左、右脚各前迈一步，两臂放于体侧。	左脚前迈一步成弓步，左臂侧举，右臂上举。	右转180°，左腿屈膝，吸腿(右)，两臂经胸前平屈至前下举，含胸低头。	弓步跳(右)，同时上体，两臂上举，拳心相对，面向1点。	左脚前并成直立。

第三个8拍	1~2	3~4	5~6	7~8
	左脚侧迈一步成开立，上体面向7点，左手叉腰，右臂向内绕环。	面向1点，右臂侧上举。	重心右移成弓步（右），面向2点，头向1点，左臂前下举，右臂前上举(成“K”字)。	并腿跳，两臂侧前上举（成高“V”字）。

第四个8拍	1	2	3	4	5	6	7~8
	右脚前迈一步成弓步，两臂放于体侧。	右转180°成弓步（左），面向5点。	右脚前迈一步成弓步。	右转180°，面向1点，右脚前并成直立。	右脚侧迈一步成分腿半蹲，头向右侧倒，右臂侧举，拳心向下，左臂放于体侧。	左腿左并成直立，两臂放于体侧。	动作同5~6，但方向相反。

（八）动作组合八

第一个8拍	1	2	3	4	5~6	7~8
	左脚前迈一步成弓步，两臂侧前下举(成倒“V”字)。	右脚前并成起踵立，两臂于体侧成侧前上举(成高“V”字)。	分腿跳成半蹲，两臂胸前上屈，拳心向后。	左转90°，同时重心前移成弓步(左)，面向8点，左臂上举（成“K”字），头向1点。	面向1点，分腿半蹲，左臂侧下举，右臂侧上举(成右斜线)。	并腿跳，右臂握拳叉腰，左臂经胸前屈至上举。

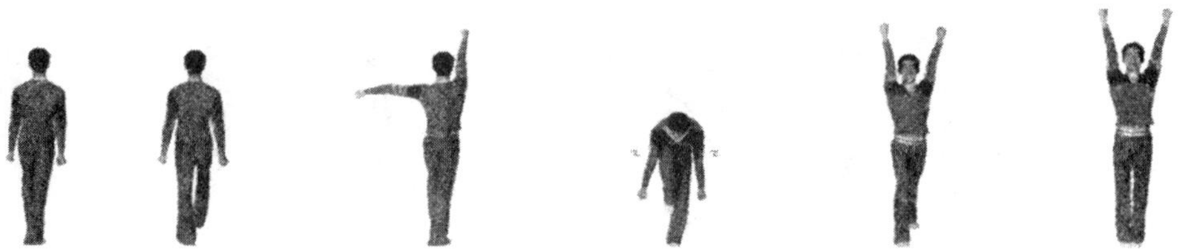

第二个8拍	1~2	3~4	5~6	7	8
	左转180°，左右脚各前迈一步，两臂放于体侧。	左脚前迈一步成弓步，左臂侧举，左臂上举。	右转180°，左腿屈膝，吸腿(右)，两臂经胸前平屈至前下举，含胸低头。	弓步跳（右）同时抬上体，两臂上举，拳心相对，面向1点。	左脚前并成直立。

第三个8拍

1 左脚侧迈一步成开立，上体面向7点，左手叉腰，右臂向内绕环。

2 面向1点，右臂侧上举。

3 重心右移成弓步（右），面向2点，头向1点，左臂前下举、右臂前上举（成“K”字）。

7 并腿跳，两臂侧前举（成高“V”字）。

8

第四个8拍

1 右脚前迈一步成弓步，两臂放于体侧。

2 左转180°成弓步（左），面向5点。

3 右脚前迈一步成弓步。

4 左转180°，面向1点，右脚前并成直立。

5 右脚侧迈一步成分腿半蹲，头向右侧倒，右臂侧举，拳心向下，左臂放于体侧。

6 右腿左并成直立，两臂放于体侧。

7~8 动作同5~6动作，但方向相反。

（九）动作组合九

第一个8拍

1 左脚踏步，左手握拳叉腰，右臂左侧下举，握拳，拳心向下，头向7点。

2 右脚踏步，右臂经体前至侧上举，拳心向外，头向1点。

3 左脚踏步，两臂向内绕环。

4 左脚踏步，两臂经体侧上举，击掌相握。

5 左脚前迈一步成弓步，两臂侧前上举（成高“V”字），拳心向外。

6 左脚后并，两臂胸前屈击掌。

7 右脚前迈一步成弓步，两臂侧前下举（成倒“V”字）。

8 右脚后并还原成直立。

第二个8拍

1 右脚踏步，右臂胸前屈，握拳，拳心向内。

2 左脚踏步，左臂胸前屈，握拳，拳心相对。

3 右脚踏步，右臂经胸前平屈到侧上举，拳心向外。

4 左脚踏步，左臂经胸前平屈至侧前上举（成高“V”字）。

5 左脚侧迈一步成分腿半蹲，左臂侧举，右臂前下举（成左“L”字）。

6 左脚右并成直立，两臂胸前屈，拳心相对。

7~8 动作同5~6动作，但方向相反。

第三个8拍

1~2	3~4	5	6	7	8
分腿跳，同时上体前屈，两手扶地。	并腿跳成直立，两臂经体前成侧前上举（成高“V”字），两手握拳，拳心向外。	左腿侧迈一步，左手叉腰，右臂向内绕环，头向7点。	右臂经体前至上举，头向1点。	左脚前迈一步成弓步，右臂下拉至胸前上屈，拳心向后。	右脚前并成直立。

第四个8拍

1	2	3	4	5	6	7~8
左脚侧迈一步成分腿半蹲，左臂上举，右臂侧平举(成右“L”字)。	右转90°，面向3点，右脚后并成直立，两臂收于体侧。	右脚侧迈一步成屈膝开立，左臂侧举，右臂上举(成左“L”字)。	头向2点，右脚立踵，左脚屈膝后抬，两臂收于体侧。	左脚向3点前迈一步成弓步。	右脚前迈一步。	左转90°，左脚前迈一步成弓步，两臂经体侧成侧前下举(成倒“V”字)。

（十）动作组合十

第一个8拍

1	2	3	4	5	6	7	8
左脚踏步，左手握拳叉腰，右臂左侧下举，握拳，拳心向下，头向7点。	右脚踏步，右臂经体前至侧上举，拳心向外，头向1点。	左脚踏步，右臂向内绕环。	右脚踏步，两臂经体侧上举击掌相握。	左脚前迈一步成弓步，两臂侧前上举（成高“V”字），拳心向外。	左脚后并，两臂胸前屈击掌。	右脚前迈一步成弓步，两臂侧前下举（成倒“V”字）。	两臂上举，左脚后并还原成直立。

第二个8拍

1	2	3	4	5	6	7~8
右脚踏步，右臂胸前屈，握拳，拳心向内。	左脚踏步，左臂胸前屈，握拳，拳心相对。	右脚踏步，右臂经胸前平屈到侧上举，拳心向外。	左脚踏步，左臂经胸前平屈至侧前上举(成高“V”字)。	左脚侧迈一步成分腿半蹲，左臂侧举，右臂前下举(成左“L”字)。	左脚右并成直立，两臂胸前屈，拳心相对。	动作同5~6动作，但方向相反。

第三个8拍

1~2 分腿跳，同时上体前屈，两手扶地。

3~4 并腿跳成直立，两臂经体前成侧前上举(成高“V”字)，两手握拳，拳心向外。

5 左腿侧迈一步，左手叉腰，左臂向内绕环，头向7点。

6 右臂经体前至上举，头向1点。

7 左脚前迈一步成弓步，右臂下拉至胸前上屈，拳心向后。

8 右脚前并成直立。

第四个8拍

1 左脚侧迈一步成分腿半蹲，左臂上举，右臂侧平举（成右“L”字）。

2 右转90°，面向3点，右脚后并成直立，两臂收于体侧。

3 右脚侧迈一步成屈膝开立，左臂侧举，右臂上举（成左“L”字）。

4 头向2点，右脚立踵，左腿屈膝后抬，两臂收于体侧。

5 左脚向3点前迈一步成弓步。

6 右脚前迈一步。

7~8 左转90°，左脚前迈一步成弓步，两臂经体侧成侧前下举(成倒“V”字)。

第三节　健美操比赛欣赏

一、健美操比赛欣赏的内容

（一）线条和形体之美

线条和形体是构成人体美的基础。线条有直线和曲线两种。一般说，垂直线给人以坚硬、庄严、高昂的感觉，曲线给人以舒展、柔和、流畅的感觉。通常，男性的健美表现为刚健有力，直线多一些；女性的健美则表现为柔美秀丽，曲线多一些。在健美操运动中，在男性强健的身体上，也可以找到柔和的曲线之美，他们同样可以做出灵巧的动作，这就是刚中有柔；而女性秀美的身姿，也显得矫健有力，她们可以做出强劲的动作，这便是柔中带刚。在健美操的线条因素中，常常是既刚柔兼备，又刚柔并济。

健美操的形体美，则由男女运动员自身形体的静态美和动态美两方面所组成。从静态方面来看，美的形体要具备三个条件。第一，以骨骼为支架所构成的人体各个部分比例要匀称合理；第二，由肌肉的完美发达所呈现的人体形态要强健协调，各种健美操的实质，主要是对全身肌肉的形态进行有目的的改善；第三，肤色的美观，既红润又有光泽。从动态方面来看，健美操运动员的形体美主要依靠健美操的动作创编，以及运动员对这些连贯的动作组和动作群的表现力。动作美是在协调一致的动作流程中显现的，它的基础是节奏，还包括连续造型。

（二）色彩之美

色彩作为健美操运动欣赏的内容之一，它有冷暖、轻重、远近、明暗的视觉效果。色彩具有情感性和象征性，如红、橙属于暖色，给人热烈、兴奋、活跃、喜悦之感；青、蓝属于冷色，给人深远、幽静、庄重、严谨、典雅之感；草绿、银灰色属于中性，给人柔和、娴静、和谐之感。如看到红色，就不由得使人想起血与火，因而产生热烈、兴奋的情绪。所以，在排练竞技健美操时，宜铺大红色地毯，使运动员较易进入兴奋状态，与健美操动作的力度相适应，能收到较好的效果。

（三）声音之美

健美操运动必须在音乐伴奏下进行练习，可以说音乐是健美操运动的灵魂。与艺术体操相比，健美操运动更强调动作的力度。因此，它的音乐节奏趋于鲜明强劲，风格更趋热烈奔放。这种有节奏、有韵律的身体练习，能激发练习者的情绪，使之不会感受疲劳，能产生一种轻松愉快的感觉，练习者既得到了美的享受，又提高了协调性、节奏感、韵律感和表现力。声音不只成为形式美的因素，还在于它能激发审美主体的联想。

二、如何欣赏健美操

健美操的竞赛不同于群众性的健身活动，是根据规则的要求编排而成的。虽然已有普及性健美操的比赛规则，但各地区、各单位可根据自身的比赛性质和特点，提出要求，制定规程。无论是中年、老年或青年健美操比赛，还是竞技健美操比赛，我们要看其是否具有全面锻炼身体的价值，动作设计是否符合年龄的特点和本人所完成动作的能力。在欣赏健美操竞赛时，应从成套动作的艺术性和完成情况两方面去欣赏。

（一）艺术性

动作编排设计要新颖、舒展、美观、大方，动作之间的连接要合理、巧妙，动作素材要新颖、多样化，一套动作要有好的开始和成功的结尾。动作类型、表现应和音乐的风格相一致，协调统一。集体项目中，运动员的配合默契，相互间要有交流。队形变换要自然、流畅、清晰，并且要充分利用场地。选择的音乐要动听、优美、健康。

（二）完成情况

身体姿势正确，技术规范，动作准确到位。力度是健美操的特点之一，做动作时，不能松懈、无力。集体动作要整齐，包括动作幅度的大小要一致，整齐划一。完成动作时的表现力也是很重要的，运动员通过自己的表演和表情去感染观众，同时激发自己的情绪。一套好的健美操，集健身、艺术表现为一体，使人赏心悦目，振奋精神，给人以美的享受。

第十八章

体育舞蹈

第一节 体育舞蹈概述

一、体育舞蹈的起源与发展

体育舞蹈是以人自身的形体动作为物质手段，通过充满生命活力的韵律，抒发人内心情感的身体活动。体育舞蹈集体育、音乐、舞蹈于一体，具有健身、竞技、娱乐、审美等多方面的价值。

现代体育舞蹈起源于西方，在长期的发展过程中，经人们不断改编、加工、整理，其内容和表现形式不断丰富，最终形成现代人们熟悉的运动形式。

1904 年，英国成立皇家舞蹈教师协会，协会整理并规范了华尔兹舞、探戈舞、维也纳华尔兹舞、狐步舞、快步舞、伦巴舞和布鲁斯舞 7 种舞厅舞，制定了相关规则，包括定义、技巧、音乐与服装规则等，并将这些内容统一规定为“国际标准交际舞”。

1950 年，由英国 ICBD（摩登舞国际理事会）主办了首届世界性的大赛“黑池舞蹈节”，同时将规范后的舞蹈命名为“国际标准交谊舞”，在此之后，每年的 5 月底在英国的“黑池”都会举办一届世界性的比赛。

1988 年，形成了规范化、系统化的新型“国际标准交际舞”，即“国际标准交际舞”分为摩登舞和拉丁舞两大类，其中摩登舞包括华尔兹、探戈舞、维也纳华尔兹舞、狐步舞、快步舞，拉丁舞包括伦巴舞、恰恰舞、牛仔舞、斗牛舞、桑巴舞。

我国从 20 世纪七八十年代引入“国际标准舞”，最开始出现在广州、北京等地，之后以迅猛之势传遍全国。1989 年，中国舞蹈家协会正式成立中国国际标准舞总会。1991 年，中国体育舞蹈运动协会成立，全国范围内的师资和选手队伍不断扩大。1991 年，我国开始举办一年一届的全国体育舞蹈锦标赛。如今，体育舞蹈已经成为我国一种较为普遍的体育运动项目，并具有良好的发展态势。

二、世界体育舞蹈大型赛事简介

（一）英国公开锦标赛

英国公开锦标赛是世界上历史最为悠久的舞蹈赛事，定于每年的 1 月下旬在英国伦敦南部小镇波密司国际中心举行。英国公开锦标赛共举办 3 天，分为职业组摩登舞、拉丁舞，职业新星组，业余组，业余 21 岁以下组，壮年组等组别。

（二）黑池舞蹈节

黑池舞蹈节是目前国际上最权威、规模最大的体育舞蹈比赛，被视为体育舞蹈圣地，截至2018年共举办了93届。黑池舞蹈节定于每年的5月底在英国黑池冬季花园举行，历时8天，其中一天举行黑池舞蹈讲习会，邀请世界顶级教练和选手们讲解最新舞蹈技巧与潮流导向，并进行舞蹈服装及舞蹈用品汇展。黑池舞蹈节是由职业摩登、职业拉丁、业余摩登和业余拉丁四大重要组别赛及四国邀请赛组成，可谓精彩纷呈。

（三）国际锦标赛

国际锦标赛定于每年10月中旬在英国举行，历时3天。除了有英国公开赛的组别外，还拥有14~16岁少年组、12~14岁少年组、6~12岁少儿组，是世界三大体育舞蹈赛事中唯一设置了少年组的国际体育舞蹈赛事。国际锦标赛已成功举办几十届且从未更换过比赛场馆——英国布伦特伍德国际中心和艾尔伯特皇家礼堂。

第二节　体育舞蹈基本技术

下面介绍体育舞蹈的基本舞步。

一、姿态与手的作用

（一）姿势

全身直立时，略含胸挺背，保持肌肉不紧不弛，两膝放松，人体略前倾，重心落在两脚的大足趾球骨上。

（二）体位

有合对位、骈位、同足侧位、分对位等。

（1）图18-1为合对位男子正视图：男子右臂绕女子左臂位于女子腰部以上左肩胛以下，举左臂并弯左肘，双肘同一线比腰部稍高。

图18-1　合对位男子正视图

图18-2　合对位女子正视图

图18-3　稍分合对位侧视图

图18-4　同足侧位

（2）图18-2为合对位女子正视图：女子左手轻放在男子右肩缝线处，左手五指合拢，右手随男握，头向男子右肩上方。

（3）图18-3为稍分合对位侧视图：基本姿态仅身体分开，双脚之间的距离约18cm，男女右脚尖各对准对方两脚中间。男子双肩要求稳定，以便领导女子。

（4）图18-4为同足侧位：男子右脚向女子右脚外侧伸出，上身稍向右拧，保持与女子微贴，适用于快步舞。

（5）图18-5为骈位：男子面向前方横行，女子上身稍向右拧，双方成V形，男子右侧与女子左侧微贴。

（6）图 18-6 为分对位：男子与女子分离，男子左手与女子右手互握或双握。

图 18-5 骈位

图 18-6 分对位

（三）男女握法

在舞蹈中，应特别注意男女之间正确的手臂握法，否则不仅姿势欠美观，而且严重影响平衡和领舞活动。

正确的握法是全身直立，足尖靠拢，两臂放松（不耸肩），人体重心维持在腰部中轴上。男子左臂举起时肘拐略小于 90°，肘拐与胸部在一直线上。右上臂略前，手掌略向上，大拇指与其余并拢的四指张开，准备承受女子右手。男子应特别注意右手的运用，五指并拢，轻扶女子的左肩胛下方，只在转身或后退时，用右手暗示方向和轻重疾徐，有点像行船掌舵一样。

通常女子的左手都是放在男子的肩缝处（当然也有其他一些姿态，如拉丁舞之类就例外）。如男子退步时后面有人，女子便在男子右肩上轻压一下，提示不能后退了，女子右手五指并拢，轻放在男子左手叉上，千万注意自我承受重量。女子的右脚尖对准男子两脚中间，右腿直立，全身略偏向男子右侧，便于从男子右肩上看清男子身后人的活动情况。

（四）手的作用

在舞程进行中，转身、前进、后退都是由男子暗示女子来配合的。图 18-7 是男子的右手示意图：中间一条虚线把图分成两部分，左边为指部，右边为掌部。当男子想后退，放在女子腰背的右手就用力压着女子的身体，同时自己向后退；当男子想前进，则将放在女子腰背的右手放松，同时用身体推前；当男子想左转，可用指部轻轻压着女子的腰，同时左转；当男子想右转，则用掌部轻轻压着女子的腰部同时右转。左并步，手指向左方微推；右并步，手指向右方微移。

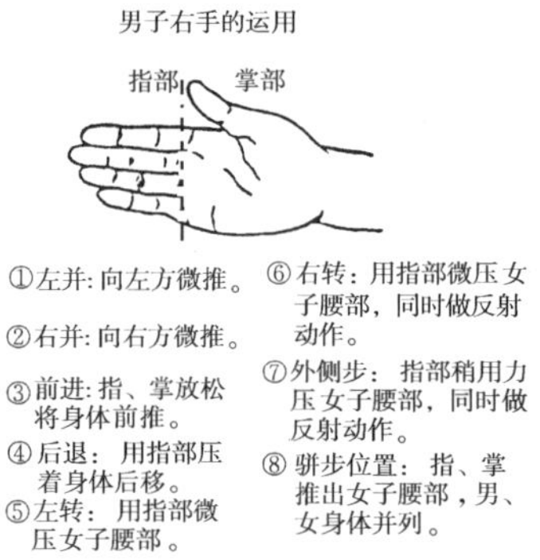

图 18-7 男子右手示意图

舞步图解（图 18-8）说明：

1——白色脚印，代表跳舞者的左脚。

2——黑色脚印，代表跳舞者的右脚。

3——虚点脚印，移动时的某一过程。

4——起步点，代表某一种舞步的开始。

5——白色的脚掌印，表示舞者左脚点地或踢起。

6——黑色的脚掌印，表示舞者右脚点地或踢起。

7——表示跳舞者的左脚做滑步。

8——表示跳舞者的右脚做滑步。

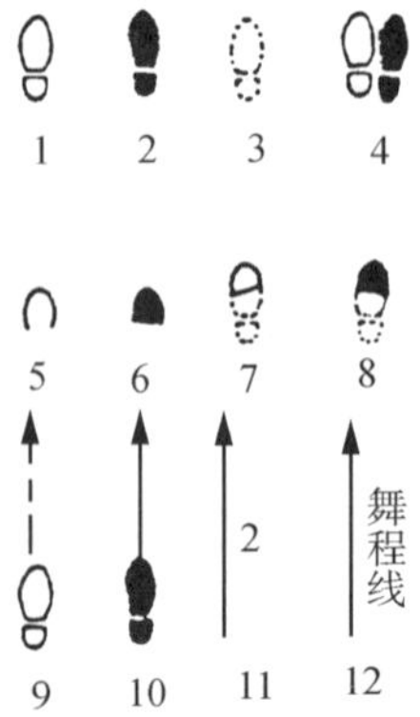

图 18-8 舞步图解说明

9——左脚移动路线。

10——右脚移动路线。

11——舞步表示线。数字表示在整个舞步中，右或左脚的某一步。

12——舞程线，在舞池跳舞时，任何一对舞伴，都必须靠右按逆时针方向行走。

二、开步和步态

（一）开步

在舞程中任何一步的开始，除了某些特殊舞步之外，一定要做到脚到人到，身体的重心始终维持在两腿上。

所谓脚到人到的意思，是指当跳舞者在舞程中开步时，不论是左脚还是右脚开动，一旦移动两脚中的任何一脚，身体就应该立刻随之移动，不应该有脚已经伸出，而身体尚未移动的情形出现。

（二）步态

一般体育舞蹈的初学者，首先要掌握的是舞步中的运力。男子以前进步较多，女子以后退步为主。

向前跨步时，如重心在右脚，则左脚向前伸出，按先足跟，次足掌，最后足尖的顺序依次落地，重心沿水平位轮换。向前跨出右脚，脚落地方法同前。左右脚轮换重心时，要求过渡的刹那不停滞，整个步态如行云流水，舒畅自如。

后退步时，重心落在一只脚上，另一只脚往后伸出，先足尖着地，次足掌，最后足跟着地。换重心时，再同样向后退，步态流畅自如。

三、现代舞基本动作

（一）华尔兹

华尔兹是3/4拍，每分钟32小节，其基本步法是一拍跳一步，每小节三拍跳三步，但也有一小节跳两步或四步的特定步法。其中基本步法包括闭式换步（左进右腿的基本步，也有左退右进的基本步）和旋转舞步（1/4转、左转、右转、右疾转、开式推转、双左疾转等）。

（二）探戈舞

探戈舞是西班牙文化与黑人文化的结合体，它具有潇洒奔放、动静交织的特点。相传阿根廷的男士与女伴跳舞时皆腰佩短剑，以防情敌，故跳探戈舞时面部表情严肃，不露笑容，头部左顾右盼，快速转动，这更突出了它的特点。

探戈舞曲为2/4拍，节奏强烈，旋律活泼，情绪热烈，一般常规舞步每小节为四步，每分钟30~40小节，基本节奏带有停顿、附点，并强调切分音节，所以舞步一定要做到动静有致，干脆利落。探戈舞的行程主要是斜线进退，棋步运行，较少直线进退，极少旋转，这是与其他舞种的显著区别。

探戈舞的基本步法主要有：走步、行进连接步、P. P. 闭式、开式左转、后退侧步、摇步转、并进接外侧步等。

（三）狐步舞

舞曲为4/4拍，每分钟30小节左右，其基本舞步节奏为慢、慢、快（S、S、

Q)。狐步舞的基本步法包括羽步、左转、三直步、右推转、换向导步、开足疾转（成 P. P.）、纺织步、电纹步接外侧旋步、左波浪步、右纺织步等。

（四）快步舞

舞曲为 4/4 拍，每分钟约 50 小节，基本节奏是慢、慢、快、快（S、S、Q、Q），每个 S 占两拍，Q 占一拍。快步舞的基本步法包括 1/4 转、行地并合步与前进锁步、右转犹豫步、右疾转等。

（五）维也纳华尔兹

舞曲为 3/4 拍，每分钟约 50~60 小节。基本动作包括左转准备动作、右转基本动作、旁步、左转、右转、换步等。

四、拉丁舞基本动作

（一）伦巴

音乐节奏是 4/4 拍，速度为每分钟 27~31 小节。基本动作包括基本步、扇形步、曲棍步、右陀螺转、右分展步、闭式扭胯步、阿莱曼娜等。

（二）恰恰恰

舞曲为 4/4 拍，每分钟为 32 小节。基本动作包括基本步、时间步、纽约步、定点转、扇形步、曲棍步、右陀螺旋、闭式扭胯步、阿莱曼娜、螺旋步等。

（三）桑巴

舞曲为 4/4 或 2/4 拍，每分钟 48~56 小节。基本动作包括左基本步、右基本步、叉形步、P. P. 舞姿的桑巴走步、左转、桑巴旁步等。

（四）牛仔舞

音乐节奏为 4/4 拍，每分钟 44 小节左右。基本动作包括倒步摇摆、右向左换位、左向右换位、连步摇摆、停和走、美式疾转、连步绕转、倒步抛掷等。

（五）斗牛舞

音乐为 2/4 拍，每分钟 60~62 小节，一般每拍跳一步。基本动作包括基本走步、原地踏步、右追步、左追步、变位八步、踩步、推离步、变位十六步、游动十六步等。

第三节　体育舞蹈欣赏

一、体育舞蹈的身体美、健康美

（一）体育舞蹈的人体美

体育舞蹈是以全面、多样、直观的方式展现人体之美。作为一项最能体现男、女舞者人体美的艺术类体育运动，它不仅可以展现体育运动矫健的轻松感，而且还展示着艺术动作诱人的韵味感。选手通过躯干各部位的动作及相互配合，以肢体表现出美的动作、表情、姿态、造型，从而使体育舞蹈具有全面展示人体美的功能。

体育舞蹈中的人体美“以体传情、形神兼备”。这项运动之所以具有生动的艺术感染力，正是由于选手“发于情而形于体”，男、女舞伴用心灵共舞，把细腻情感注入全部的形体动作之中，塑造出形神兼备的美的形象。

体育舞蹈除了能使人的身体柔软、轻盈和灵活多变外，还能在很大程度上增强人的体质。而体育舞蹈充满激情的动作，它的那些随旋律展现的转身、跳跃和下腰动作，不仅给观众带来愉悦感，而且对表演者的本身健康也大有裨益。

（二）体育舞蹈的运动美

男、女选手“动”“静”造型的交相辉映，赋予体育舞蹈丰富的表现手段。运用动作造型全面展示各舞种的艺术风格是体育舞蹈重要的审美特征。男、女选手以人体为媒介，通过面、头、颈、肩、胸、腰、胯、臀、膝、臂、手、腿、足及躯干和四肢的动作配合，按照多变的节奏和丰富的韵律，造成点与线的移动及“静”与“动”结合的各种造型；这种造型具有爆发性、对比性、转折性、整体性，进而给人以特有的瞬间美、过程美、变化美和立体美的享受。

（三）体育舞蹈的音乐美

音乐是体育舞蹈的灵魂，是其美的根本所在。由于舞种不同，所以其音乐节奏、旋律和风格特点也各异。选手们根据不同的音乐特点与舞蹈节奏，充分展现舞蹈的意境、表达音乐的情感，利用体育舞蹈的艺术表现力感染观众，与观众共同投入舞蹈表现的维美情境之中。

体育舞蹈的音乐发挥着控制舞蹈动作的重要作用。在运动中，男、女舞伴默契配合、翩翩起舞，节奏同步和谐，动作轻快流畅，旋转优美飘逸，这不仅需要选手具备娴熟高超的舞技，而且借助于音乐节奏的引导和指挥，男、女舞伴将舞蹈动作与音乐韵律协调地统一起来，从而给人以和谐之美。

二、体育舞蹈的服饰美

摩登舞中男士的燕尾服装线条流畅、造型优美，采用合身型设计，肩部宽而平，腰部微向内收，后摆较长，穿着贴身合体，不仅显示出男性修长挺拔的体型曲线，而且给人一种精神上的自信和行动上的潇洒。女士所穿礼服则采用紧身型设计，露出颈、肩、臂、胸、背，并收腰及加大下摆的长裙，更能完美地体现女性身材的窈窕、体态的妩媚、曲线的优美。

拉丁舞中的男士服装则采用“上紧下松”的搭配形式，紧身宽袖上装配以收臀式灯笼裤，更显示出魁伟强悍、健壮有力的阳刚之美。女士服装又多以简洁明快的不对称线条来展示阴柔之美。这种露肩露腿的草裙式短裙紧致、短小，不仅展示女选手的身材苗条修长，还能显露其健美的腿部曲线，于半遮半掩中呈现出朦胧之美。

第十九章 花样跳绳

第一节　花样跳绳概述

跳绳是一种一人或众人在一根环摆的绳中做各种跳跃动作的运动游戏。这种游戏在中国已有数千年的历史，唐称“透索”，宋称“跳索”，明称“跳百索”“跳白索”“跳马索”，清称“绳飞”，清末后称“跳绳”。作为一种古老的汉族人娱乐的活动，南宋以来，每逢佳节家家户户都要跳绳，都要比赛。跳绳是一项极佳的健体运动，能有效训练个人的反应和耐力，有助于保持个人体态匀称，从而达到强身健体的目的。

花样跳绳是指参与者通过各种方式跳过一根或多根绳子的运动。花样跳绳是在传统跳绳的基础上融合舞蹈、技巧、武术和音乐等多种运动及艺术形式，将速度与力量、难度与花样结合，逐步发展成集健身、娱乐、竞技、表演等多种功能为一体的体育运动项目。

现今的跳绳运动，尤其是花样跳绳，它克服了传统跳绳的枯燥乏味，融合了舞蹈、健身操的动作，注入了时尚元素，具有跑步的健身功效、舞蹈的优美姿态、音乐的节奏旋律，是一项非常适合竞技和大众健身的运动项目。

第二节　花样跳绳基本技术

花样跳绳可以一个人进行，也可以双人或多人进行，形式多样。

一、个人基本动作

预备动作：并脚站立，两膝关节并拢，两脚踝稍错开；两手握绳柄，将绳置于身后，绳的中央位于脚踝处；两大臂紧贴身体两侧，小臂自然弯曲，大臂与小臂形成约 120°角。

基本摇绳方法：两手握绳，两臂自然屈肘，以肘关节为轴，两小臂和手腕协调用力，由后向前摇动绳子。熟练后可仅用手腕用力。

基本握绳方法：大拇指与食指捏住绳柄前端，其余三指并拢后贴住绳柄。

（一）*左右甩绳*

1. *动作方法*

两手臂向前摇绳至一边体侧甩绳，绳子不过脚；接着甩绳至另一边体侧，一拍一动，左右两边各四次，完成左右甩绳。

2. 动作要领

（1）两脚自然并立，有节律地上下弹动。

（2）两手腕自然放松，柔和发力。

（3）目视前方，保持微笑。

（二）基本跳

1. 动作方法

两手握住绳子两端绳柄，由前向后摇动绳子，当绳子摇至脚前瞬间，并脚跳过绳子。

2. 动作要领

（1）脚：并脚站立，两脚前后稍错开，易于掌握平衡；前脚掌压地后自然弹起。

（2）腿部：膝关节微屈，缓冲落地后的反冲力保护脚踝和大脑。同时尽量避免前踢腿或后撩腿动作。

（3）上体：身体自然放松，挺直但不僵硬。

（4）手臂：两大臂夹紧，肘关节贴在两侧肋部。两小臂自然下垂至两髋处，手心相对或向下。摇绳时用手腕协同前臂发力。

（5）呼吸：均匀自然，有节奏。

（6）双眼：直视前方约 3 米处。

（三）开合跳

1. 动作方法

在基本摇绳姿势的前提下，绳子过脚的同时，两脚在空中左右分开落地，下一跳时双脚再合并落地，开合连续交替跳动即为开合跳。

2. 动作要领

（1）双臂保持基本摇绳姿势，控制住步伐节奏。

（2）脚步左右打开时与肩同宽，合并时两脚并拢。

（3）由合到开时绳子先过脚再打开，由开到合时先合并两脚再过绳。

（四）单脚跳

1. 动作方法

两手持绳向前摇绳，两腿分先后依次向前抬腿跳跃过绳；双脚连续交换跳跃过绳，一摇一跳，左右依次进行。

2. 动作要领

跳起后保持重心稳定，上体正直，支撑腿跳起后伸直。

（五）弓步跳

1. 动作方法

两手持绳向前摇，当绳子过脚置于空中时，两脚分开成前后弓步动作，当绳子打地快过脚时，双脚并拢跳过绳。一拍一动，左右各四次完成弓步跳。

2. 动作要领

（1）手臂保持基本摇绳姿势，上体保持直立。

（2）落地时两脚分开成前后弓步动作，间距约两脚半。

（3）动作转换时，两脚跳起在空中并拢，落地时再成弓步动作分开。

（六）并脚左右跳

1. 动作方法

两手持绳向前摇，当绳子过脚置于空中时，双脚并拢向右、左边跳，一拍一动，左右两边各跳四次完成并脚左右跳。

2. 动作要领

（1）手臂保持基本摇绳姿势，上体保持在原垂直面跳动，脚步左右跳动。

（2）左右落地位置距起始位置约一只脚距离。

（七）勾脚点地跳

1. 动作方法

两手持绳前摇，此动作分为两拍完成。第一拍为一只脚勾脚同时向前点地，另外一只脚直立跳跃过绳；反之，为另外一只脚，动作做到一拍一动，左右各八次，完成勾脚点地跳。

2. 动作要领

（1）手臂保持基本摇绳姿势，上体保持直立。

（2）前脚伸出后，勾紧脚尖，让脚跟轻点地面，重心在支撑脚。

（八）基本交叉跳

1. 动作方法

两手握住绳子两端绳柄，将绳置于身后，当绳子摇至头前上方，绳子由前向后摇动时，两手交叉于腹前，双脚或单脚跳过绳子，绳通过脚下后立即打开，做一个直摇动作，直摇与交叉间隔练习。

2. 动作要领

（1）两小臂体前交叉，两手腕交叉贴紧，相互依托；两手腕贴紧下腹部。

（2）不要抬高手臂或往前伸。

（3）交叉时切忌直接交叉，手腕应主动向下、向里画弧，然后向上、向外画弧分开。

（4）抓住手柄外端。

二、两人跳

（一）带人跳

带人者持绳，两人协调配合，绳子同时过两人身体即为完成一个动作。两人可面对面站立，也可同向站立，跳绳者可位于带跳者体前或体后。可同跳单摇跳或双摇跳。

（二）同摇跳

两人并排站立（同向或异向），各握一绳柄，同时摇动绳子绕体一周，跳跃过绳。

（三）轮流跳

两人并排站立，各握绳子一端把柄，同时摇动，依次轮流跳绳的动作称为两人同摇轮流跳。

（四）钻洞

一人持绳带另一人原地单摇跳（两弹一跳节奏）；两人面对面跳跃，钻洞者一边跳绳，一边从摇绳者体侧腋下钻过至摇绳者体后；钻洞者继续跳跃从摇绳者另一侧腋下钻过至摇绳者体前，重复钻洞练习。

（五）同摇换位跳

两人并排站立，各握一绳柄，完成此动作绳子需绕体三周，第一周两人共同跳跃，第二周两人前后重叠跳跃，第三周两人向对侧换位移动，绳子在两人中间空打地一次。

（六）送绳交叉跳

两人各握一绳柄，一人在绳中跳两弹一跳，另一人配合摇绳；两人统一口令，一起数节奏“1、2、3，交叉”，两人握绳手臂交叉至对侧，跳绳者前交叉过绳；下一周交叉手恢复原位，完成一个送绳交叉动作。

（七）胯下换手跳

两人各握一绳柄，侧向站立；统一口令，一起数节奏“1、2、3，胯下”，两人握绳手臂从胯下穿过，换至另一手握绳；绳子可从两侧腿下穿过，衍生出胯下换手不同动作。

三、车轮跳

（一）车轮抢绳练习

两人各握一绳，在立圆方向依次向前轮动，两绳始终相隔180°，一上一下，一前一后，重复练习。

（二）基本车轮跳

两人并排站立，相近绳柄交叉相握，绳置于身后；一绳先向前摇动，当摇动至最高点时另一绳开始向前摇动，两人依次跳跃过绳，两绳始终相隔180°，一上一下，一前一后，看上去像“车轮”在转动。

（三）内转

在原地车轮跳的基础上，身体向内侧转体，同时外侧绳空打地，继续转体一周，另一绳也空打地，回到原地车轮跳动作。两人可依次或同时内转一周，也可内转半周成后摇车轮，还可以内转半周后回转至原位。

（四）外转

在原地车轮跳的基础上，一人保持基本车轮跳，另一人跳过自己的绳子后身体向外侧转体；转至背后紧接着跳过同伴的绳子；继续转体半周，跳跃自己的绳子，回到原地车轮跳动作。两人可以依次或同时外转一周，也可以外转半周成后摇车轮跳，还可以外转半周后回转至原位。

（五）半换位

以右侧摇绳者向左前换位为例：两人跳起做基本车轮跳，右侧摇绳者跳右侧绳的同时向左前方移动，左侧摇绳者向右后方移动，左手绳空打地一次，两人相互交换位置，完成半换位动作。

（六）全换位

以右侧摇绳者向左前换位为例：两人跳起做基本车轮跳，右侧摇绳者跳右侧绳的同时向左前方移动，左侧摇绳者向右后方移动，左手绳空打地一次，两人相互交换位置，完成半换位，继续重复一次半换位动作，完成全换位动作。

（七）挽花跳

基本挽花花样分四步完成：第一步，右侧绳首先改变路线，向左方打地给左侧人跳；第二步，左侧绳向右方打地给右方人跳，此时成左手在上、右手在下的交叉姿势；第三步，右手向右方摇动（解开交叉）给右侧人跳；第四步，左手向左方摇动给左侧人跳，打开挽花，整个动作称为原地挽花。

第三节　花样跳绳欣赏

一、花样跳绳的音乐美

音乐是最能打动人的一种艺术形式。随着音乐进行跳绳，不但给跳绳增加动力和乐趣，还可以培养跳绳爱好者良好的节奏感。音乐节奏可以控制跳绳者动作的频率和幅度，调节跳绳者的心境，改善跳绳者的情绪状态并提高自信心，还能减少运动造成的疲劳感。音乐节奏的长短、强弱、快慢、停顿等可以增加跳绳者对跳绳速度、力量的一种感应，增加跳绳者对跳绳创作的想象力，激发创作灵感。常见的跳绳音乐曲调比较明朗，呈现出一种跳跃、向上、欢快、喜悦的情感，此类音乐和跳绳运动的速度和频率比较契合。

二、花样跳绳的综合美

运动是一切生命的源泉，体育运动能充分展示人的朝气和生命活力。融健、力、美于一体的花样跳绳表演以其朴素而健康的文化赢得世人的喜爱。

在花样跳绳的创编中要体现跳绳者轻松、强健、活泼、协调、娴熟、矫健的跳绳动作和挑战自我、永不服输的精神。那些人与绳之间高、难、新、险的配合及所展示出的健美身体、优美动作、娴熟技术、精美配合，都给人们带来强烈的美的享受。花样跳绳中融入的各种空翻、腾跃、舞蹈、武术技巧等流行和时尚元素，每一场表演都能给观众带来耳目一新的感觉。通过综合性花样跳绳的表演与互动，拉近人们与跳绳运动的距离，增强了人们对花样跳绳的兴趣和自信心。

三、花样跳绳的艺术美

花样跳绳是娱乐性很强的运动项目。随着社会的发展，花样跳绳的健身、娱乐、休闲功能越来越多地通过艺术化表演展示出来。舞台化、艺术化的花样跳绳表演为花样跳绳拓展了新的发展空间，也给花样跳绳的动作技术、表现内容、运作模式、传播方式等方面带来了全新的考验。舞台上的花样跳绳表演与赛场上的跳绳单项技能比赛不同，它不是简单的一套动作、某个单一技术的表演或游戏活动的开展，而是综合这些活动内容，在精心的编排下有目的地形成某种风格，表达一定思想的作品。在花样跳绳表演赛的作品中，跳绳者还展示了更多的个人才艺。有一些国家把花样跳绳比赛包装成专场艺术演出，将跳绳与科技手段相结合，借助灯光、舞台背景、音乐、服装等元素提升其舞台观赏价值和娱乐价值。花样跳绳的舞台化表演形式把跳绳从一个运动项目包装成一种艺术表演，把个性化和理性化有机地结合在一起，突破了跳绳单一技术的表现形式，通过生动的画面，在创造的意境中感染观众、打动观众，给人们以美的精神享受。

第二十章

游泳运动

第一节 游泳运动概述

一、游泳运动的起源与发展

游泳是在水里凭借肢体动作同水的相互作用力而进行的一种活动技能。游泳是一种有意识的活动，是随着人类社会的形成和发展而发展起来的，并逐渐成为体育运动的一个比赛项目。

（一）游泳运动的起源和我国古代的游泳运动

人类在布满江、河、湖、海的地球上生活，必然要和水发生关系。原始社会里，人们在未掌握农耕作业技术前，主要靠渔猎生活，为了生存，人们也要能在水中浮沉。人们就在这种长期的生产劳动和同大自然搏斗的过程中逐渐学会了在水中浮沉，这就是最原始的游泳技能。

19 世纪中期和 20 世纪初，在英国和澳大利亚等国出现了近代游泳，并逐步发展起来。1896 年，在希腊雅典举行第 1 届奥林匹克运动会时，游泳就被列为竞赛项目之一。1908 年，在英国伦敦举行第 4 届奥运会时，成立了国际业余游泳联合会，审定了各项游泳世界纪录，并制定了国际游泳比赛规则。1912 年，在瑞典斯德哥尔摩举行第 5 届奥运会时，开始将女子游泳列为正式比赛项目。

（二）我国游泳运动的发展

19 世纪末和 20 世纪初，近代游泳运动在我国沿海城市广州、厦门、上海、青岛、大连等地兴起；1887 年，在广州沙面修建了第一个游泳馆，开始了我国近代游泳的竞赛活动。

中华人民共和国成立后，在党和政府的关心下，群众性的游泳活动很快得到发展。许多省市建立了游泳集训队，业余体校游泳班迅速建立和发展起来，并取得了可喜的成绩。1953 年，我国运动员吴传玉在世界青年联欢节上以 1′06″4 的成绩获得了 100 米仰泳冠军，这是我国运动员首次在世界性体育比赛中荣获金牌。在 1957 年至 1965 年这几年间，我国游泳运动迅速发展起来，戚烈云、穆祥雄、莫国雄三人先后 5 次打破男子 100 米蛙泳世界纪录。其他项目，如男子 100 米自由泳、100 米蝶泳、200 米蛙泳也先后达到当时的世界前六名或前十名的水平。

进入 21 世纪，尤其是在 2011 年的世界游泳锦标赛上，中国队在金牌榜上仅次于美国队，排在第二位。

二、游泳运动大型赛事简介

（一）奥运会游泳比赛

该赛事是目前世界上规格最高的国际游泳比赛。比赛共设有男、女 34 个项目，赛程为 7 天，按固定的竞赛日程进行。

（二）世界游泳锦标赛

国际业余游泳联合会于 1973 年在贝尔格莱德首次举办了世界游泳锦标赛，此后，每隔 4 年举办一次。2001 年，在日本福冈举办了第 9 届世界游泳锦标赛，并决定从此以后每隔两年举办一次。

（三）亚运会游泳比赛

亚运会的前身为远东运动会和西亚运动会，是由亚洲运动会联合会主办的综合性运动会。每隔 4 年举办一次，与奥运会相间举行，会期 16 天。

（四）世界杯短池系列赛与世界短池锦标赛

世界杯短池系列赛由若干站的比赛组成，世界短池锦标赛每两年举办一次，一般安排在上半年举行，其项目与长池略有不同，主要增加了 50 米仰泳、50 米蛙泳、50 米蝶泳、100 米个人混合泳、4×50 米自由泳接力和 4×50 米混合泳接力。

（五）欧洲游泳锦标赛与泛太平洋游泳锦标赛

欧洲游泳锦标赛是欧洲泳坛的传统赛事，一般每隔两年举办一次，竞赛日程与奥运会相同，其比赛水平极高，竞争十分激烈。由于非欧洲国家无缘参赛，因此，由美国、加拿大、澳大利亚及日本等泳坛强国在 1985 年发起举办了泛太平洋游泳锦标赛，所有环绕太平洋沿岸国家均可参赛，比赛每两年举办一次，为避免与奥运会和亚运会发生冲突，比赛安排在单数年举行。

第二节 游泳运动基本技术与练习方法

一、熟悉水性

熟悉水性是学习各种游泳姿势的一个重要练习，其目的是使初学者通过身体的感官感知水的浮力、压力和阻力等，以逐步适应水的特性和环境，消除对水的恐惧，并掌握在水中行走、呼吸、漂浮、滑行等一些游泳最基本的动作，为今后学习和掌握各种游泳技术打下良好的基础。熟悉水性练习中的呼吸和滑行是最为重要的两个方面。

（一）水中行走

水中行走可以使初学者了解水环境中的浮力、阻力等特性，以便在水中站立或行走时能维持身体平衡，消除怕水心理。

1. 练习要求

水中行走一般在齐腰深的水中进行，做各种方向的行走、跳跃练习。开始时动作不宜过大，速度不宜过快，要保持身体协调，维持身体平衡，最好按练习方法依次进行。

2. 练习方法

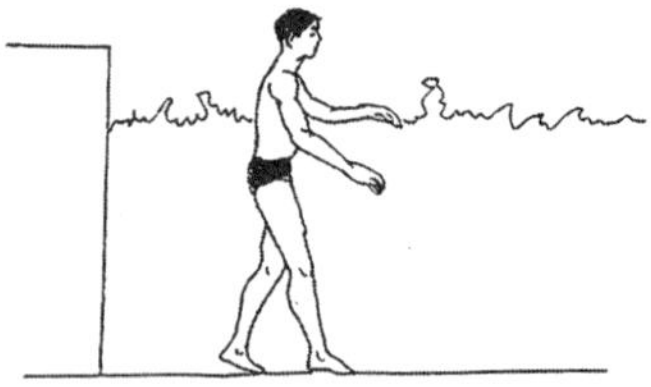
图 20-1 水中行走

（1）扶池边或分道线行走。

（2）扶池边或水线跳跃。

（3）水中行走（图 20-1）。

（4）水中跳跃走。

（二）学习呼吸

呼吸练习是游泳教学的难点，也是熟悉水性阶段的关键内容，应贯穿于整个练习的始终。该练习可使初学者基本掌握游泳的呼吸方法、呼吸过程和呼吸节奏，以适应头入水的刺激，消除怕水心理。

1. 练习要求

练习前深吸一口气，然后憋气、低头或慢慢下蹲，把头部浸入水中。停留片刻后抬头，同时用嘴和鼻子呼气后再吸气，这样就不易呛水。

2. 练习方法

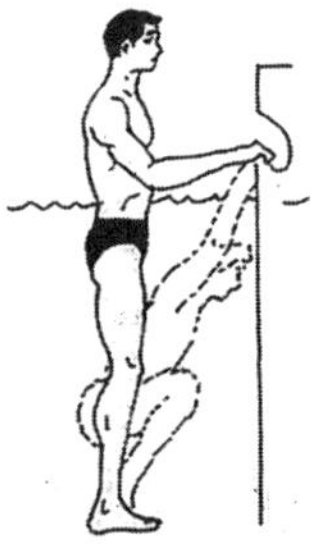
图 20-2 水中憋气

（1）水中憋气：在水中两手扶住池边、水线或抓住同伴的手，先深吸一口气，然后把头埋入水中憋气，憋不住时迅速站立抬头。憋气的时间应由短到长，直至能尽量憋较长的时间（图 20-2）。

（2）水中呼气：在水中两手扶住池边、水线或抓住同伴的手，把头埋入水中憋尽量长的时间后，用口、鼻慢慢呼气，直至将体内的废气呼尽，迅速抬头用嘴吸气（图 20-3）。

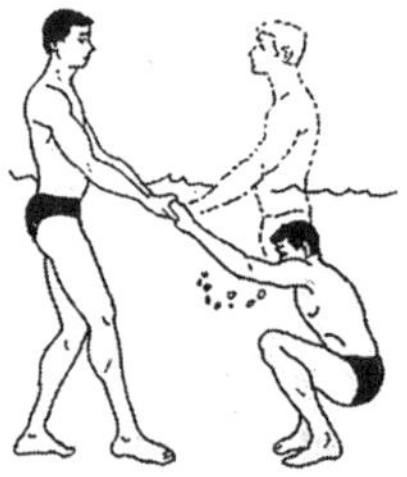
图 20-3 学会水中呼气

（3）韵律呼吸：在水中两手扶住固定物（池边、水线或同伴的手等），先自然吸气，接着将头没入水中，憋气后呼气，抬头出水用嘴吸气；再入水、憋气、呼气，如此反复并要有韵律感。

（三）水中漂浮

学习水中的漂浮技术，主要是让身体漂浮起来，体会水对人体的浮力，初步掌握人体在水中的平衡能力，排除对水的恐惧心理。

1. 练习要求

练习时要尽量深吸气，在水中闭气的时间应尽量长些，并且要求身体放松。

2. 练习方法

图 20-4 扶固定物团身漂浮

（1）扶固定物团身漂浮练习：在水中两手扶住池边、水线或抓住同伴的手，先深吸一口气，然后把头埋入水中憋气，同时团身，使身体尽量放松，自然地漂浮于水中；呼气后，站立用嘴吸气。在此基础上，两人或多人手拉手可同时做团身漂浮练习（图 20-4）。

（2）扶固定物展体漂浮练习：在水中两手扶住固定物（池边、水线或同伴的手等），先吸气后把头没入水中憋气，同时团身，全身放松，使身体自然漂浮于水上（同伴可扶其腹部帮助漂浮起来），然后展开身体，呼气后，站立用嘴吸气。在此基础上，两人或多人手拉手可同时做团身再展开漂浮练习（图20-5）。

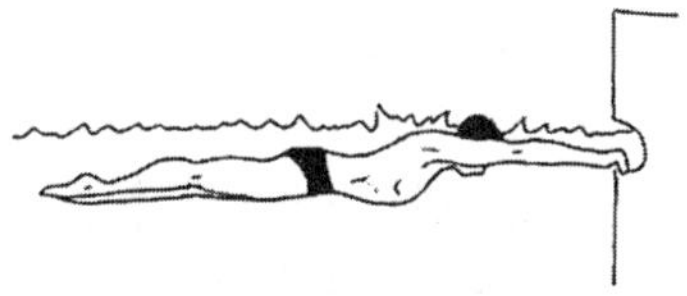
图 20-5 团身再展体漂浮

（3）抱膝漂浮练习：站立水中，深吸气后，下蹲憋气低头抱膝，大腿尽量靠近胸部，成低头抱膝团身姿势。身体要尽量放松，自然地漂浮于水中。呼气后，两臂前伸向下按水并抬头，同时两腿伸直向下踩成站立（图20-6）。

图 20-6 抱膝漂浮

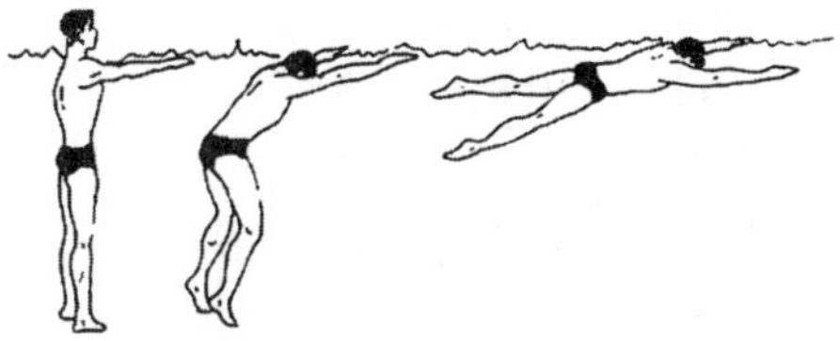
图 20-7 展体漂浮

（4）展体漂浮练习：站立水中，深吸气后，下蹲憋气低头抱膝，放松漂浮于水中后，展开身体；或两臂放松向前伸直，深吸气后身体前倒并低头，两脚轻轻蹬离水底，成俯卧姿势漂浮于水面，臂、腿自然分开，全身放松，身体充分展开。呼气后，两臂前伸向下按水并抬头，同时两腿伸直向下踩成站立（图20-7）。

（四）滑行

滑行时进一步体会水的浮力，掌握在运动过程中如何维持身体的平衡姿势。

1. 练习要求

滑行时，臂和腿自然伸直，身体放松成流线型，要尽量延长闭气时间和滑行距离。

2. 练习方法

（1）同伴扶手滑行练习：手臂放松扶住同伴的手，没入水中憋气，身体展开，漂浮在水面，全身放松，同伴拉练习者的手倒退走，使其体会滑行动作。在此练习基础上，可放开练习者的手，使自己滑行漂浮，但要注意保护（图20-8）。

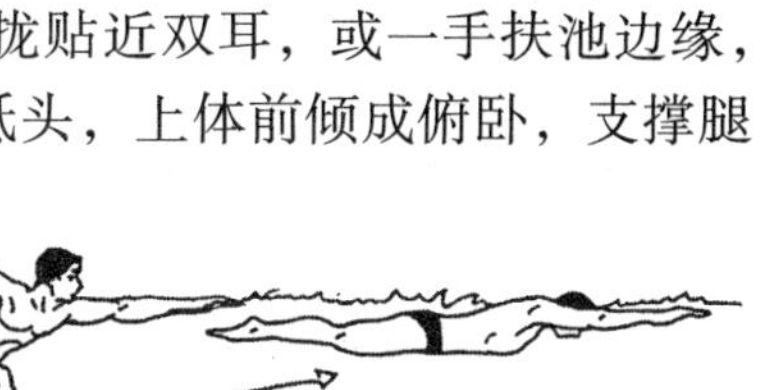
图 20-8 扶手滑行

（2）蹬池壁滑行练习：背向池壁，双臂伸直并拢贴近双耳，或一手扶池边缘，一臂前伸；一脚站立，另一脚触抵池壁。深吸气后低头，上体前倾成俯卧，支撑腿迅速屈膝上提将脚贴在池壁上，臀部尽量提高并靠近池壁，双脚用力蹬壁，全身充分伸展、放松，成流线型向前滑行。在此基础上也可做蹬池底滑行练习，体会在滑行中如何保持身体平衡（图20-9）。

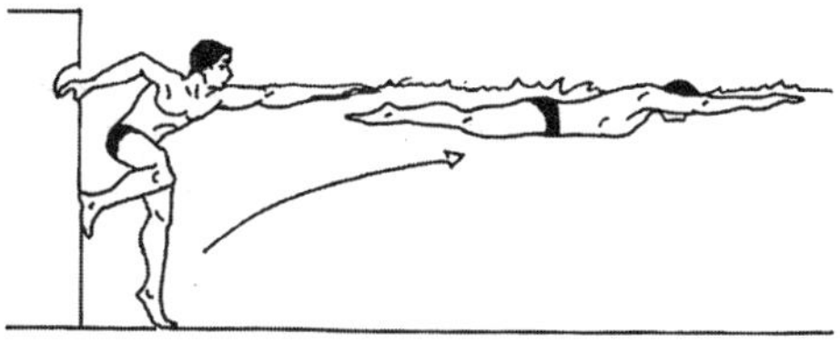
图 20-9 蹬池壁滑行

二、蛙泳

（一）身体姿势

蛙泳的动作技术特点，使得游进时身体会上下起伏，所以应该注意控制上下的幅度，使身体保持呈流线型并充分伸展。

在完成蛙泳的一个周期动作中，只要头部有一次露出水面即可。当完成了一次吸气后，头部重潜入水，头顶部向前，蹬夹水动作结束后两脚并拢滑行时，应让下肢更接近水面，使身体形成更理想的流线型姿势。

（二）腿部动作

蛙泳的腿部动作可分为收腿、翻脚、蹬夹水和滑行几个环节（图 20-10），目前，人们最广泛采用的是窄蹬腿技术。

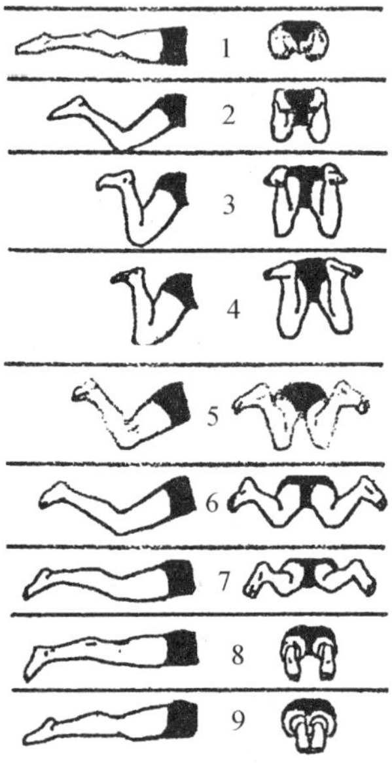

图 20-10　蛙泳

收腿：应以大腿带动小腿，边收边分，膝部放松稍内旋。收腿时小腿尽量向臀部靠，大腿与躯干之间夹角为 130°~140°，收腿速度由慢转快（图 20-10 之1—4）。

翻脚：当收腿即将结束时开始做向外翻脚动作，脚尖向外，膝关节内压，两脚和小腿内侧作为蹬水面（图 20-10 之3—5）。

蹬夹水：翻脚后即刻做向后的边蹬边夹动作，直至两腿蹬直、两脚并拢为止（图 20-10 之 5—9）。

滑行：蹬夹动作完成后不应立即收腿，而应让身体保持良好的流线型姿势，顺势滑行。

练习方法：

① 坐在池壁边缘，上体稍后仰，两手后撑，两腿伸直并拢，按口令做蛙泳收腿、翻脚、蹬夹水、滑行和停止的动作。

② 俯卧在池边或凳上，做蛙泳腿部动作练习。也可在同伴帮助下完成动作。

（三）手臂动作及臂与呼吸的配合

抱水：两臂并拢伸直，两手掌向外、向下划出，两臂稍内旋，手腕稍扣，当手划至同肩宽或比肩稍宽时开始屈臂，使掌心和前臂对准水，形成抱水动作。

划水：抱水后，两臂继续向外、向下、向后运动，做加速划水动作。

收手：当手划至肩的垂直面时开始收手，此时手向内上、向前运动，两肘从下向前逐渐靠拢，手移至颏下时掌心相对，手臂放松。

前伸：依靠划水的惯性，提肩，手领先肘从颏下向正前方送出，直至两臂伸直。

呼吸：采用早呼吸的方法比较容易掌握，即两臂开始划水时抬头吸气，至两臂收手前伸时结束；而晚呼吸技术是在收手后身体位置达到最高点时下颏前伸吸气。

练习方法：

① 两脚开立，上体前倾，两臂前伸，做原地划臂呼吸练习。

② 水中站立，做臂与呼吸配合的练习，吸气时头不能抬得过高，下颏出水

即可。

③ 两腿夹打水板，蹬壁滑行，做划臂与呼吸练习。

（四）完整配合练习

蛙泳的完整配合技术一般采用划臂、蹬水各一次，其中进行一次呼吸的配合技术。用臂抱水和开始划水时抬头吸气，收腿结束，做完翻脚动作，手臂接近伸直时，开始向后蹬夹水，伸臂、蹬腿结束后身体保持良好的流线型姿势向前滑行。

练习方法：

① 人体站立，两臂上举伸直，两臂向两侧划水。屈臂划手及收手，单腿站立，另一腿边收边翻，臂向上将伸直时，收起的一腿做弧形蹬夹动作。

② 水中滑行，完成一次划臂后，再做一次蹬腿，划臂时配合一次呼吸。

③ 在上述练习的基础上，过渡到“划水腿不动，收手又收腿，先伸手臂再蹬腿，臂腿伸直漂一会儿”的动作配合技术。

三、爬泳

（一）身体姿势

游爬泳时要保持水平俯卧姿势，身体自然伸展，保持头部平稳，微收下颏，使水面高于发际，尽量减小迎面阻力。游进时，身体应随着转肩与转头呼吸动作绕纵轴做有节奏的转动。

（二）腿部动作

打水时，以髋关节为轴，大腿发力，带动小腿和脚做上下交替鞭打水的动作。两腿上下距离为30~40厘米，向下打水时膝关节弯曲成160°左右，然后直腿，放松还原。

练习方法：

① 坐在池边，上体后仰，两臂后撑，两腿伸直略带内旋，脚面下压，做直腿爬泳打水模仿练习。

② 两臂自然前伸，手扶打水板进行打水练习。

（三）手臂动作与两臂配合

臂部动作的一个周期由入水、抱水、划水、出水和空中移臂五个连贯动作组成。两臂的交替配合一般可分为前交叉、中交叉和后交叉三种形式。前交叉配合是当一臂入水时，另一臂正处于肩前下方开始抱水。此方法比较适合初学者采用。

入水：手臂自然放松，手指伸直并拢，肘关节略高于手，掌心稍向外，斜插入水，入水点在肩的延长线上或在身体中线与肩延长线之间。

抱水：臂入水后要继续前伸、外旋下滑，然后屈腕屈肘，形成肘高于水的对水动作。抱水时，屈肘150°左右，上臂与水平面基本成30°角，前臂与水面约成60°角。

划水：划水动作可以分为拉水和推水两个阶段。拉水时，手掌在身下近中线处做向内、向上、向后运动；推水时，手掌做向后、向上、向外运动，直至推到大腿侧。整个划水动作是一个呈“S”形的逐渐加速的过程。

出水：推水结束，利用划水产生的惯性提肩，身体沿纵轴转动，上臂带动肘和前臂提出水面，臂与手腕完全放松。

空中移臂：移臂动作是出水动作的延续。移臂开始时，手落后于肘，手前摆过肩时与肘基本垂直。移臂过肩后，手继续前伸，超越肘关节，手掌由向后变为向下。整个移臂过程应注意放松，手指尖紧贴水面前移。

练习方法：

① 两脚开立，上体前倾，与水面平行，先做单臂再做两臂配合的爬泳划臂练习。

② 蹬壁滑行爬泳打水接划臂练习。

（四）臂与呼吸配合

爬泳时，一般采用两侧轮流转头吸气的方法。通常划水三次进行一次呼吸。以向右侧吸气为例：当右手入水后，用嘴、鼻慢慢呼气，右臂划水至肩的下方时，开始加大呼气量并向右侧转头，右臂推水至将结束时，嘴露出水面开始张嘴吸气，在空中移臂过肩时吸气结束，同时头转入水，闭气。右臂入水后，又开始下一次的呼吸动作周期。

练习方法：

① 水中站立，做臂与呼吸配合练习。

② 在以上练习的基础上，做水中走动的臂与呼吸配合的练习。

（五）完整配合练习

通常采用最多的是 6 次打水、2 次划臂、1 次呼吸配合的 6∶2∶1 式配合。

① 蹬壁滑行打腿，一臂前伸，一臂划水。每划水 2 次进行 1 次换气，然后做前交叉换臂划水。

② 滑行打水，做前交叉划臂练习。

③ 在上述练习的基础上，按 6∶2∶1 配合方式，反复练习，逐渐增加游距。

四、仰泳

（一）身体姿势

仰泳时身体应自然伸展，平卧水中。头和肩略高于臀，形成一定迎角，后脑浸入水中，水没耳际，下颏微收，目视后方。身体呈流线型。

（二）腿部动作

仰泳的腿部动作基本与爬泳相同。

（1）两手反握池槽，身体仰卧漂于水面，髋部充分展开，两腿伸直稍带内旋，做鞭状打水动作。在打水时，膝和脚背面不能出水，水花应成团状。注意屈腿后上踢，直腿下压。

（2）在水中站立，头和上体慢慢后仰，由同伴托住头部，开始做打水练习。同伴根据游的速度，逐渐后退。

（3）两手握住池槽，双脚在水面蹬住池壁，然后轻轻放手，上体慢慢后仰，脚蹬池壁，两臂前伸，置于耳侧，做仰泳打水练习。

（三）手臂动作

仰泳的手臂动作类似于爬泳的动作，分为入水、抱水、划水、出水和空中移臂几个阶段。

入水：保持直臂，掌心向侧后方，大拇指在上、小拇指在下入水，手掌与前臂成150°~160°角，入水点在肩延长线上或身体纵轴与肩延长线之间。

抱水：臂入水后，依靠惯性，上体稍向入水臂一侧转动，使臂下滑到一定深度，然后立即开始伸肩抱水，通过转腕和肩臂内旋使手掌、手臂形成极为有利的划水面。

划水：仰泳的划水也可分为拉水和推水两个阶段。拉水时手掌上移，肘部下降，形成较好的对水面；拉水过肩后进入推水阶段，此时利用拉水的速度，使手臂向后下方加速推压，推水至腹侧时，上臂带动小臂做加速转腕下压动作，掌心由向后转向下方，以手臂鞭状下压动作结束整个划水动作。手臂划水路线呈“S”形。

出水：借助手推压水的反作用力迅速提肩，使肩部带动上臂、小臂和手依次出水。

空中移臂：提臂出水后，迅速沿着肩的垂直面向前移动，当移臂过垂直部位后，手掌开始内旋，掌心向外翻转，为入水做好准备。

练习方法：

① 两脚稍前后站立，一臂自然垂于体侧，一臂做划水动作，反复练习。

② 由同伴扶住两腿，做仰泳划水练习，同伴根据游进速度在水中走动，走动速度不要过快，避免产生推进练习者的情况。

（四）完整配合练习

仰泳的腿、臂和呼吸的配合技术，一般都采用6：2：1的配合形式，呼吸要用口进行，一臂前移时开始吸气，做短暂的憋气，另一臂移臂时呼气。

（1）仰卧打水，一臂置于体侧或肩前伸直，做单臂划水练习。

（2）仰卧打水，配合两臂轮流划水，注意动作的连贯性。

第四节 游泳竞赛主要规则简介

一、自由泳

（1）自由泳意味着比赛中可采用任何泳式。但在个人混合泳及混合泳接力赛中，自由泳是指除蝶、仰、蛙以外的泳式。

（2）转身和到达终点时，必须用身体某一部位触池壁。

（3）在整个游程中运动员身体的一部分必须露出水面，在转身过程中允许运动员完全潜入水中。

二、仰泳

（1）在出发信号发出前，运动员在水中，面对出发端，两手抓住握手器。禁止站在水槽里或水槽上，或脚趾勾在水槽沿上。

（2）出发和转身后，运动员应蹬离池壁，除在做转身动作外，运动员在整个游进过程中应始终呈仰卧姿势。

（3）在整个游进过程中，运动员身体的某一部分必须露出水面。在转身过程中，允许运动员完全潜入水中。

（4）在转身过程中，运动员身体的某部分必须触壁。

（5）运动员在到达终点时，必须以仰卧姿势触壁。触壁时允许身体潜入水中。

三、蛙泳

（1）出发和每次转身后，从第一次手臂动作开始，身体应保持俯卧姿势，任何时候都不允许呈仰卧姿势。比赛全程中每个动作周期应按照一次划水和一次蹬腿的顺序进行。

（2）两臂的所有动作应在同一水平面上同时进行，不得有交替动作。

（3）两手应同时在水面、水下或水上由胸前伸出。除转身前最后一个动作、转身过程中和终点触壁前的最后一个动作外，两肘不得露出水面。

（4）在每个完整动作周期内，运动员头的某一部分应露出水面。只有在出发和每次转身后，运动员可做一次手臂充分的向后划至腿部的动作，但在第二次划臂至最宽点并在两手向内划水前，头必须露出水面。当身体完全没入水中时，允许做一次海豚式打水动作，之后接蛙泳蹬水动作。在此之后腿部的所有动作应同时并在同一水平面内进行，不得有交替动作。

（5）在蹬腿产生推进力的过程中，两脚必须做外翻动作。

（6）在每次转身和到达终点时，两手应在水面、水上或水下同时触壁，触壁前的最后一次划水动作结束后，头可以潜入水中，但在触壁前的一个完整或不完整的配合动作中，头的某一部分应露出水面。

第二十一章

休闲体育

第一节 休闲体育概述

随着人们生活水平的不断提高、思想观念的改变，休闲体育开始进入人们的日常生活，成为现代社会一种积极、文明、健康的生活方式，它以其独特的魅力吸引着人们投身其中，成为人们生活的重要组成部分。

一、休闲体育的概念与特性

休闲是一种以恢复身心健康、丰富和创造生活、完善自我为目的的闲暇活动。休闲体育是人们在闲暇时间自主宽松地参与，以身体活动为媒介，追求放松、消遣、愉悦身心和追求生命价值而参与的一类体育活动。休闲体育不同于其他休闲方式，它因为自身所具有的特性而使得参与者从中获得多种活动的感受。

（一）活动性

人们参与休闲体育活动不仅是一种心灵的需求和享受，更是一种对工作、生活压力的释放和调节，需要以体育活动为载体，增进人与人的交往互动，增进与大自然的融合与回归。因此，休闲体育实际上就是以闲暇、休闲为目的的各种身体形态的体育活动的集合。即使是下棋、练气功等也是包含心理活动在内的一种休闲体育活动。

（二）娱乐性

人们参与休闲体育活动的前提和条件是：必须拥有闲暇时间和必要的经济基础。没有闲暇时间也就没有所谓休闲体育。同时，人们参与休闲体育活动是一种自主、自觉、愉悦的行为，是人们在工作之余对生活的另一种追求。因此，轻松、快乐、健康是人们参与休闲体育活动的特征。

（三）消遣性

人们参与休闲体育活动，一般都是出于自己的兴趣去选择活动内容，并自由安排活动的时间和数量，目的在于通过这种体育活动去强身健体，寻求娱乐、消遣和休息，由此达到心理上的满足和精神上的享受，因此具有明显的消遣性。

二、休闲体育的功能

（一）健身功能

作为保持与提高健康水平的体育活动，休闲体育使人们以最积极、最有益和最愉快的方式去参与。休闲体育可以促进身体的正常发育成长，改善身体各个器官和系统的功能状态，全面发展体能，促进体格健壮和健美，并为终身健康打下基础。

（二）健心功能

参加休闲体育活动，可以降低心理压力，它是最理想的缓解心理压力的方式之一。休闲体育活动可以使人获得美的享受，获得精神上的快感；休闲体育活动可以使人更加健美，从而更好地享受生活、享受生命。

（三）教育功能

休闲体育是很好的寓教于乐的教育形式，在参与的过程中，可以汲取相关学科的知识，使身心得到充分自由的均衡发展，从而完善自我。

（四）娱乐功能

休闲体育项目极为丰富，使人们在直接或间接地参加体育休闲活动，充分享受体育运动的乐趣，在表现自身能力、施展个人才能的同时，获得身心的满足和愉悦。

（五）文化功能

休闲体育可以提高人们的精神素养，增进文化知识，增强审美意识，全面提高人的整体素质。

第二节 轮 滑

一、轮滑运动概述

轮滑亦称旱冰，是一项穿着带轮子的鞋进行滑行的运动。轮滑运动集竞技、娱乐、健身、艺术表演和滑行代步等多种功能于一身，具有广泛的群众性和较强的实用性。经常参加轮滑运动对调节人体前庭分析器的稳定性，提高人体平衡、协调能力，改善内脏器官机能，塑造人体优美姿态，调剂情感，锻炼意志有着重要作用。

二、轮滑运动的形式及种类

随着不断发展和完善，轮滑运动形成了多项竞技项目。

（一）速度轮滑

以单排、双排轮滑鞋为比赛工具的竞赛项目，可分为场地赛和公路赛。

（二）轮滑球

轮滑球看上去像是冰球和曲棍球的结合体，双方各出5人在44米×22米的场地上进行比赛，规则类似冰球，但不允许身体冲撞或阻挡，进球多者为胜方。

（三）花样轮滑

花样轮滑分为单人、双人轮滑舞和圆形轮滑舞（规定动作），竞赛中根据动作的难易程度、舞姿的优美程度打分，确定胜方。

（四）极限运动和技巧

利用U形台做各种各样惊险、复杂的技巧表演动作，也是轮滑竞技项目中最吸引人的一项。

三、轮滑的基本技术

（一）站立

站立可采取外“八”字或“丁”字步站立方法。两脚左右开立，重心在两腿之间，膝部微屈，上体稍前倾，两臂在体侧自然下垂，以控制身体平衡，目视前方。

（二）踏步和行走

1. 踏步

身体成基本站立姿势，上体稍前倾，大腿向上抬起，膝关节弯曲，小腿自然放松，重心移至支撑腿，脚腕用力控制轮子的滑动，以保持抬腿时身体重心前移和平衡。两腿交替进行踏步练习。

2. 行走

掌握踏步技术后，即可进行行走练习。练习时，步幅不宜过大，行走中两脚成外“八”字形，身体重心随摆动腿的上抬而向前移动，落地时支撑要稳，上体稍前倾，两臂自然摆动，目视前方。

（三）滑行

1. 单蹬双滑

即单脚蹬地，双脚向前滑行。练习时左脚在前成“丁”字步站立，膝部弯曲，以右脚内侧轮向身体侧后方蹬地，左脚尖外撇向前滑出，此时重心随之移至左脚，同时右脚自然收至左脚旁边成双足着地向前滑行。重复交替进行。滑行时要求上体前倾，肩部放松，两臂在体侧自然摆动。

2. 交替单蹬单滑

即双脚交替蹬地，两脚交替单足向前滑行。左脚在前，成“丁”字步站立，以右脚内侧轮向身体的侧后方蹬地，左脚屈膝向前滑出，重心逐渐移至左脚成单足支撑滑行。右脚蹬地后，在左脚侧后方自然收至靠近左脚旁落地滑行，脚尖稍向外展，再以左脚内侧轮蹬地形成右脚单足支撑向前滑行，重复交替进行。

3. 前压步滑行

前压步滑行技术用于转弯，左右脚皆可进行。以向左压步为例，右脚内侧轮蹬地，左脚以外侧轮着地并向前滑行，此时身体稍左转，重心偏向左脚外侧，右臂在前，左臂在后侧。滑行一段后，右脚内侧轮蹬地向前超越左脚在左前侧落地滑出。此时重心移至右脚内侧轮上，使内侧轮受力后向右内转弯滑出曲线。同时左脚用外侧轮在右后方侧蹬地，蹬后前移至左前侧，支撑滑行。

（四）停止

1.“丁”字形停止法

用于横滑或后滑时的停止。以左脚在前为例，可以先用右脚滑行，然后将左脚抬起，足尖向外，足跟向里，放在右脚后成“丁”字形，重心移至左腿，以增加滑行阻力，减速至停止。

2. 减速停止法

用于快速滑行中的逐渐减速。使两脚内侧轮成内“八”字形，从而停止滑行。

3. 变向停止法

滑行中可采取改变滑行方向来达到急停的目的。主要是向左或向右转圈，停止滑行。

第三节　定向运动

一、定向运动概述

定向运动就是利用一张详细精确的地图和一个指南针，按顺序到访地图上所指示的各个点标，以最短时间到达所有点标者为胜。定向运动最初起源于 1886 年瑞典的一项军事体育活动。

定向运动作为体育项目开展是从 20 世纪初开始的，到 20 世纪 30 年代已在芬兰、挪威、瑞典、丹麦立足。1933 年举行了第 1 次世界定向运动比赛。1961 年，国际定向联合会（IOF）在丹麦哥本哈根成立。定向运动也是国际承认的奥林匹克体育项目。在中国，开展定向运动最早的地区是香港。1983 年 3 月传到内地，当时是以广州白云山为基地，开设军事院校试点训练课程。

定向运动通常设在森林、郊外和城市公园里进行，也可在大学校园里进行。一条标准的定向路线包括一个起点（用三角表示）、一个终点（用双圆圈表示）和一系列点标（用单圆圈表示）。这些点标已在地图上用数字标明。在实际地形中，一个橘黄色和白色相间的点标旗标志着练习者应该找到的点的位置。为了证实这一到访，练习者必须在到达的每一个点标处使用打卡器打卡。如今，电子打卡系统已被广泛使用，它不仅能证实是否按顺序正确到访，还能记录到访时间。

二、定向运动的形式及装备

（一）定向运动的形式

定向运动可分为徒步定向和工具定向。

徒步定向：如传统定向越野跑、公园定向、接力定向、夜间定向。

工具定向：如滑雪定向、山地自行车定向、摩托车定向。

（二）装备

地图、指南针、点标旗、打卡器等。

三、定向运动的基本常识

定向运动不仅挑战体能，更挑战智能，因为你在跑的同时，还需对照地图，借助指南针确定方向后迅速做出路线选择，找到点标。

（一）地图

尽管在每一张地图上都可以定向，但为了定向运动本身，还需制作专门的定向图。定向图更加准确详细，使之更容易比较地图上的符号标记与实际地形中的实物。

地图上的颜色：

黑色——人造景观（建筑物、道路和小径）。

棕色——等高线（表示山丘和小坑），沥青、砾石路面，包括高速公路、主干道、宽行人道和篮球场等。

蓝色——任何有水的地方（湖泊、溪流和泥沼）。

白色——普通的地区，易通过。

绿色——植被，浓密而通过艰难的地区。

黄绿色——禁入私人区、果园、花坛。

紫色——路线。

地图上等高线的等高距：等高线指地形高度的差距，它们表示哪里有山，哪里有坑谷及地形的陡缓。每一等高线之间的距离在图上用等高距表示，通常为3~5米。不同的地图，等高距不同。等高线越紧密，坡越陡；等高线越稀疏，坡越缓。

（二）指南针

指南针是定向运动最重要的仪器，也是定向运动能借助的唯一帮助。在定向中，为便于标定地图、确定站点、辨别方向，指南针的红色指针永远指北。

在行进时，地图必须被定向。但当没有大而有明显特征的地物做标志时，就需要借助指南针的帮助给地图定向。具体使用方法是：

（1）将地图与指南针放水平状态。

（2）把指南针套在左手大拇指上，水平放在地图上。将指南针上右侧的蓝色箭头从运动员所在的位置指向行进的位置。

（3）然后水平转动指南针与地图（运动员的身体也随之转动），直至指南针上的红色指针与地图上表示南北方向的红线平行。

（4）这时，指南针上的蓝色箭头所指的方向就是运动员要行进的方向。

（三）路线选择

当了解地图和指南针后，运动员必须在两个点标之间选择一条最佳行进路线。两点之间路线的选择往往有多种可能性，关键就在于选一条最安全（有时是最快）、体力消耗最少的路线。当行进在森林中、穿越泥沼地时，运动员应该根据地图上的信息，以类似的方式做出判断。运动员每时每刻都要选择最佳路线以争取快速到达目标。

第四节 拓展运动

一、拓展运动概述

拓展运动是指一项集求生、惊险、刺激、娱乐和教育于一体的极限运动，是受训学员在培训师的指导下，借助一定的场地器材，通过对模拟的各种惊、险、奇、特的情景的体验，来拓展素质、提升自我的一种训练。

拓展运动源于西方，又称为户外体验式培训。这种训练源于二战期间的英国。当时大西洋上有很多船只由于受到攻击而沉没，大批船员落水，由于海水冰冷，又远离大陆，许多年轻海员葬身海底。但人们从生还者身上发现了一个令人非常惊奇的现象，那就是这些存活的人并不一定都是装备齐全、体能最好的人，却都是求生欲望和信念最强的人。当时德国人库尔特·汉恩提议，利用一些自然条件和人工设施，让年轻的海员做一些具有心理挑战的活动和项目，以训练和提高他们的心理素质。后来其好友劳伦斯对这一现象进行了深入分析和研究，在他的倡议下，于1950年在英国的威尔士岛成立了一所求生训练学校（拓展训练学校），专门对人进行求生信念的训练，这就是拓展训练的雏形。二战以后，英国出现了一种叫作外展训练（Outward Bound）的管理培训，这种训练利用户外活动的形式，模拟真实管理情境，对管理者和企业家进行心理和管理两方面的培训。由于拓展训练具有非常新颖的培训形式和良好的培训效果，它很快风靡了整个欧洲的教育培训领域，并在其后半个世纪发展至全世界。

1995 年，拓展运动传入我国，当时仅在北京、上海、深圳、广州等大城市中开展，拓展运动的形式和内容比较固定和单一，缺乏创新。随着人们思想观念的转变和认识水平的提高，以及人们对拓展运动功能的不断认可及其自身的创新和发展，拓展运动逐渐在各级学校和企事业单位开展，并产生了良好的社会效益，深受人们的喜爱。随着拓展运动在中国的推广，高校也开始引入拓展运动，将其作为教学的一部分。1999 年，清华大学率先将体验式培训引入 IMBA/EMBA 的教学体系中。紧随其后，其他高等院校也相继将拓展运动作为课程内容，并选择相关拓展训练公司作为其指定培训机构。两者相得益彰，大力推动了拓展运动在我国的快速发展。

二、拓展运动的分类

拓展运动的内容与形式相当广泛，在内容与分类上具有多维性。可按照练习场地、拓展目的等标准进行分类。

（一）根据练习场地分类

拓展运动的练习场地既有室内的，也有室外的。因此，我们可以将拓展运动划分为室内拓展运动、户外拓展运动及专业场地拓展运动。

1. 室内拓展运动

室内拓展运动主要包括破冰流程、团队建设、信任背摔、牵手解扣等，它主要在室内进行，如可以在教室、会议室、体育馆等环境中进行。具体室内场地的选择取决于开展拓展运动的目的和人数。

2. 户外拓展运动

户外拓展运动主要包括漂流、野外生存、定向越野、丛林穿越等。它主要是在室外进行的，户外运动的灵活性非常大，不受任何场地器材或道具的限制，能非常直观、直接地融入大自然中，但它的安全系数相对较低。因此，在进行户外拓展运动时一定要注意安全问题。

3. 专业场地拓展运动

专业场地拓展运动主要包括空中单杠、断桥、天梯等项目。它主要是在专门的拓展场地内进行的，具有激发潜能的功能，它能够有序地、有步骤地熔炼团队，相对来说较容易达到所要锻炼的目的。但它的投资比较大，危险系数较高，缺少一定的灵活性。

（二）根据拓展目的分类

拓展运动与其他的运动项目相比，更能突显出它强烈的目的性，有的以激发个人潜能为目的，有的以培养集体主义精神为目的。因此，根据拓展的目的，可以分为激发潜能类、熔炼团队类。

1. 激发潜能类

激发潜能类主要包括单杠、断桥、独木桥等，它是通过给受训者以逐步的身体体验来产生强烈的刺激，以达到激发个人潜能的目的。

2. 熔炼团队类

熔炼团队类主要包括信任背摔、过河、求生等项目。团体项目以复杂性、艰巨性为特征，对于改善受训者的合作意识、团队精神和凝聚力有着很强的针对性。

（三）按基本功能分类

拓展运动根据功能可以分为健身类、教育类。健身类主要包括高空钢索、独木桥等，它主要是通过各种形式的身体练习，达到使受训者身体、心理健康的目的，是体育运动的基本功能。教育类主要包括死亡滑翔、信任背摔等，它主要通过各种组织形式和方法来使人们达到拓展目的。

第五节 瑜 伽

一、瑜伽概述

瑜伽（yoga）来自梵文，起源于 5 000 多年前的古印度，其含义为“一致”“结合”“和谐”。瑜伽是东方最古老的强身术之一，是人类智慧的结晶，也是印度先贤在最深沉的思想和静定状态下，直觉了悟生命的认知。

如今，“瑜伽”一词已家喻户晓，流行于世界，成为养生与健身的同义词。练习瑜伽，不仅可以消除紧张，缓解压力，使人的精神与身体进入纯净的境界，还能有效地完美体形、体态，焕发生命潜能。

瑜伽对提高身体的柔韧性有很大帮助。不同年龄、性别的人只要常做瑜伽伸展，将它当成一种生活方式，一段时间后就会发现身体的变化。除修身之外，瑜伽还讲究修心，对平和心境也颇有帮助。

二、身体不同部位的塑身瑜伽体位法

（一）纤细手臂的塑身瑜伽体位法

1. 单手勾式

（1）双腿跪坐。慢慢将左手放在背部，左肘弯曲，左手背沿着背部向颈部上伸，将手背紧紧贴着脊柱，左手指朝上。做这个动作时，左手要用力。

（2）自右肘部弯曲右臂，向上抬起右肘，右手掌放在右肩上。然后，努力用左手手指触到右手手指，把两手伸到最大限度，并且停留在这个位置上。两手手指要略微弯曲相扣，勾紧牵拉在一起。

（3）两手扣合之后，努力使右肘向上抬起。脊柱要保持正直、稳固，目视前方，正常呼吸。保持这一姿势 5 秒。

（4）放松紧扣的手指，慢慢松开双手扣合的状态，然后逐渐把两手放在大腿上，做两次正常的呼吸，休息之后按照上述方法，双手交替再练习几遍（右手改放在背后，再抬起左手肘）。

2. 美臂式

（1）跪坐，腰背挺直，做深呼吸。

（2）吸气，双手合十往头上方伸直，同时慢慢将气体呼出，双手互握。

（3）再次吸气，上体慢慢后仰，吐气，停留数秒钟。

（4）缓慢还原成原姿势，调整好呼吸。

美臂式的重点是在练习时将注意力集中在双臂上，当尽力伸直手臂时，可将注意力集中到后背。

（二）健美胸部的塑身瑜伽体位法

1. 吉祥骆驼式

（1）双腿跪在地上，两大腿与双脚略分开，脚趾朝向后方。

（2）吸气，按左、右手先后抓住脚跟，伸出下巴，尽量挺胸。呼气同时，上体重心移至两臂，头部尽量后屈，颈部拉伸，双眼仰视后方，胸部高高挺起，当后仰到最大限度时，把气全部呼出，要感受到颈部、胸部和腹部慢慢地在伸展，腰部最大限度地在后弯。

（3）保持30秒后，头慢慢还原，调息5秒左右。以上动作重复三次。

2. 猫式

（1）跪撑于地面，慢慢吸气，同时慢慢拱背，腹部向内缩起，下巴尽量靠近胸部。

（2）维持上述动作，闭气8~16秒后放松。

（3）慢慢将气呼出，同时将头慢慢抬起到后仰，腰背慢慢下沉，尽量将全部气体呼出来。

3. 鱼式

（1）身体坐正，双脚并拢。上身慢慢平躺下来，调整好呼吸。

（2）吸气，用双手的肘部顶住地板，上体离开地面，头尽量后仰，呼出气体，保持姿势做3~5次全腹式呼吸。

（3）将上体缓慢还原成平躺姿势，然后调整好气息。

（4）重复以上动作数次。

当完成此式时，意念力可完全集中在颈部，由下巴开始直到胸前肌肉有被拉紧的现象，或将意识集中于头顶处，感受头顶有被压迫按摩之感觉。练习过程中同时要注意保持呼吸顺畅。

（三）纤细腰部的塑身瑜伽体位法

1. 扭转式

（1）身体正坐，背部挺直，两脚向前伸直，弯曲右膝，将右脚跟放在左大腿根部。

（2）左脚交叉跨过右腿成山形，置于右大腿外侧，脚掌着地。

（3）右臂越过左脚膝盖外侧，并用右手握住左脚大拇指，同时左手绕过背尽量往远伸。

（4）头部尽量往左转，向左后方看。调整呼吸，保持姿势30秒。

（5）将头慢慢回转，身体放松，四肢恢复到起始动作。

（6）左右交换，步骤同前，重复数次。

2. 三角伸展式

（1）身体站立，两脚分开，略比肩宽，脚尖应略朝外。

（2）两臂侧平举，与地面平行，调整好呼吸。

（3）慢慢呼气，同时慢慢向右侧弯腰，在弯腰过程中要保持两臂与躯干成90°，两臂形成一条直线。

（4）尽量向右侧弯曲，然后保持姿势15秒以上，自然地呼吸。

（5）吸气，慢慢回到正中。然后在左边重复同样姿势。

（四）平坦腹部的塑身瑜伽体位法（船式）

（1）身体仰卧平躺，两腿伸直，两臂平放体侧，掌心向下。

（2）吸气时，上体与下肢同时上抬45°，同时要求头部、颈部、上身躯干在一条直线上，双臂前平举。屏住呼吸，尽量长久地保持这个姿势。

（3）一边逐渐把双腿和躯干放回地面，一边慢慢呼气，调整呼吸，放松全身。重复做这个练习数次。

（五）美化臀部的塑身瑜伽体位法

1. 反弓式（弓式）

（1）身体俯卧，腹部贴地平躺，双臂在身体两侧伸直，一侧面颊贴地，两腿和脚踝放松。

（2）慢慢吸气，同时将两腿弯曲，脚跟接近臀部，左、右两手分别向后抓住同侧脚踝。

（3）双手尽量拉动双脚，使之靠近头部。同时要求胸部、颈部和头部向上抬起。目视天空，膝盖可以分开，屏住呼吸，保持上述姿势10秒。

（4）呼气，与此同时，头和胸部向地面放下。

（5）头部接触地面，用一侧面颊贴地，放开脚踝，使其慢慢地还原到地面。调整呼吸，全身放松。

2. 桥式

（1）身体仰卧，双手放在体侧，做深呼吸。

（2）吸气，双膝弯曲，双手靠近脚跟，吐气。

（3）吸气，将臀部慢慢向上推高，推到极限，吐气，同时将臀部肌肉紧缩。停留数秒，调整呼吸，缓慢还原。

当姿势完成时，要将注意力完全集中在臀部肌肉处，体会臀肌因受力而产生的酸痛感。

（六）修长双腿的塑身瑜伽体位法

1. 半月式

（1）身体保持正直站立，目视前方，双手侧平举。

（2）慢慢呼气，同时将重心移到右脚，上体缓慢向右侧弯曲，与右腿成90°。同时慢慢抬起左脚，使左腿尽量和地面水平，手指着地，注意保持平衡。

（3）头尽量往左手方向看，屏住呼吸，保持6~8秒。

（4）慢慢恢复站立姿势，调整好呼吸。

（5）反方向重复上面的动作。

2. 平衡式

（1）右腿保持站立，左腿自膝盖处弯曲，后抬左脚跟贴靠到臀部。

（2）左手抓住左脚脚趾，右手侧平举至缓慢向上举，上举时掌心朝向前方，身体保持正直。

（3）保持平衡姿势10秒，按照下列步骤恢复到预备姿势：将抬起的手臂慢慢放下，手掌始终保持绷紧；然后放下左腿，着地。

（4）调整呼吸，换腿练习，重复数次。

第六节 街 舞

一、街舞概述

街舞最早出现在20世纪70年代末期的美国纽约，是一种民间舞蹈，也被称为Hip-Hop。街舞通过头、颈、肩、上肢、躯干等关节的屈伸、转动、绕环、摆振、波浪和扭动等连贯动作组合而成，并且出现在街头，不拘于场地器械。街舞的形式和特征决定了街舞的随意性和流动性，它最初体现的是标新立异，随意自由。同时，街舞是融舞蹈、音乐、时装等多种元素于一体的文化形式。街舞文化精神最突出的表现就是“自由”，每个人都可以按照自己的风格跳，放松地、自由地按照个人喜欢的方式移动身体。然而，它不仅仅是一种动作的自由，现在许多人把它作为一种生活方式，人们通过自己的身体交流并以此宣泄、表现自己的情感。

街舞作为一种舞蹈形式，在20世纪90年代传入中国。随着中国青少年对街舞理解的深入，他们逐步回归街舞的本源，以中国青少年自己的眼光和特点来实践街舞。除了早期的霹雳舞外，自20世纪90年代中期开始，全国各地青少年就已经开始习练街舞。

作为一种青少年所喜爱的文化体育活动，街舞在全国各地已经广泛传播开来。我国街舞与传统的美国的街头舞蹈是有区别的，取其精华，弃其糟粕，街舞已被视为一种积极向上的健康运动。为了达到科学、安全健身的目的，国内的街舞课程不选择高难度的技巧动作，更突出健身性、娱乐性、欣赏性，便于大众接受。

目前，街舞成为年轻一代舒展自我的方式，舞者更加强调释放自己、展现自我，体会从身体到精神的一种彻底的释放与展现。我国自2000年以来，成立了许多街舞社团。

二、街舞的特点

（一）街舞的个性特点

街舞动作中非常重视身体与步伐的节奏变化，并增加了许多手臂组合，在随意、松弛的动作感觉外，更强调动作的韵律感与爆发力。在动作的编排过程中，不同的音乐会带给街舞教练员不同的灵感与发挥空间。学生在练习过程中，除了学习到教练员的基本动作外，还可以在头部、手臂等部位做一些自己喜欢的简单变化，并进行再创造，尽情体现自己的风格。

（二）街舞的文化特点

街舞是一种由多种元素构成的街头文化的总称，它包括音乐、舞蹈、说唱、服饰、涂鸦等。它与同是街头文化的滑板、小轮车等极限运动有着密切的关系。青少年以街舞来张扬自我个性，展示青春的活力和激情，表达勇于进取的生活态度，他们强调的是“做自己，享受生命，勇于挑战”的理念。

（三）街舞的音乐特点

街舞的音乐以电子乐器、说唱、磨片等多种元素合成音效为主。街舞音乐大量地使用切分音，已成为其标志性特征，与其他流行健身操不同的是，街舞的不少动作在音乐的弱拍上完成（一拍两动）。街舞音乐比其他流行健身操节奏较为缓慢，音乐节拍大多选择 10 秒 18~24 拍，音乐的节奏与速度严格地控制着动作的节奏与速度，因此，在很大程度上控制着运动的强度。在实际运用时，可依据练习对象的身体条件和动作水平来确定。

三、街舞的作用

街舞能增强学生的韵律感、节奏感，提高身体各部分的协调性和灵敏性，培养正确的身体姿势，增强学生的自信心，增进他们审视美、表现美、创造美的能力。

（一）提高身体的协调性

街舞能让舞者的身体和感情都活跃起来。跳街舞首先要找对感觉，先练习感受音乐，随乐而舞，屈膝弹动，身体律动，以最自然、最基本的表现形式来表达身体动作。街舞的动作是由各种走、跑、跳、转等变化，以头、颈、肩、上肢、躯干等关节的屈伸、转动、绕环、摆振、波浪等动作连贯组合而成的，各个动作都有其特定的健身效果，通过动作的放松、自由多变的街舞练习，可增加上肢与下肢、腹部与背部、头部与躯干动作的灵活性，同时由于它的动作大多出现在音乐的弱拍上，使动作的韵律更富于变化，提高身体的协调性。

（二）增强自信心，培养健康的审美观

街舞崇尚个性、时尚、自由、随意，它所采用的动感音乐和激情舞蹈，使舞者充满活力和青春，同时减缓学习、生活带来的压力，消除紧张、激动、易怒、神经质等不良情绪，把不快的情绪宣泄出来，使学生在心理上得到放松。街舞张扬个性，展示自我，并在习舞过程中，通过与人交往学习，互帮互助，共同提高，使参与者增强自信心。长期坚持街舞练习，可有效地减轻体重，通过运动，减去体内多余的脂肪，改善体型，满足学生对形体健康美的追求。

（三）改善神经系统的功能

街舞练习是小肌肉群的运动，音乐有大量切分音，结合街舞动作的律动感觉的培养，在听音乐、做动作时，音乐与动作应相融合，从而使动作更具生命力。同时，人体的力量、速度、灵活性得到了提高，动作更加协调、准确，也改善了人的神经系统的功能。